Künstler
und ihre Mäzene

Künstler und ihre Mäzene

Eine Auswahl aus der Monatszeitschrift „Die Kunst"
Zusammengestellt und eingeleitet
von Helmut Neuberger

· EDITION THIEMIG ·

Herausgeber und Verlag danken
Dr. Anni Wagner und Dr. Ulla Stoever
für Rat und Hilfe bei der Zusammenstellung
dieses Bandes.
Die Beiträge wurden aus der Zeitschrift
„Die Kunst" zusammengestellt.

Lizenzausgabe für
Manfred Pawlak Verlagsgesellschaft mbH,
Herrsching

Umschlaggestaltung: Bine Cordes, Weyarn
ISBN 3-88199-418-1

Inhalt

Vorwort

Caius Cilnius Maecenas hieß der römische Ritter etruskischer Abstammung, der im Dienst Octavians, des späteren Kaisers Augustus, so märchenhaften Reichtum gewann, daß er es sich leisten konnte, nicht nur dem größten persönlichen Luxus zu frönen, sondern darüber hinaus große Sammlungen von Kostbarkeiten anzulegen und eine Schar von Künstlern und Gelehrten großzügig zu fördern. Trotz dieses ungewöhnlich aufwendigen Lebenswandels blieb von seinem Vermögen so viel, daß sich der gewiß nicht bedürftige Kaiser glücklich pries, als ihn sein Vertrauter zum Alleinerben einsetzte.

Die sprichwörtliche Großzügigkeit des Maecenas hatte zur Folge, daß sein Name zum Synonym wurde für Menschen und Institutionen, die beträchtliche Summen zur Förderung der Künste ausgeben. Um zum Mäzen zu werden, genügt es freilich nicht, für teures Geld Kunstwerke zum eigenen Vergnügen anzuschaffen. Hier sind vielmehr Gemeinsinn und Uneigennützigkeit ebenso gefragt wie Kunstverstand. Denn der Mäzen investiert nicht in ein Kunstwerk, er ermöglicht es vielmehr dem Künstler, ein solches zu schaffen. Trotzdem muß das Mäzenatentum keine schlechte Investition sein. Kaum eine andere Geldanlage nämlich bringt einen vergleichbaren Zugewinn an Ansehen und Prestige, sofern sie nur einer ausreichend breiten Öffentlichkeit bekanntgemacht wird – und darauf haben sich die Mäzene zu allen Zeiten verstanden.

Vor allem aber braucht ein Mäzen Geld – viel Geld, und deshalb finden sich Mäzene in der Regel auch nur in jenen zahlenmäßig unbedeutenden Gesellschaftsschichten, die sowohl über ein ausgeprägtes Geltungsbedürfnis als auch über nahezu unbegrenzte Mittel verfügen, und sie finden sich zumeist in Zeiten wirtschaftlicher Prosperität.

Doch Reichtum und Ruhm sind nur die eine Seite, und sie allein bringen keine Mäzene hervor. Wahres Mäzenatentum entsteht aus der Einsicht in die Notwendigkeit der Kunst und der Bereitschaft, diese um ihrer selbst willen zu fördern, aus einem Ja zur Schönheit und damit aus einem Ja zu dieser Welt und zu diesem Leben. Kunst im weitesten Sinne gibt es seit der Bewußtwerdung des Menschen. Sie ist ein Ausdruck des menschlichen Geistes und der menschlichen Existenz. Die großen Mäzene aber treten bevorzugt auf in Epochen der Weltzugewandtheit und der Lebensbejahung. Ihre erste große Zeit hatten sie deshalb in der klassischen Antike: im Athen des Perikles, im Hellenismus, im Rom des Augustus und seines Vertrauten Maecenas.

Danach versank das Abendland für Jahrhunderte in den politischen Wirrnissen der Völkerwanderungszeit und in der Dumpfheit des Mittelalters. Nicht daß es in dieser Epoche keine Kunst gegeben hätte – wer je romanische Fresken oder gotische Kirchenfenster gesehen hat, wird deren Schöpfern tiefste Bewunderung zollen – und nicht daß diese Kunst nicht gefördert worden wäre – dafür sorgten in tatkräftiger Weise die Klöster als Träger der abendländischen Kultur des Mittelalters. Aber diese Förderung geschah nicht um der Schönheit, nicht um der Kunst willen, sondern allein zur höheren Ehre Gottes. Und wo weltliche Kunst wie der Minnesang gefördert wurde, erschien dies als eine Art Gesellschaftsspiel einer vom übrigen Volk streng abgekapselten höfischen Gesellschaft.

Dies änderte sich erst, als der freie Geist des Humanismus sich von Italien aus über Europa verbreitete. Die Weltverachtung des Mittelalters wich einer überschäumenden Lebensfreude, der Mensch begann seine Welt zu entdecken, und er erinnerte sich seiner antiken Wurzeln, der Naturwissenschaften und der Kunst. Die an antiken Vorbildern orientierte Renaissance wurde zum Ausdruck dieses neuen Lebensgefühls. Vorbei war die Zeit, in der architektonische Prachtentfaltung und Malerei dem sakralen Bereich vorbehalten waren. Die strenge, unbequeme Burg wich dem luxuriösen Palast, die bildende Kunst wandte sich weltlichen Themen zu, ohne die sakralen zu vernachlässigen. Weltliche und geistliche Fürsten, Städte und reichgewordene Bürger wetteiferten an Glanz und Pracht. Man konnte es sich leisten, denn in den Städten verdienten tüchtige Kaufleute mit dem Fern- und beginnenden Überseehandel gewaltige Vermögen, und der Adel preßte seine bäuerlichen Untertanen aus wie nie zuvor.

Es war die erste große Zeit der Mäzene im christlichen Europa, und sie hat unschätzbare Werke hervorgebracht, ehe sie im Sturm der Glaubenskriege versank. Sie hinterließen ein wirtschaftlich ruiniertes Europa, ein entvölkertes und über weite Gebiete verwüstetes Deutschland. Es dauerte Generationen, ehe sich Kunst und Kultur wieder zu alten Höhen erhoben.

Im Zeitalter des Absolutismus gelangten die Stilrichtungen des Barock und Rokoko zur Blüte, und es gehörte geradezu zum Selbstverständnis eines Souveräns, in großzügigster Weise mäzenatisch zu wirken. Viele stürzten sich um der Kunst willen in ruinöse Schulden, und manche vernachlässigten gar in sträflicher Weise ihre landesväterlichen Pflichten wie etwa der pfalz-bayerische Kurfürst Karl Theodor, der lieber seine Armee barfuß und in Lumpen einhermarschieren ließ als seine mäzenatischen Neigungen zu zügeln. Der zwar politisch entmachtete, aber keineswegs verarmte Adel, doch auch Bürger und selbst Bauern suchten den Fürsten nach Kräften nachzuahmen, und so prägen Barock und Rokoko über weite Gegenden das kulturelle Erscheinungsbild Europas.

Als im 19. Jahrhundert das von der Aufklärung propagierte Vernunftideal auch in der Staatsführung Einzug hielt, war es mit derlei Ausschweifungen vorbei. Biedere Hausväter lösten die zügellosen Potentaten auf Europas Thronen ab, und mit der industriellen Revolution stieg das Bürgertum zur wirtschaftlich stärksten und damit auch politisch dominierenden Schicht auf. So verlagerte sich auch das Mäzenatentum von den Fürstenhöfen in die Villen großer Industriemagnaten – beispielhaft hierfür ist das kulturelle Engagement der Essener Industriellenfamilie Krupp.

Heute, in der Zeit der Großkonzerne, sind die Unternehmerpersönlichkeiten selten geworden und mit ihnen die großen Mäzene. Die Unterschiede zwischen arm und reich sind kleiner als vor hundert Jahren, und der angestellte Manager hat auch bei auskömmlichem Gehalt nicht die finanziellen Voraussetzungen zum Mäzen. Zwar bemühen sich viele Großfirmen, vor allem Banken und Versicherungen, um die Kultur, aber ihr Mäzenatentum ist weniger von der Liebe zur Kunst als vom Denken in Werbe- und PR-Etats bestimmt. So ist die Förderung von Kunst und Kultur weithin zu einer Angelegenheit des Staates geworden, der Mäzen zum Verwaltungsbeamten. Ob unser kulturelles Leben dadurch ärmer wird?

RETTEN UND BEWAHREN VORGESCHICHTLICHER BILDER

Rund 15 000 Jahre alt sind diese wenig bekannten jungsteinzeitlichen Höhlenmalereien in Spanien. In dieser frühen Form einer Gesellschaft von Jägern und Sammlern gab es noch keine ausgeprägten sozialen Strukturen. Lebensgemeinschaft war die Horde, der Sippenverband, der dem einzelnen einen gewissen Schutz vor der feindlichen Umwelt, in erster Linie also vor Raubtieren bot. Nur in der Horde war der steinzeitliche Mensch in der Lage, seinen Lebensunterhalt zu gewinnen, denn wegen der primitiven Waffentechnik konnten die Beutetiere, die die Nahrungsgrundlage bildeten, nur durch eine eingespielte Gruppe von Jägern erbeutet werden.
Um die Beute, die tägliche Nahrung, drehte sich denn auch das gesamte Denken und Trachten des archaischen Menschen, und da er bereits über religiöse Vorstellungen verfügte, versuchte er, das Jagdglück durch magische Zeremonien zu beeinflussen.
Diesem Zweck dienten die steinzeitlichen Höhlenmalereien. Indem der Jäger sich das Abbild des Beutetieres zu eigen machte, glaubte er Gewalt über dieses zu gewinnen.
Für den steinzeitlichen Künstler war das Bild somit nur Mittel zum Zweck ohne künstlerischen Eigenwert, auch wenn viele dieser Malereien von hoher Kunst zeugen.
Natürlich gab es für den urzeitlichen Maler auch keine Mäzene. Andererseits befand er sich sicher in einer engen Abhängigkeit von dem Schamanen, für dessen Beschwörungen er sein Bild malte, sofern er nicht selbst diesem Kreis angehörte. Die Abhängigkeit des Künstlers von seinen Auftraggebern reicht somit in die Frühzeit der Menschheitsgeschichte. Der Meister der Höhle von Altamira hat aber auch in der Gegenwart eine Art Mäzen bekommen: Spezialisten des Deutschen Museums in München verwandten viel Zeit und unendliche Mühe darauf, eine farb- und strukturgetreue Kopie zu fertigen.

Seite 9 bis 18

Stehender weiblicher Bison. Größe 1,95 m.
Darunter Reste von älteren Malereien.
Kopflinie, Nacken, Stellen an den Hinterbeinen eingraviert.

RETTEN UND BEWAHREN VORGESCHICHTLICHER BILDER

Anni Wagner

I. Lebendiges Beispiel: Altamira

Die Höhle von Altamira – die Gelehrten nannten sie die »Sixtinische Kapelle der Steinzeit« wegen der faszinierenden Schönheit ihrer Felsmalereien. Bis zur Mitte des 19. Jahrhunderts hat man von ihr nichts mehr gewußt. Ihre Wiederentdeckung hört sich wie ein romantisches Märchen an. Durch Zufall fand ein Jäger im Jahre 1868 einen Eingang zu ihr. Don Marcellino de Sautuola, ein Pionier der Vorgeschichte in Spanien, ging 1875 an die systematische Erforschung, und als er einmal seine kleine Tochter mit in die Höhle nahm, entdeckte das Kind in einem weiteren Raum die so berühmt gewordenen Tierbilder an der Decke.

Noch war aber keine Rede von Berühmtheit. Im Gegenteil. Als Sautuola, der auch andere Gelehrte hinzuzog, 1880 eine Broschüre über seinen Fund veröffentlichte und darin nachwies, daß es sich um eiszeitliche Bildwerke handele, wurde er international heftig abgelehnt und sogar angegriffen. Obwohl es sich bei den dargestellten Tieren um Wiedergaben von Lebewesen handelte, die seit Jahrtausenden nicht mehr in Spanien existierten, hielt man die Bilder für Machwerke eines zeitgenössischen primitiven Malers. Erst als in rascher Folge zahlreiche weitere Höhlen mit ähnlichen Darstellungen in Nordspanien und Südfrankreich entdeckt wurden, erlangten Sautuolas Forschungen Anerkennung. Seitdem gilt Altamira als eine der bedeutendsten steinzeitlichen Höhlenmalereien. Die Höhle enthält ungefähr 150 Einzelbilder, davon etwa 25 an der Decke der Gran Sala. Diese ist 18 m lang und 9 m breit. Die meisten Darstellungen stellen ei-

Stehender Bison. Größe 1,80 m. Zum Vergleich derselbe Bison, gezeichnet von Abbé H. Breuil, um 1904. Die Farben sind hier stärker wiedergegeben, als sie in Wirklichkeit erscheinen.

nen Bison dar, daneben finden sich Hirschkühe, ein Wildschwein, Kopf eines Stieres und einige Pferde. Die Tiere sind in verschiedenen Größen wiedergegeben, manche sind 1,45 m, andere von 1,70 bis zu 2,25 m lang.

Ausgeführt wurden sie in mehreren Erdfarben und unterscheiden sich hierdurch grundlegend von den Bildern früherer Jahrtausende, als alle Formen nur in Umrissen dargestellt wurden. Der Maler von Altamira benutzte roten Okker in vielen Tönen, daneben gelblichen und bräunlichen Okker, für Schwarz brauchte er Manganerde, Eisenoxyd und auch Kohle. Letztere verwendete er, um die Konturen deutlicher hervortreten zu lassen. Viele Teile der Bilder sind zuvor in Ritztechnik angelegt worden. Als Bindemittel hat man wahrscheinlich Blut, Eiweiß und Fett angewandt. Nun hat der Eiszeitkünstler seine Bilder nicht aufs Geratewohl an Wände und Decken gemalt. Er hat zuvor auf flachen Steinen sozusagen Skizzen angefertigt. Man hat in verschiedenen Höhlen zahlreiche Beispiele hierfür gefunden. Diese Vorlagen stellen geradezu wahre Musterbücher dar und sind von Höhle zu Höhle verschieden. In Altamira haben wir noch eine Besonderheit zu vermerken. Die Bilder sind nicht auf eine glatte oder geglättete Fläche aufgetragen. Die Decke der Gran Sala besitzt eine völlig unebene Oberfläche. Diesen Umstand hat nun

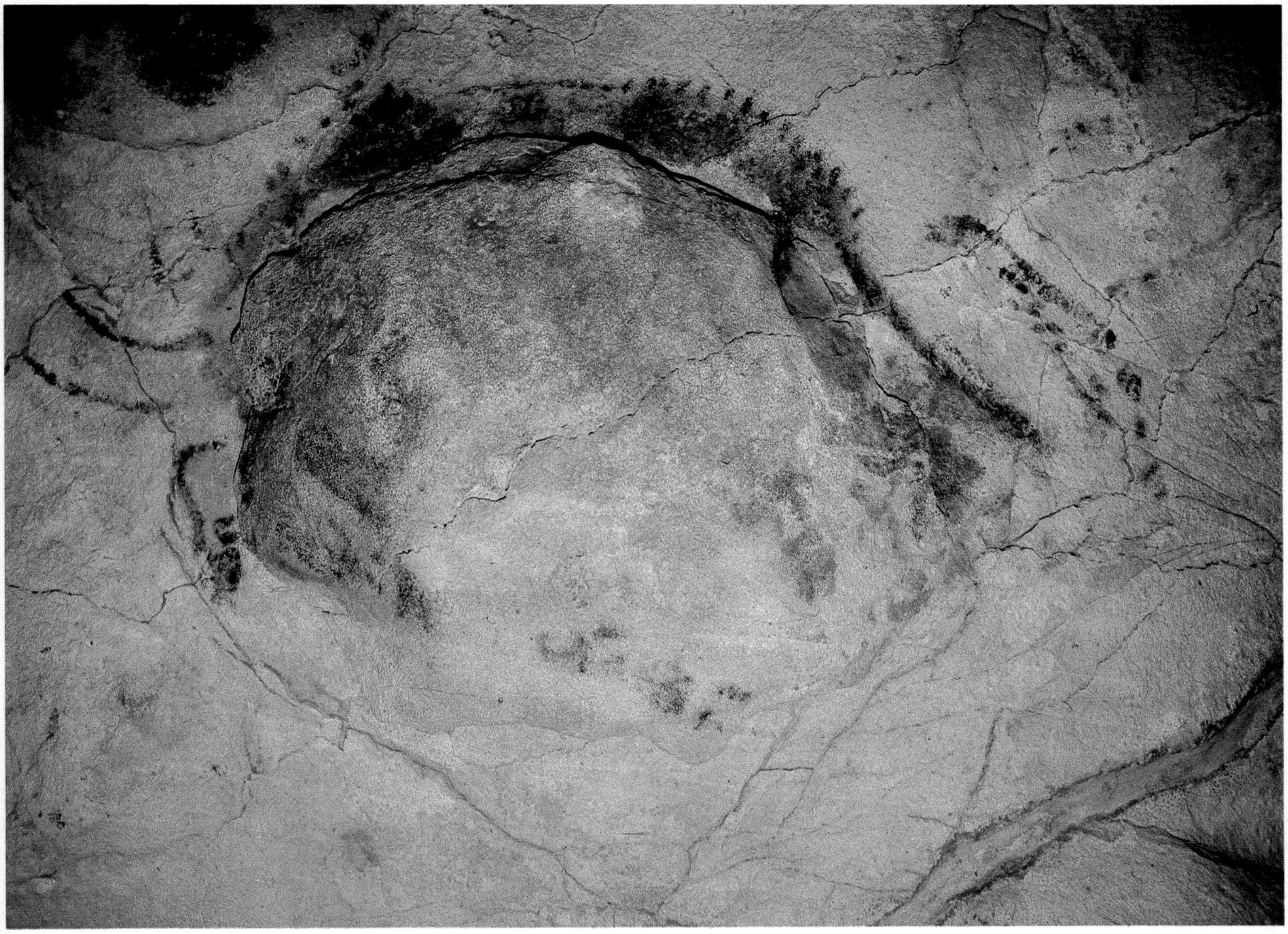

Kauernder Bison. Größe 1,85 m. Schwanz, Rückenlinie, Hörner etc. eingraviert. Zum Vergleich unten: Wiedergabe desselben Bisons in einer Zeichnung von Abbé H. Breuil.

der Künstler dazu benutzt, die Tiere plastischer, oftmals fast dreidimensional wiederzugeben. Gemalt hat man damals wahrscheinlich mit der Hand und mit präparierten Vogelfedern. Obendrein hat man mit trockenen Stiften nachgearbeitet. So fand sich in Altamira ein ganzer Satz von nach der Farbe geordneten, sorgsam zugespitzten Stiften. Die Malfarben, die naß aufgetragen wurden, hat man in Reibschalen zerrieben. All diese Malereien waren also sorgfältig in Skizzen nach der Natur vorbereitet und mit in langen Zeiträumen entwickelter Technik ausgeführt worden. Dies läßt sich genau rekonstruieren. Schwieriger ist aber die Frage des Wozu. Von der Ansicht, es habe sich um

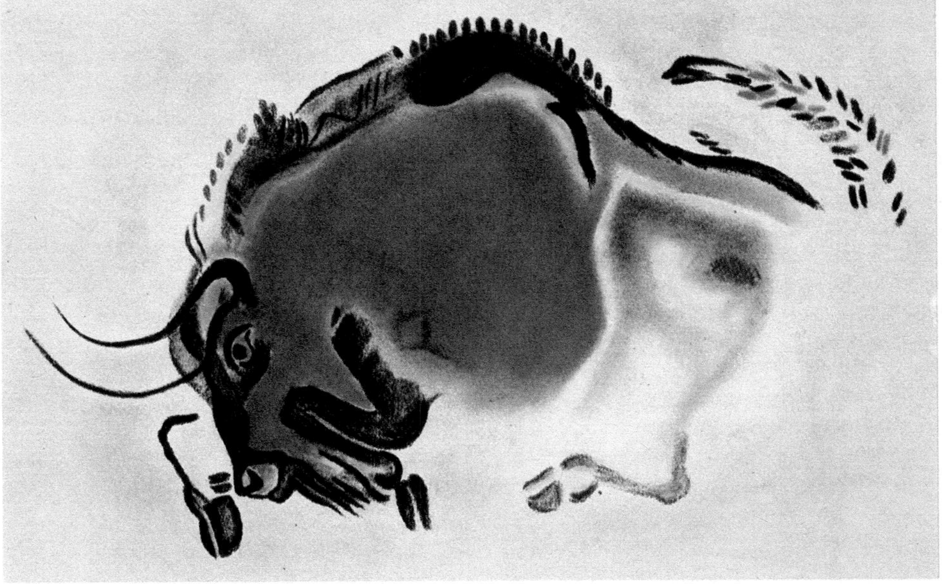

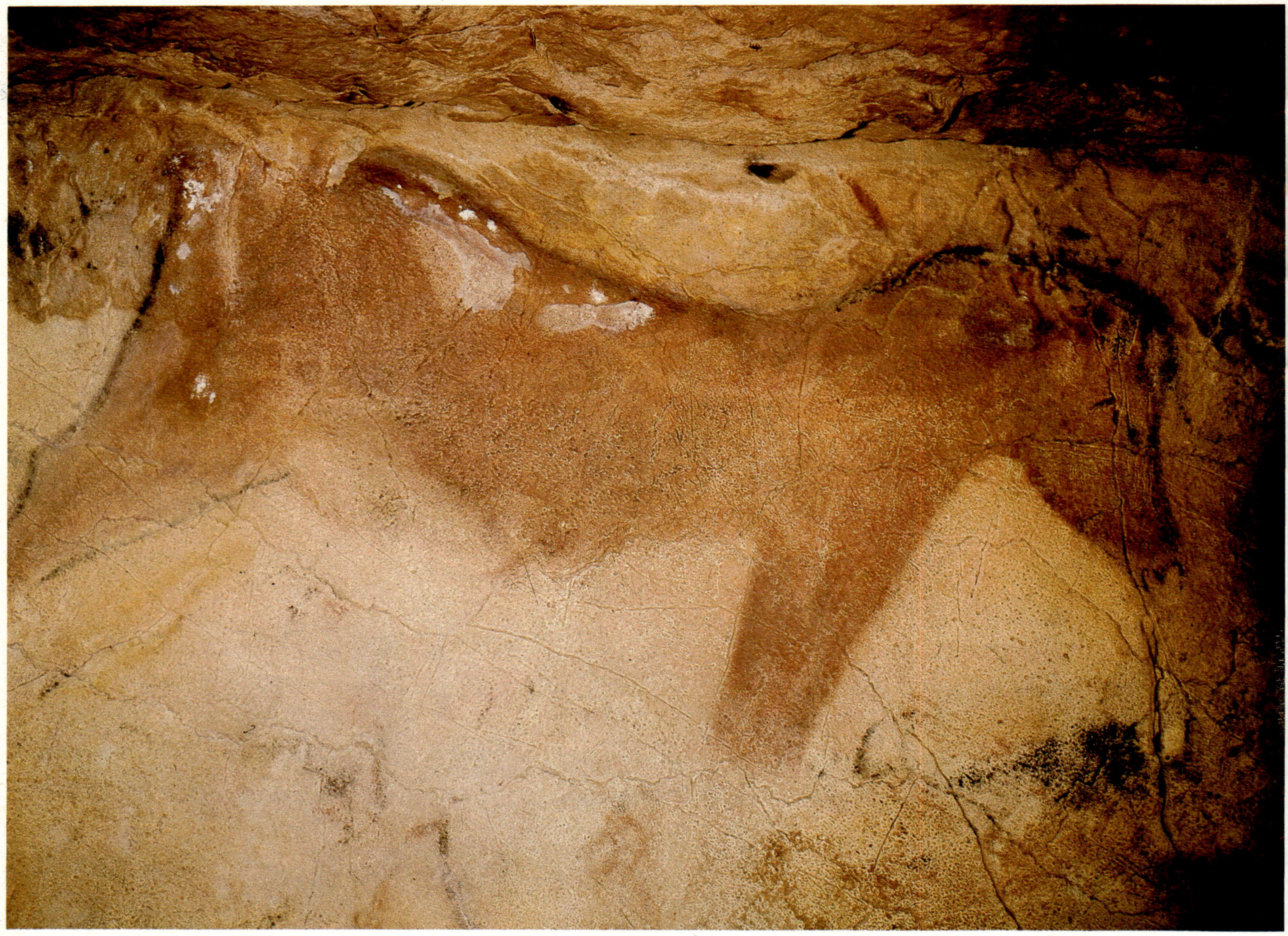

Pferd, eine Art Pony, teilweise unvollendet. Größe 1,60 m. Kaum erkennbar überlagert es ein kleines weibliches Hirschtier.
Deutlicher zu sehen auf der Zeichnung des Abbé H. Breuil vom Anfang des 20. Jh.

Schmuck bewohnter Räume gehandelt, mußte man abgehen. Schon die Tatsache, daß die Höhlenmalereien meist an recht unzugänglichen Orten angebracht sind, beweist dies. Oft muß man niedrige Gänge, die nur ein Kriechen auf allen Vieren erlauben, oder tiefe unterirdische Seen passieren, ehe man zu den Malereien gelangen kann. Auch die Malereien in Altamira lagen einst weit vom Eingang entfernt, der heutige Eingang stammt aus neuerer Zeit.
Viele Anzeichen sprechen dafür, daß es sich um eine Art von Zauberbildern gehandelt hat. Vor ihnen hielt einst ein Magier seine Tänze ab, um die Beschwörung auszuführen, die eine glückhafte Jagd (der hier wiedergegebenen Tiere) garantieren sollte. Fußspuren solcher Tänze haben sich bis heute erhalten. Die Dunkelheit der Höhle, das Geheimnisvolle der Tierbilder und der magischen Zeichen, die nur der Eingeweihte sehen durfte, dies alles wirkte zusammen und wob sich zu einem magisch religiösen Geschehen.
Ein Wort noch zur Entstehungszeit der Höhlenbilder in Altamira. Mit modernen chemischen Methoden wie auch mit Vergleichen von gleichzeitig ausgegrabenen Skulpturen und handwerklichen Gegenständen ließ sich feststellen, daß Altamira in das Magdalénien einzuordnen ist, also in eine Kulturstufe, die um 15000 v. Chr. einsetzt und mit dem Ende der letzten Eiszeit (um 10000) unter-

Bison und Eberkopf. Größe des Bisons 1,80 m, des Gesamtbildes 2,25 m. Umrisse des Bisons eingraviert.

ging. Die Zeit des Magdalénien bedeutet den Höhepunkt der eiszeitlichen Malerei, deren größte Leistungen, die Malereien in Altamira und in Lascaux, die künstlerische Spitze bedeuten.

Den ersten Entdeckern der Malereien ist es wie ein Wunder erschienen, daß die Farben sich so außerordentlich gut erhalten haben. Man schrieb dies der stets gleichbleibenden Temperatur (14 Grad Celsius) und der stetigen hohen Luftfeuchtigkeit zu. Der französische Gelehrte Abbé Henri Breuil hat sich hohe Verdienste nicht nur durch umfangreiche Studien, sondern auch durch seine Zeichnungen nach den von ihm aufgefundenen Malereien erworben. So hat er auch die Bilder in Altamira in sorgsam ausgeführten Pastellbildern (Aquarelle konnten wegen der Luftfeuchtigkeit nicht gemacht werden) kopiert und noch viele Einzelheiten gesehen, die heute nicht mehr sichtbar sind. Die Besucherscharen, die Jahr für Jahr nach Altamira pilgerten, haben dazu beigetragen, daß die Farben immer mehr verblassen. Man hat versucht, durch eine Begrenzung der täglichen Besucherzahl Abhilfe zu schaffen, aber man konnte auch weiterhin eine regelmäßige Zunahme der Zerstörung erkennen. So ist es eine beklagenswerte Notwendigkeit, daß die Höhle nunmehr ganz geschlossen und der Zutritt fürs erste für die Allgemeinheit unmöglich gemacht wurde.

Günther Gottmann

II. Eine Meisterleistung der Rekonstruktion

Genau ein Vierteljahrhundert bevor die Höhle von Altamira für das Publikum ganz verschlossen und das Verblassen vieler Zeichnungen unaufhaltsam wurde, zündete im Deutschen Museum die Idee, Altamira nach München zu holen. Bei der Planung einer neuen Abteilung »Urgeschichte der Chemischen Technologie« tauschten der damalige Abteilungsleiter, Dr. R. Sachtleben, und Erich Pietsch, Professor für anorganische Chemie in Clausthal und dann in Frankfurt, erste Gedanken aus über die Wiedergabe von Felszeichnungen. Als nach langen Reisen, Vergleichen, Abwägungen die Entscheidung fiel, für die Nachbildung die Gran Sala der Altamirahöhle in Nordspanien zu wählen, war damit aber auch die einfache und billige Lösung ausgeschlossen, die Bilder zweidimensional darzustellen als Foto oder als gezeichnete Kopie. Denn im Gegensatz zu vielen anderen Zeichnungen damaliger Zeit sind die Bilder von Altamira nicht planeben, sondern dreidimensional: Bis zu 35 cm weichen Buckel und Vertiefungen aus der mittleren Ebene heraus. Und diese Plastik der Deckenstruktur wird gestalterisch in die Anatomie der Tierkörper einbezogen. Also fiel

Liegender weiblicher Bison, der seinen Kopf zurückbiegt. Größe 2 m. Nüstern, Pupille, Schwanz eingraviert. Unten: Zum Vergleich, was Abbé H. Breuil um 1904 noch sah, das gleiche Tier gezeichnet.

1957 der kühne Beschluß, die gesamte Decke in einer möglichst materialgetreuen Kopie in der Originalgröße von 44 m² zu rekonstruieren, ein Beschluß, dessen Durchführung fünf Jahre dauern sollte. Die Genehmigung wurde von der spanischen Regierung gewährt, allerdings unter zwei Bedingungen: Eine zweite Kopie müsse in Madrid erstellt und die Decke der Höhle dürfe auf keinen Fall berührt werden – beides nicht unbillige Forderungen, vor allem was das Berührungsverbot anging. Denn Leuchtkraft und Zauber der Zeichnungen beruhten gerade darauf, daß die durch Jahrtausende gleichbleibende Raumfeuchtigkeit von 96 % die Farben in solcher Frische erhielt, als seien sie soeben als noch nasses Fresko aufgetragen. Bereits bei 92 % absoluter Luftfeuchtigkeit wirken die Farben wesentlich fahler. Und dann trug auch die vom Menschen bewirkte Störung des Feuchtigkeitshaushaltes wesentlich zum Verfall der Farben bei, abgesehen von dem wachsenden Kohlendioxydgehalt der Luft durch den Atem der vielen Besucher. Wie sollte nun die Deckenstruktur dargestellt werden, wenn ein Abguß nicht möglich war?

1. Schritt: Stereoaufnahmen zur Relieferfassung

Um die »Unebenheiten« der Decke exakt vermessen zu können,

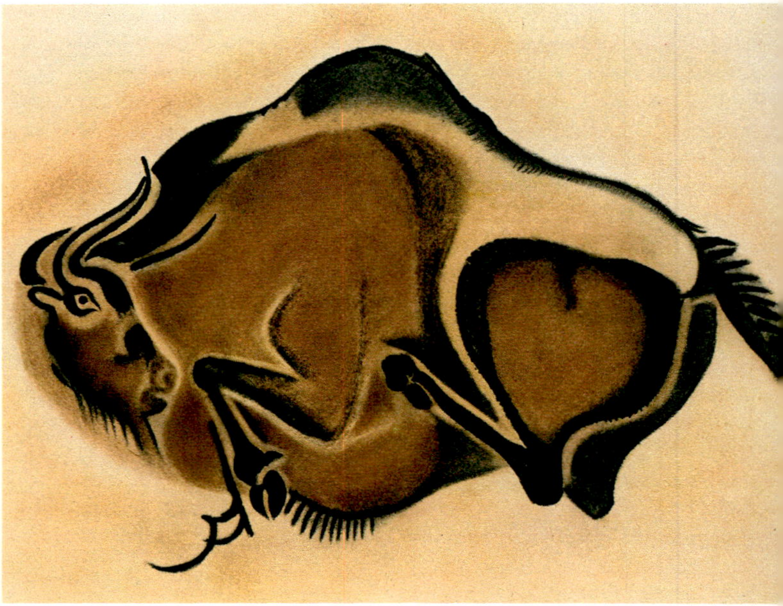

wurde das bereits in der Geodäsie bewährte Verfahren der Luftbildaufnahmen an die Höhlenverhältnisse angepaßt: Für dieses sogenannte stereofotogrammetrische Verfahren wurde eine spezielle Kamera benötigt, die wegen der geringen und dazu unterschiedlichen Objektentfernung zur geforderten Tiefenschärfe trotz großer Unebenheit der Decke eine besonders kurze Brennweite und einen möglichst großen Bildwinkel hat. So gewann man mit jeder Aufnahme ein brauchbares Stereofeld von 100×150 cm, mußte also für die Gesamterfassung 28 Stereopaare rechnen. In dem oben beschriebenen umlaufenden Gang wurden 15 Aufnahmestandpunkte festgelegt (Entfernung zwischen Kamera und Decke 138 bis 184 cm), auf dem mittleren Sockel 13 Standpunkte (Entfernung 82 bis 145 cm). Da man an der Decke selbst keine Markierungspunkte anbringen durfte, mußten Kreuzmarken an aufgestellten Stäben die Meß- und Paßgenauigkeit der Bilder für die spätere Gesamtaufnahme garantieren.

Trotz des jeweils unterschiedlichen Abstands der Kamera vom Objekt entwickelte man aus den 28 Stereopaaren einen genauen Schichtlinienplan des »Deckengebirges«, wie er aus der Kartographie bekannt ist – nur daß der Schichtlinienabstand jeweils 1 cm Höhenunterschied bezeichnet.

2. Schritt: Farbfotografie

Die Farbwerte der Felszeichnungen erfaßte man durch zahlreiche Senkrecht- und Schrägaufnahmen mit Negativ- und Diapositivfilmen bei verschiedenen Belichtungen. Nach Entwicklung und Kopie wurden die Bilder mit dem Original verglichen und korrigiert.

3. Schritt: das Gipsmodell des Deckenreliefs

Um nun zu einem Positivmodell der gesamten Decke zu kommen, wurden 1 m² große Gipsblöcke gegossen. Eine Präzisionsgraviermaschine, nach dem Storchschnabelprinzip von dem Schichtlinienplan der Decke geführt, fräste dann die Höhenlinien (1 cm) in den Gipsblock. In sorgfältiger morphologischer Arbeit wurden die Stufen ausgeglichen. Doch relativ spröder Gips war nicht geeignet, die oft haarfeinen Strukturelemente der Decke wiederzugeben, wie sie die fotografischen Aufnahmen zeigten. Also mußte eine 3 mm dicke Plastilinschicht auf jeden Block aufgebracht werden. Ein Projektionsgerät warf dann durch Dias den genau entsprechenden Bildausschnitt auf jeden der 1 m² großen Blöcke. In über einjähriger Arbeit wurden nun die feinsten Strukturelemente mit Spachteln Quadratzentimeter für Quadratzentimeter in die Plastilinschicht übertragen. Kontrollaufnahmen jeden Blocks, auf die Hälfte der Originalmaße vergrößert, wurden in eigener Expedition mit dem Original in Altamira verglichen und letzte Korrekturen in der Blockoberfläche angebracht. Alle 50 Blöcke zusammengesetzt, ergaben so ein 1:1-Modell der Höhlendecke.

4. Schritt: das Gußnegativ

Um von dem Gipsmodell eine Gußform, also ein Negativ, zu erhalten, mußte ein Material gefunden werden, das so elastisch ist, daß es feinste Nadelrisse und sandkorngroße Erhebungen aufnehmen kann, das sich aber auch ohne Verformung so verfestigt, daß es transportabel ist und geeignet, den späteren Positivguß aufzunehmen und alle Deckenstrukturen auf ihn zu übertragen. Hier war man fast an die Grenze des Machbaren gekommen. Nun aber konnte die Wacker-Chemie/München helfend eingreifen, hatte sie doch in langjährigen wissenschaftlichen Arbeiten ein Material, den sog. Wacker RTV-2-Komponenten-Silikonkautschuk, entwickelt, der all diesen Anforderungen gewachsen war. Es war gleichzeitig die größte Erprobung, die diesem neuen Material aufgegeben wurde, und die sich als voller Erfolg herausstellen sollte.

Nach Vorversuchen an Einzelblöcken überzog man das gesamte Gipsmodell mit diesem Silikonkautschuk. Wie eine Haut schmiegte sich der flüssige Kunststoff an jede Pore des plastilinbezogenen Gipsmodells. Nach ihrer Verfestigung hatte die »Haut« zwar das gesamte Grob- und Feinprofil der Altamiradecke als Ne-

Silikonkautschuk der Wacker Chemie, München, wird als Gießmasse auf das Arbeitspositiv aufgebracht.

Nach Erhärten wird die Silikonkautschukhaut vom Arbeitspositiv abgelöst und wie ein Teppich aufgerollt.

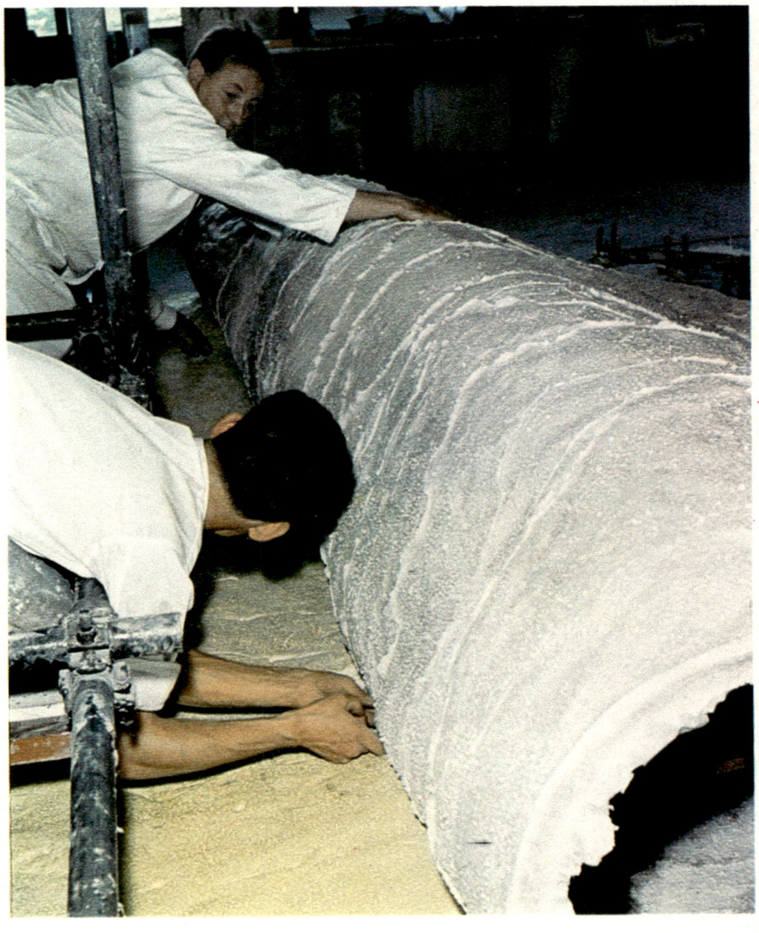

Nachbildung der Decke im großen Saal der Höhle von Altamira im Deutschen Museum zu München.
▼

gativ aufgenommen; doch wegen ihrer Elastizität würde sie dieses Profil wieder verlieren, wenn man sie vom Modell abzöge. Also wurde sie wieder mit Gips hintergossen, der dann als »Skelett« der Gußform stückweise transportiert und am zukünftigen Ausstellungsort wieder zusammengesetzt werden konnte.
Die Silikonkautschuk-Haut wurde mit einem Gewicht von 7 Zentnern wie ein Teppich von dem Arbeitsmodell abgerollt und auf dem Gipsskelett wieder aufgelegt, so daß sie nun den Guß aufnehmen konnte.

5. Schritt: der Guß der Decke

Um die Kopie der Altamiradecke nicht nur form- und farbgerecht, sondern auch möglichst materialgetreu zu erstellen, hatte die Firma Dyckerhoff und Widmann nach Proben des Originalgesteins eine besondere synthetische Gesteinsmasse aus Solnhofener Sand und Portlandzement entwickelt. Diese Masse wurde etwa 5 cm dick auf die Silikonhaut aufgetragen und dabei Aufhänger eingegossen, die später die 7,5 Tonnen schwere Decke zu tragen hatten. Als dann das Gipsskelett entfernt und die Silikonhaut nach der Aufhängung der Decke abgezogen war, da sah die Arbeitsgruppe das Höhlengewölbe so, wie vor Jahrtausenden Menschen es sahen, bevor sie begannen, die Decke zu bemalen.

6. Schritt: die Ausmalung der Decke

Lange Untersuchungen hatten erwiesen, daß die Höhlenmaler als einzige Farbträger Eisen- und Manganoxyde nutzten und für das Schwarz Holz- oder Knochenkohle, die sich ohne Verschnitt und suspendierende Zusätze chemisch mit der Sinterflüssigkeit der Felswände abbinden. In ähnlichem Vorgang benutzte der Maler J. Voglsamer unverschnittene mineralische Farbträger, die wiederum im Vergleich mit dem Original in Altamira kontrolliert wurden. Ähnlich wie bei den morphologischen Arbeiten an den einzelnen Blöcken wurden nun die Dia-Aufnahmen 1:1 auf die Decke projiziert, erst die Umrisse der einzelnen Tierkörper auf die gesamte Fläche übertragen und schließlich Detail für Detail ausgemalt.
So hängt nun die Decke der Altamirahöhle in München, in einer Originaltreue, wie sie schwerlich zu überbieten ist, ja wie sie vom Original selbst nicht mehr erreicht werden kann. Im gleichen Vorgang hat man auch die für Madrid bestimmte Decke geschaffen. Sie wurde im Garten des Prado in einer wirklichen Höhle aufgehängt, so daß sie dem Besucher den ursprünglichen Eindruck vermittelt.

(Vgl. Abhandlungen und Berichte, Deutsches Museum, 1963/1, Pietsch, Altamira)

Im hohen Mittelalter wandelte sich das politische Gesicht Europas. Die Zeiten des frühmittelalterlichen Wanderkönigtums waren vorbei. Die Fürsten versuchten nunmehr, unter Zurückdrängung des Einflusses der altadeligen Dynastengeschlechter starke Zentralstaaten zu bilden. Sie stützten sich dabei auf die aus der Unfreiheit aufgestiegene neue ritterliche Adelsschicht der Ministerialen, und sie stützten sich auf die Städte. Zahlreiche Städte wurden in dieser Zeit gegründet, und in ihnen bildete sich mit dem Stadtbürger eine neue, selbstbewußte Gesellschaftsschicht. Politisch standen die Städte unter der Führung der Patrizier, der alteingesessenen Familien, die traditionsgemäß die Mitglieder des Stadtrats stellten. Viele reiche Patrizierfamilien wetteiferten an ritterlicher Lebensführung mit dem Landadel, und auch familiäre Beziehungen zwischen Adel und Patriziat waren damals nicht selten.

Ausdruck dieses neuen bürgerlichen Lebensgefühls wurde die Gotik. In allen Stadtgemeinden, die es sich leisten konnten, wurden die alten romanischen Kirchen durch gotische Neubauten ersetzt. Vor allem in Frankreich, aber auch in Deutschland schuf bürgerliches Selbstbewußtsein die herrlichen gotischen Kathedralen.

Zur Verfertigung der komplizierten Architektur und der feinen Steinmetzarbeiten bedurfte es besonderer Kenntnisse, die in den Dombauhütten erlernt und mündlich weitergegeben wurden. Zünftige Steinmetzen wanderten oft durch ganz Europa von Bauhütte zu Bauhütte, wo sie sich durch bestimmte Rituale als Zunftgenossen ausweisen mußten, um Arbeit zu finden. Aus diesen entwickelte sich später die Gemeinschaft der Freimaurer.

Finanziert wurden die kostspieligen Dombauten durch Spenden aller Bürger, voran des Patriziats, aber auch der umliegenden Rittergeschlechter. Da der Ehrgeiz der städtischen Bauherrn vielfach in keinem Verhältnis zu ihrer Finanzkraft stand, wurden viele dieser Kathedralen erst im vorigen Jahrhundert vollendet.

Seite 19 bis 28

1 *Klarenaltar. Blick in den geöffneten Schrein bei Öffnung für hohe Festtage. Mitte 14. Jahrhundert. Breite 335 cm, Höhe 285 cm*

St Clare's Altar. View looking into the shrine opened on feast days. Mid 14th century. Width: 335 cms.; height: 285 cms.

Der Klarenaltar im Kölner Dom

Von Anni Wagner

Der Klarenaltar, eines der Hauptwerke der frühgotischen Malerei, ist nach langen Jahren der Wiederherstellung in den Kölner Dom zurückgekehrt. Er wurde nunmehr nicht an seinem einstigen Stammplatz hinter der Hochaltar-Mensa im Chor des Domes, sondern am Ende des nördlichen Seitenschiffes aufgestellt. Als nach dem Zweiten Weltkrieg die Malereien der Innenseiten der Flügel durch einen weißlichen Belag fast unkenntlich geworden waren, war eine grundlegende Restaurierung unerläßlich. Bei diesen jüngsten Maßnahmen, die in der Restaurierungswerkstatt des Landesdenkmalamtes in Bonn vollzogen wurden, hat man die Verunstaltungen früherer Reparaturen behutsam beseitigt. Eine größtmögliche Annäherung an den ursprünglichen Zustand konnte damit erreicht werden.

Der Klarenaltar wurde ursprünglich nicht für den Kölner Dom geschaffen, sondern für das einstige Klarissenkloster St. Klara in Köln. Dies Kloster wurde 1304 von Graf Wilhelm von Jülich und seiner Frau gegründet und blühte durch Stiftungen und Erbschaften rasch auf, so daß eine ansehnliche Kirche 1347 geweiht werden konnte.

Der Orden der Klarissen geht auf die heilige Klara, eine Schülerin des heiligen Franziskus

2 *Klarenaltar. Öffnung an Feiertagen. Innere Tafeln um 1400, äußere Tafeln um 1350/60. Jeder Flügel 283:137 cm*

St Clare's Altar. Opened on feast days. Inner panels c. 1400; outer panels c. 1350/60. Each wing: 283:137 cms.

von Assisi, zurück. Sie hielt in den von ihr gegründeten Klöstern auf eine strenge Regel, vor allem auf völlige Armut, wobei sogar die Annahme von frommen Zuwendungen für den Schmuck der Kirche untersagt war. Diese Regel scheint sich später gelockert zu haben. Als die beiden Töchter des Grafen Rainald van Geldern in das Kölner Kloster eintraten, wurde ihre Mitgift in die Ausstattung der Kirche gesteckt. In den beiden Schwestern darf man auch die Stifterinnen des Hochaltares sehen. Sie haben den Auftrag gegeben, haben seine Vollendung aber nicht mehr erlebt (sie starben 1352 bzw. 1354).

Man kann aus Stilzugehörigkeit darauf schließen, daß die Arbeiten an dem Altar um diese Zeit begonnen wurden. Aus unbekannten Gründen ist man – knapp 50 Jahre später – darangegangen, große Teile des Altares zu übermalen. Dies geschah in einer wesentlich anderen Ausdrucksweise. Lange Jahre hat dann der Altar den Nonnen, deren Ordensregel ihnen eine nach stiller Betrachtung ausgerichtete Religionsausübung auferlegte, als Gegenstand andächtiger Versenkung in die heiligen Geschichten gedient.

Im Jahre 1802 kam für das Klarissenkloster ein vernichtender Schlag. Unter den bereits seit 1794 in Köln regieren-

Der Klarenaltar im Kölner Dom

3 *Blick auf die mittleren Tafeln bei Öffnung des Altars an Feiertagen (um 1400).*
Untere Reihe: Darstellungen aus der Jugend Christi.
Obere Reihe: Die Passion Christi von der Geißelung bis zur Grablegung.
Auf dem Mittelteil (Tabernakel): Messe des heiligen Gregor

View looking upon central panels (c. 1400), with altar opened on feast days.
Bottom row: Representations from the youth of Christ.
Top row: Christ's Passion from Scourging to Burial.
Middle section (tabernacle): Mass held by St Gregory

4 *Außenflügel bei Öffnung an Feiertagen (um 1350).*

Untere Reihe linker Flügel: Marienleben: Verkündigung, Heimsuchung, Gang nach Bethlehem. Obere Reihe linker Flügel: Passion Christi: Gebet am Ölberg, Verrat des Judas, Christus vor Pilatus

Outer wings (c. 1350) as seen on feast days. Bottom row, left wing: Life of the Virgin: Annunciation, Visitation and Journey to Bethlehem. Top row, left wing: Christ's Passion: Prayer on Mount Olive, Judas Betraying Christ, Christ Before Pilate

den Franzosen erfolgte 1802 die Säkularisation der Kirchengüter; sämtliche Mönche und Nonnen mußten ihre Klöster räumen. Zahlreiche Kirchen und Klöster wurden auf Abbruch verkauft. So wurde auch das Klarissenkloster aufgehoben und zur französischen Domäne erklärt. Die Kirchenschätze der unzähligen Klöster wurden obdachlos und verkauft. Nun darf man sich nicht vorstellen, daß Kunstliebhaber von allen Seiten herbeigeströmt wären, um die kostbaren Bilder zu erwerben. Wohl drängten sich die Käufer, weil sie die schweren, aus Holz bestehenden Altäre als Brennholz verbrauchen wollten. Unvorstellbare Werte gingen verloren. Einige Kölner Bürger haben sich damals als wahre Retter erwiesen. Der Kanonikus Ferdinand Wallraf und die Brüder Melchior und Sulpiz Boisserée stellten ihre ganze Kraft und ihr Vermögen der Aufgabe zur Verfügung, gefährdete Bilder zu übernehmen und damit vor

6/7 *Flügel des Klarenaltars bei geschlossenem Zustand an Werktagen (um 1350). Je zwei Reihen mit Darstellungen von Heiligen.*
Untere Reihe links neben Magdalena und Elisabeth die Ordensgründerin St. Klara mit der Monstranz in der Hand

Der Klarenaltar im Kölner Dom

dem sicheren Untergang zu bewahren. (Wallraf hat allein 1616 Gemälde gerettet und seiner Vaterstadt hinterlassen.) So haben die Brüder Boisserée durch den Ankauf des Klarenaltars eines der bedeutendsten Stücke frühgotischer Malerei der Nachwelt erhalten. Sie behielten den Altar nicht für ihre Sammlung, sondern schenkten ihn dem Kölner Dom. Dort erhielt er einen Platz in der Johanniskapelle (bis 1894), dann 1,50 m hinter der Mensa des Hochaltars im Chor, wo er bis zum Zweiten Weltkrieg verblieb. Da an dieser Stelle mittlerweile der Dreikönigsschrein Aufstellung fand, wurde der Klarenaltar im nördlichen Seitenschiff untergebracht.

Der Altar besteht aus einem Mittelschrein mit zwei schweren Flügeln, geöffnet zeigt er zwei Reihen mit plastischem Schmuck (Abb. 1), in der oberen die Gestalten der 12 Apostel, in der unteren 12 Reliquienbüsten. Das Ganze ist in reiches gotisches Maßwerk ge-

Wings of St Clare's altar, folded on workdays (c. 1350). Two rows each with representations of Saints. Bottom row, next to Magdalene and Elizabeth on the left-hand side: St Clare, founder of the order, holding the monstrance

5 *Außenflügel bei Öffnung an Feiertagen (um 1350).*

Untere Reihe rechter Flügel: Jugend Christi: Kindermord, Flucht nach Ägypten, Jesus im Tempel. Obere Reihe rechter Flügel: Leben Christi: Christus in der Vorhölle, Christus erscheint Magdalena, Himmelfahrt Christi

Outer wings (c. 1350) as seen on feast days. Bottom row, right wing: Christ's Youth: Massacre of the Innocents, Flight into Egypt, the Boy Jesus in the Temple. Top row, right wing: Life of Christ: Christ in Limbo, Christ appearing to Magdalene, Ascension

8 *Mittlerer Flügel, linke Seite des Altars bei Feiertagsöffnung. Verkündigung an die Hirten (um 1400)*

Central panel, left side of opened altar. Annunciation to the Shepherds (c. 1400)

9 *Mittlerer Flügel, rechte Seite bei Feiertagsöffnung. Bad des Jesuskindes (um 1400)*

Central wing, right side of opened altar. Bath of the Infant Jesus (c. 1400)

stellt. Vor den Mittelschrein ist ein schmales Tabernakelgehäuse gesetzt, das auch bei geschlossenen Flügeln sichtbar bleibt. Die Außenseiten der Innenflügel und das zweite Flügelpaar sind bemalt. Die Malereien, die Szenen aus dem Leben Christi und der Gottesmutter sowie zahlreiche Gestalten von Heiligen wiedergeben, sind nicht das Werk eines einzigen Meisters. Sie sind zeitlich und stilistisch voneinander unterschieden. Gemeinsam haben sie allerdings die straffe architektonische Einteilung. Sie bedecken die Fläche nicht mit einer einzigen Darstellung, sondern teilen sie durch reiches gotisches Maßwerk in viele einzelne Felder, in denen sie jedesmal eine neue Szene unterbringen. Erklärlich wird diese Auffassung durch die zu jener Zeit vorrangige Stellung der Architektur, in diesem Fall bedingt durch die nahe Anwesenheit der Kölner Dombauhütte. Der Meister, der um 1350 seine Arbeit an diesem Altarwerk begann (vgl. Abb. 2, 4, 5, 6, 7 und 10) zeigt den linearen, scharf konturierten Stil der Kölner Malerschule dieser Zeit. Um 1400 ist der Altar dann teilweise übermalt, stellenweise auch nur leicht übergangen worden (vgl. Abb. 2, 3, 8 und 9). Der hierbei tätige Meister hat die scharfen Umrißlinien aufgegeben, er ist weicher und malerischer in der Formengebung. Die Holdseligkeit der Frauen, ihre fast zerbrechliche Zartheit hat er – in echter Befolgung kölnischer Kunsttradition – beibehalten. »In der Mischung des von der älteren Malerei stammenden Rhythmus mit einer zarten, etwas femininen Beseelung wird ein sehr feines musikalisches Kunstwerk gezeugt« (Paul Clemen).

Der Klarenaltar im Kölner Dom

10 *Rechter Außenflügel bei Feiertagsöffnung, untere Reihe, Mitte: Die Flucht nach Ägypten (um 1350)*

Right outer wing (c. 1350) as seen on feast days. Bottom row, centre: Flight into Egypt

Kunststile sind in gewisser Weise wie Modeerscheinungen: Sie entstehen in den großen Städten, entwickeln dort ihre Blüte und dringen nur nach und nach in ländliche Regionen vor. Dort nämlich hält man zäher am Althergebrachten fest und öffnet sich nur zögernd den von den Städten ausgehenden Strömungen.
Das Kirchlein St. Helena bei Deutschnofen entstand Anfang des 15. Jahrhunderts, also zu einer Zeit, da die Gotik ihren Zenit längst überschritten hatte, da man keine großen Kathedralen mehr, sondern bereits die weitaus schlichteren spätgotischen Hallenkirchen plante und baute, und dennoch scheint es seinem äußeren Erscheinungsbild nach noch in die vorangegangene Epoche der Romanik zu gehören. Da die Baugeschichte aus den Quellen nicht zu erschließen ist, darf vermutet werden, daß zumindest der massige Turm lang vor der Kirchenweihe im Jahr 1410 entstanden ist.
Als Stiftung der Niederthor, eines Südtiroler Adelsgeschlechts, ist St. Helena ein typisches Beispiel für mittelalterliches Mäzenatentum, das Kunstförderung immer auch als religiöses Werk begriff: Man bezahlte den Künstler nicht nur, um sich an dessen Werken zu erfreuen, sondern in erster Linie zur Förderung des eigenen Seelenheils.

Seite 29 bis 34

Eine Südtiroler Kirche

St. Helena bei Deutschnofen

Von Ursula Baier, Ludwigshafen

Südöstlich von Bozen liegt in 1335 m Höhe der kleine Luftkurort Deutschnofen. Die vom Ort abgelegene Hügelkirche St. Helena ist bekannt durch die gotischen Wandfresken aus dem 15. Jahrhundert.

1 *Ansicht der Kirche von Westen*
2 *Relief aus dem südlichen Vorhallenpfeiler mit der heiligen Helena und dem Stifter*

1 *View of church as seen from west*
2 *Relief on southern portico pillar showing St. Helen and donor*

3

4

Die Straße schlängelt sich das Eggental, das südlichste der Täler links des Eisacks, an einem rauschenden Bach und steilen Felswänden entlang hinauf zum Talgrund, um sich dann bei Bircherbruck zu gabeln. Hat man hier das Flüßchen überschritten, geht es weiter durch Hochwald hinauf in Richtung Deutschnofen. Auf der Höhe öffnet sich der Blick auf weite Wiesen. An einem Bauernhof läßt man hier am besten sein Auto stehen und wandert durch duftende Wiesen und ein kleines Tannenwäldchen hinauf zu St. Helena. Tritt man aus dem Wäldchen hinaus, liegen St. Helena, eine weiße schlichte Kirche, und daneben ein alter Bauernhof inmitten blühender Wiesen auf einem kleinen Hügel vor dem Besucher. Im glitzernden Sonnenlicht schließen die Berge des Rosengartens, des zerklüfteten Latemargebirges und des Schlern einen weiten Kreis um dieses Kleinod menschlicher Siedlung. Tief unten leuchtet das Eggental herauf.

Nähert man sich der weißgekalkten Kirche, die 1410 neu geweiht wurde, umfängt den Besucher eine ländliche Idylle mit gackernden Hühnern, bellenden Hunden und kleinen schwarzen Katzen, zu der als harmonischer Kontrast ein gotisches Kirchlein mit einem der herrlichsten Bauerngärten in voller Blüte steht. Fernab der nächsten ländlichen Siedlung wurde der heiligen Helena, der Schutzpatronin der Bergleute, diese Kirche geweiht. Früher habe man hier Bergbau betrieben, weiß die junge Bäuerin zu erzählen. Vielleicht gibt das einen Hinweis auf die Gründung dieser Kirche, über die sich historische Quellen beharrlich ausschweigen. In den blauen Himmel erhebt sich mahnend und schützend der massive Nordturm, der um 1500 neue Spitzbogenschallfenster erhielt, während die tiefersitzenden alten Rundbogenfenster zugemauert wurden. Ein niedriger Viereckhelm bekräftigt seine Wehrhaftigkeit. Im 19. Jahrhundert erhielt die Kirche die schlichte hölzerne Vorhalle, die den unregelmäßig gesetzten, mit einer einfachen Bordüre eingeschlossenen Fresken an der westlichen Außenwand Schutz vor Witterungseinflüssen gewährt. St. Helena, der heilige Christophorus und eine Kreuzigungsgruppe stimmen in ihrer klaren und sanften Farbigkeit auch thematisch auf das Innere der Kirche ein. In den südlichen Vorhallenpfeiler ist ein derbes Relief gemeißelt, das St. Helena mit dem Stifter zeigt.

Betritt man durch das kleine, seitlich versetzte Westtor das Innere, so überraschen der gute Erhaltungszustand und die Frische der Farben in den Wandmalereien. Ein großer Teil von ihnen ist vor nicht allzu langer Zeit freigelegt worden, andere werden noch unter der Kalkschicht vermutet. Der Blick wird im Eingang auf den großen thronenden Christus als Weltenrichter gezogen, der, von Evangelistensymbolen und den Aposteln eingerahmt, die Rundapsis im Osten bekrönt. Am Chorbogen sehen wir in kleinen Rechteckbildern die Schöpfungsgeschichte und das Opfer Kains und Abels. Zu beiden Seiten dieses Frieses fällt das Wappen der Niederthor ins Auge, denen wir schon als Stifter im Wandpfeiler der Eingangshalle begegnet sind.

Das Spitztonnengewölbe des Schiffs ist in vier Felder aufgeteilt, die auf blauem Grund die vier Evangelisten in reich verzierten gotischen Gestühlen, die wie kleine Schreibstuben anmuten, zeigen. Zu jedem Bildnis gehört

St. Helena bei Deutschnofen

3 *Geburt Christi, ein Detail aus der Schiffswölbung*
4 *Die heilige Helena in einer Darstellung auf der Westwand*
5 *Die Südwand zeigt die Flucht nach Ägypten*

3 *Nativity, a detail on the nave vaulting*
4 *St. Helen in a representation on the western wall*
5 *The southern wall shows the flight into Egypt*

Fuge in Egi ptum

St. Helena bei Deutschnofen

6 *Das Fresko auf dem Vorsprung der Südwand zeigt Maria mit dem Kind und die heilige Katharina*

The fresco on the south wall projection, showing Mary with the Holy Infant and St. Catherine

ein Rundmedaillon in gewelltem Regenbogenrahmen, in denen Christi Geburt, Kreuzigung, Auferstehung und Christus als Weltenrichter dargestellt sind.
Die Fresken der Schiffswände ruhen zum großen Teil noch unter einer Kalkschicht. Nur die Flucht nach Ägypten, die sich stilistisch und farblich von den anderen Malereien unterscheidet und die nie übertüncht war, und das Bildnis von Petrus mit Christus an der Südwand sind zu sehen. An der Westwand stehen dem thronenden Christus der Apsis die Schutzheilige der Kirche und ein Sebastian gegenüber. Darüber befindet sich eine großangelegte Verkündigung. Offenbar zeigen die Schiffswände das Leben Jesu.
Die Fresken sind von unterschiedlicher künstlerischer Qualität und stammen nicht alle von einer Hand. Da jegliches historisches Material fehlt, erweist sich eine Zuschreibung als schwierig. Sie stammen aber alle aus der Zeit um 1400, die Kirche wurde 1410 geweiht. Zwei Meister sind nach Weingartner (Gotische Wandmalerei in Südtirol) nachzuweisen. Die Fresken der Schiffs- und Apsiswölbung stehen in enger Beziehung zu den Fresken im Langhaus der Terlaner Pfarrkirche. Insbesondere sieht Weingartner in den Medaillons, die es in beiden Kirchen gibt, eine genaue Übereinstimmung, so daß er sie demselben Meister zuschreiben muß. Terlan und St. Helena sind Stiftungen der Niederthor. Laut einer Inschrift wurden die Terlaner Fresken 1407 von »hans Stocinger, pictor de Bosano« ausgeführt. Da aber auch die Terlaner Fresken unterschiedlichen Ranges sind, hat Stocinger noch Helfer gehabt.
Einem Deutschen, der sich an Stocinger geschult hat und von zwei anderen Malern begleitet wurde, schreibt Nicoló Rasmo, Leiter des Amtes für Denkmalpflege der Provinz Bozen, die St.-Helena-Fresken zu. Die szenische Komposition und die Figuren selbst haben ein nordisches Gepräge, während die Throne der Evangelisten und die dekorativen Motive veronesischer Provenienz sind. Hier, an der Grenze zwischen welscher und deutscher Kultur, hat sich südlicher Sinn für das Dekorative und Farbige mit nordischer Strenge der Komposition zu einem Kunstwerk vereint, dessen besonderen Reiz auch die es umgebende ländliche Idylle ausmacht.
Später, in der geräumigen Stube mit dem großen Schlafofen des Bauernhofs, der seit Menschengedenken neben der Kirche steht, schenkt die junge Bäuerin einen kühlen Rotwein aus und erzählt aus der »sagenhaften« Zeit, in der St. Helena auf dem kleinen Hügel erbaut wurde: Aber auch ihre Erzählungen können kein Licht in die Historie ihrer Gründung bringen.

DIE MINIATUREN ZUM TRIUMPHZUG KAISER MAXIMILIANS I.

Als den »letzten Ritter« hat man ihn bezeichnet, und die ritterlichen Ideale, die er am glänzenden burgundischen Hof so eindrucksvoll erfuhr, haben sein Leben geprägt, obgleich es die Ideale einer untergehenden Epoche waren. Als Politiker war Kaiser Maximilian I. (1459–1519) weniger erfolgreich. Zwar fehlte es ihm nie an großen Plänen, aber fast immer an der nötigen Stetigkeit und Beharrlichkeit, sie erfolgreich durchzusetzen, und nicht selten scheiterten seine Vorhaben auch an der dauernden Finanznot. So konnte er weder Burgund behaupten noch die Reichsinteressen in Italien wirksam vertreten. Die ritterliche Kultur des mittelalterlichen Europas freilich führte er zu einer letzten Blüte, selbst ein Vorbild in allen ritterlichen Tugenden. Daneben aber wiesen seine Interessen bereits in die Renaissance. Denn Maximilian war ein hochgebildeter, musischer Mann, der sechs Sprachen beherrschte, als Schriftsteller, Dichter, Musiker, bildender Künstler selbst tätig war, und Kunst und Wissenschaft nach Kräften förderte. Mehr als seine politische Bedeutung hat deshalb sein kulturelles Wirken zu seinem Ruhm beigetragen.

Seite 35 bis 44

1 *Albrecht Altdorfer (um 1480 bis 1538). »Die Vorfahren Kaiser Maximilians«. Ausschnitt. Um 1513/15. Deckfarbe mit Gold gehöht auf Pergament. Gesamtgröße mit Vorreiter 45,2 : 92,4 cm. Wien, Graphische Sammlung Albertina*

Albrecht Altdorfer (c. 1480–1538). "The Ancestors of Emperor Maximilian". Detail. C. 1513/15. Body colour heightened with gold on parchment. Total size with outrider 45.2 : 92.4 cms. Albertina, Vienna

Franz Winzinger

Die Miniaturen zum Triumphzug Kaiser Maximilians I.

»Wenn ein Mensch stirbt, so volgen Ime nichts nach dann seine werckh. Wer Ime in seinem leben kein gedächtnis macht, der hat nach seinem todt kein gedächtnus und desselben Menschen wirdt mit dem glockendon vergessen.«

Mit diesen, seinen eigenen Worten verrät Kaiser Maximilian im »Weißkunig« den tieferen Beweggrund seiner umfassenden Kunstförderung. Neben dem monumentalen Bronzegrabmal in der Hofkirche zu Innsbruck stellen die »Miniaturen zum Triumphzug« in der Albertina in Wien das aufwendigste, umfangreichste

Die Miniaturen
zum Triumphzug
Kaiser Maximilians I.

2 *Albrecht Altdorfer. »Der Reichsmarschall mit dem Reichsschwert und Christof Schenckh mit dem Reichsbanner«. Um 1513/15.*

Deckfarbe mit Gold gehöht auf Pergament. 44:76,7 cm. Wien, Graphische Sammlung Albertina

Albrecht Altdorfer. "The Imperial Marshal with the Imperial Sword, and Christof Schenckh with the Imperial Banner". C. 1513/15.

Body colour heightened with gold on parchment. 44 : 76.7 cms. Albertina, Vienna

und künstlerisch bedeutendste Werk dieser Unternehmungen dar. Der »Triumphzug« sollte zusammen mit der »Ehrenpforte« vor allem dem Ruhm seines Hauses dienen und ihm ein »ewiges gedächtnus« sichern.

Maximilian hatte derartige Aufzüge auch wirklich erlebt, so 1493 bei seiner Vermählung mit Bianca Maria Sforza in Mailand, bei der seine Braut auf einem prunkvoll geschmückten Triumphwagen eingeholt und durch einen vor dem Chor des Domes aufgestellten Triumphbogen geführt wurde, der mit den Standbildern Maximilians und Francesco Sforzas geschmückt war. Der Kaiser war auch einmal 1509 zur Versammlung der Stände in Worms in kriegerischem Harnisch auf gepanzertem Hengst an der Spitze von tausend Reitern feierlich eingezogen. Durch die Holzschnittausführung sollten die Triumpharbeiten eine weite Verbreitung finden. Aber so, wie sich der kaiserliche Kunstsammler von seinem »Gebetbuch« ein kostbares Handexemplar mit den Federzeichnungen der größten Meister anfertigen ließ, so befahl er auch diese beiden großen Werke als kostbare, goldgehöhte Pergamentminiaturen zu malen.

Wie eine Notiz in seinem Gedenkbuch ausweist, gehen die Pläne Maximilians bis auf die Zeit um 1505/08 zurück. Mit der Ausarbeitung des Triumphzuges hatte Maximilian seinen Hofgeschichtsschreiber Johannes Stabius beauftragt. An diesen Arbeiten nahm er stets stärksten Anteil, und gegen Ende des Jahres 1512 diktierte er selbst seinem Sekretär Treytzsaurwein eine genaue Aufstellung, *»wie kaiser Maximilians Triumphwagen gemacht, gestelt vnd gemalt sollet werden«*. Die Originalniederschrift ist in dem Manuskript 2835 der Österreichischen Nationalbibliothek erhalten. Im Titel ist dort angegeben: *»Was in disem puech geschrieben ist, das hat kaiser Maximilian im XV und XII Jar mir Marxen Treytzsaurwein seiner Kay. Mt. Sekretary müntlichen angeben.«* Auch später hat der Kaiser die Leitung des Werkes nicht aus der Hand gegeben.

So wie die »Ehrenpforte« errichtet werden sollte »wie vor alten Zeiten die Arcus triumphalis den römischen Kaisern in der Stadt Rom«, so geht auch der »Triumphzug« auf die Einzüge antiker Feldherrn zurück. Die mit Lorbeerkränzen geschmückten Soldaten führten dabei erbeutete Feldzeichen, Gefangene, kostbare Stücke der Kriegsbeute und Schautafeln mit der Darstellung gewonnener Schlachten mit sich.

Die Miniaturen zur »Ehrenpforte« sind verschollen. Dagegen haben sich von den ursprünglich 109 großen Pergamentblättern des »Triumphzuges« das erste Blatt und die zweite Hälfte des ganzen Werkes, insgesamt 57 Pergamente, erhalten. Man glaubte lange Zeit, daß dieses aufwendige Werk in der Innsbrucker Werkstatt des Hofmalers Jörg Kölderer entstanden sei. Meine eingehenden Untersuchungen haben klargestellt, daß zwar die ersten Entwürfe nach

Die Miniaturen zum Triumphzug Kaiser Maximilians I.

3 *Albrecht Altdorfer. »Die erste Eroberung Gelderns«. Die Träger wurden von Georg Lemberger gemalt. Um 1513/15. Deckfarbe mit Gold gehöht auf Pergament. Größe der Schautafel 21,5 : 37 cm. Wien, Graphische Sammlung Albertina*

Albrecht Altdorfer. "The First Conquest of Guelderland". The Carriers are by Georg Lemberger. C. 1513/15. Body colour heightened with gold on parchment. Size of plate 21.5 : 37 cms. Albertina, Vienna

dem 1512 erfolgten Diktat des Kaisers von Kölderer gezeichnet wurden, daß dann aber die endgültige Ausführung des kostbaren Werkes der Regensburger Werkstatt Albrecht Altdorfers anvertraut worden war, so wie auch später die Holzschnittausführung nach Augsburg vergeben wurde. Etwa ein Drittel der erhaltenen Pergamente hat Altdorfer ganz oder teilweise eigenhändig gemalt.

Die Qualität der erhaltenen Blätter ist sehr verschieden. Sie reicht von der höchsten Meisterschaft der Arbeiten Altdorfers bis zu der mehr oder weniger routinierten, handwerklichen Ausführung mehrerer Helfer, von denen einige, wie Georg Lemberger (Abb. 4), der »Meister der Historia«, der »Meister der Artillerie« (Abb. 6) oder der »Zeichner des Gebetbuches«, klar abzugrenzen sind. Auf einzelnen Pergamenten arbeiten gelegentlich zwei Maler zusammen. So lassen sich die Schautafeln mit den Schlachten auf vier Hände aufteilen. Die Träger der meisten dieser Transparente sind aber, wie bei Altdorfers Geldrischer Schlacht (Abb. 3), von Georg Lemberger gefertigt, der selbst die ersten zwei Schlachtenbilder beisteuerte (Abb. 4).

Insgesamt wird hier noch eine Arbeitsteilung sichtbar, wie sie für die mittelalterliche Werkstatt üblich war.

Es war wohl kein Zufall, daß der Kaiser dieses wichtige Werk, das ihm so viel bedeutete, der Werkstatt Altdorfers zur Ausführung anvertraute. Gerade Altdorfers frühe Bildtäfelchen lassen deutlich erkennen, daß er in der Werkstatt eines Miniaturmalers ausgebildet worden war. Selbst so große Bilder wie die »Susanna im Bad« und die »Alexanderschlacht« sind eigentlich nichts anderes als Gemälde »in Miniaturart, aber von Ölfarben«, wie es in einem herzoglichen Inventar des 16. Jahrhunderts heißt. Den wertvollsten Teil der »Triumphminiaturen« stellen Altdorfers Schlachtenbilder dar, in denen er mühelos in den mit Licht und Luft erfüllten Landschaftsraum bewegte Massenszenen stellt. Dabei wird seine große »Alexanderschlacht« bereits in den Grundzügen vorbereitet. Altdorfer eilt damit der Entwicklung der gesamten europäischen Malerei weit voraus.

In den goldgehöhten Grabbildern (Abb. 1), in denen die stolze Reihe der erlauchten Ahnen des Kaisers vorgeführt wird, erreicht Altdorfers schwelgerische Lust am Zeichnen einen Höhepunkt. In seinem ganzen Werk gibt es wenige Beispiele, in denen er sich so rassig ausspricht wie etwa in dem glanzvollen Blatt mit dem Träger des Reichsbanners (Abb. 2). Am prunkvollsten ist aber vielleicht der Aufzug der »erkoren Fürsten« (Abb. 5). Dagegen heben sich die Gestalten des »Trosses« (Abb. 7), die den »Triumphzug« beschließen, durch ihre volksliedhafte Schlichtheit und ihren Realismus ab.

Viele Teile des ganzen Werkes, wie der »Triumphwagen des Kaisers«, die »eroberten Städte und Schlösser«, das Riesenpergament von 260 cm Breite, auf dem die »Artillerie Maximilians« vorge-

◂ *Georg Lemberger (um 1495 bis 1540). »Der erste Krieg in Hennegau und in der Pickardie«. Um 1513/15. Deckfarbe mit Gold gehöht auf Pergament. Größe der Schautafel 21,5 : 37 cm. Wien, Graphische Sammlung Albertina*

Georg Lemberger (c. 1495–1540). "The First War in Hainault and in Picardy". C. 1513/15. Body colour heightened with gold on parchment. Size of plate 21.5 : 37 cms. Albertina, Vienna

5 *Albrecht Altdorfer. »Die erkoren Fürsten«. Um 1513/15. Deckfarbe mit Gold gehöht auf Pergament. 45 : 95 cm. Wien, Graphische Sammlung Albertina*

Albrecht Altdorfer. "The Elected Princes". C. 1513/15. Body colour heightened with gold on parchment. 45 : 95 cms. Albertina, Vienna

Die Miniaturen zum Triumphzug Kaiser Maximilians I.

führt wird, oder auch die großen, prunkvollen Blätter mit dem Gebrauchsschatz und dem Kirchenschatz (Abb. 6), verraten nur die geringeren Hände professioneller Buchmaler, deren Leistung gegen den eigenhändigen Beitrag Altdorfers gelegentlich stark abfällt. Gerade in diesen Teilen schlagen deutlich die Vorlagen Jörg Kölderers durch, wie ein Vergleich mit dessen Zeugbüchern deutlich macht. Daß das Gesamtwerk unter der Regie Altdorfers entstand, kann aber keinen Augenblick bezweifelt werden. Durch die »Triumphminiaturen«, die zu den Hauptwerken der deutschen Kunst der Dürerzeit gezählt werden müssen, hat das Werk Altdorfers einen außerordentlichen Zuwachs erhalten. Auch die künstlerische Entwicklung des größten Malers aus altbayerischem Stamm erscheint nun in einem anderen Licht.

Wegen der leichten Verletzlichkeit der sehr großen Miniaturen – jedes der normalen Blätter ist fast einen halben Quadratmeter groß – können die kostbaren Originale nur in seltenen Ausnahmefällen vorgezeigt werden. Dieser Umstand und die außerordentliche künstlerische Bedeutung der Folge haben die Graphische Sammlung Albertina in Wien veranlaßt, eine große, zweibändige Ausgabe des Werkes herauszubringen, in der der gesamte Anteil Altdorfers und wichtige andere Teile des Werkes in Faksimile wiedergegeben sind. (Franz Winzinger: Die Miniaturen zum »Triumphzug Kaiser Maximilians I.«. V. Veröffentlichung der Graphischen Sammlung Albertina. Akademische Druck- und Verlagsanstalt. Graz, 1972.)

Auch in dem kürzlich erschienenen dritten Band der Gesamtausgabe der Werke Altdorfers, der sämtliche Malereien des Meisters enthält, sind bereits dessen Miniaturen aufgenommen. (Franz Winzinger: Albrecht Altdorfer – Gemälde. Piper/Hirmer-Verlag. München, 1975.) Der erste Band mit den Zeichnungen des Meisters erschien bereits 1952, der zweite Band mit der Graphik Altdorfers 1963 (beide im Piper-Verlag, München).

Auf der folgenden Seite:

6 *Meister der Artillerie. »Der Schatz der Andacht«. Ausschnitt. Um 1513/15. Deckfarbe mit Gold gehöht auf Pergament. Wien, Graphische Sammlung Albertina*

7 *Albrecht Altdorfer. »Der Troß«. Ausschnitt. Um 1513/15. Deckfarbe mit Gold gehöht auf Pergament. Gesamtgröße 45 : 93 cm. Wien, Graphische Sammlung Albertina*

On the following page:

6 *Master of the Artillery. "The Treasure of Devotion". Detail. C. 1513/15. Body colour heightened with gold on parchment. Albertina, Vienna*

7 *Albrecht Altdorfer. "The Camp-Followers". Detail. C. 1513/15. Body colour heightened with gold on parchment. Total size 45 : 93 cms. Albertina, Vienna*

6

7

IKONEN

In der Ikonenmalerei begegnet uns die wohl einzige Form eines Massenmäzenatentums. Denn die Ikone, das geweihte Kultbild der Ostkirche mit ihren geoffenbarten Abbildern heiliger Personen oder Szenen, ist sowohl Kunstwerk als auch Gegenstand religiöser Verehrung. Deshalb schmücken Ikonen nicht nur orthodoxe Kirchen, sondern auch Hausaltäre, und jeder Gläubige, der es sich irgend leisten konnte, versuchte ein solches bildgewordenes Stück Offenbarung als seinen kostbarsten religiösen Schatz zu erwerben. Von dieser Verehrung der Ikone lebte eine große Zahl von Malern, darunter oft auch weniger begabte. Denn die starren Vorgaben hinsichtlich Thematik, Komposition und Farbgebung hatten ein gewisses Erstarren der Ikonenmalerei zur Folge. Tatsächlich wurde schon in der Synode von Moskau 1551 festgelegt, daß die Ikonenmaler keine eigenen Entwürfe mehr schaffen durften, sondern sich an von der Kirche gutgeheißenen Vorbildern zu orientieren hatten. In der Folge wurden Ikonen vielfach nach Papiervorlagen gemalt. In der Ausführung findet sich jedoch trotz strenger Reglementierung Meisterhaftes neben Durchschnittlichem.

Seite 45 bis 50

Ein beliebtes Sammelgebiet:

IKONEN

Von Helga von Mauchenheim, Frankfurt

Vor einigen Monaten nannte eine bekannte Zeitschrift die Ikone eine »Modeerscheinung«. Dem möchten wir widersprechen. Ikonen werden schon seit vielen Jahren in Deutschland wie in anderen Ländern gesammelt. In Kreisen des Hochadels und in den Händen von Einzelpersonen befanden sich größere Sammlungen, und das schon seit vielen Jahrzehnten. Goethe begeisterte sich für Ikonen, als im Jahr 1804 die Großfürstin Maria Pawlowna, die spätere Gemahlin Karl Friedrichs von Sachsen-Weimar, Palecher Ikonen aus Rußland mitbrachte und Goethe sie sah. Auch gab es zahlreiche kleinere Sammlungen in Europa und in den USA. Manche dieser Stücke fanden später ihren Weg in die Ikonenmuseen in Recklinghausen und Autenried, wie z. B. die Sammlungen von Dr. Wendt und Professor Winkler den Grundstein für das Ikonenmuseum in Recklinghausen legten. Im Laufe der Zeit wurde auch Literatur in deutscher Sprache herausgebracht, die vormals nur in slawischen Sprachen und in Englisch erhältlich war. Ernste Literatur über Ikonen und Ikonenmalerei ist schon zu Mitte des 19. Jahrhunderts zu finden.

Seit etwa einem Jahrzehnt entwickelte sich ein auffallendes Interesse für Ikonen des 15. bis 19. Jahrhunderts vorwiegend russischer und griechischer Herkunft. Selbstverständlich wäre auch ein Markt für noch ältere Ikonen vorhanden, wenn sie im Handel erhältlich wären. Sie befinden sich zumeist in Museen. Nur selten kommt anläßlich der Auflösung alter Sammlungen ein solches Stück auch in den Kunsthandel.

Die Sammelleidenschaft für Ikonen hat inzwischen ein breites Publikum erfaßt; das Sammeln ist nicht mehr ein Privileg der Reichen. Viele Leute jüngeren Alters und mittleren Einkommens haben im Laufe der Jahre mit Bedacht und oft gut fundiertem Wissen eine Ikone nach der anderen gekauft, teils aus der Freude, ihr Heim zu schmücken, teils auch als Wertanlage. Hier kann nicht übersehen werden, daß Ikonen aus dem 15. bis frühen 19. Jahrhundert in gutem Erhaltungszustand und von guter Qualität unaufhaltsam im Wert gestiegen sind, besonders stark jedoch in den letzten fünf Jahren. In den mittleren Preisklassen von etwa 2500 bis 6000 DM konnte man einen Wertzuwachs von etwa jährlich 20 bis 25 % feststellen.

Infolge der rasanten Marktentwicklung haben sich auch unlautere Elemente an dieses Geschäft herangemacht. Darauf sei hier mit Nachdruck hingewiesen. Der Käufer einer Ikone sollte sich daher absichern, daß das, was er kaufte und wofür er vielleicht viel Geld bezahlte, auch genau den gemachten Angaben des Verkäufers entspricht. Diesen Schutz kann ihm aber nur der seriöse Kunsthandel garantieren. Reisenden Verkäufern, die mit Koffern ins Haus kommen, ist ebensowenig zu trauen wie den sogenannten »Sammlern«, die angeblich ihre Ikonensammlung veräußern wollen, in Wirklichkeit aber nur von diesen Verkäufen leben. Als »Privatpersonen« jedoch brauchen sie keinerlei Garantie für die Echtheit bzw. für die gemachten Angaben zu übernehmen. Mit ebensowenig Garantie werden Ikonen versteigert. Die Geschäftsbedingungen von Auktionshäusern weisen allesamt daraufhin, daß nach dem Zuschlag das ersteigerte Stück bezahlt werden muß und daß das Auktionshaus keine Garantie für Echtheit oder Altersangabe übernimmt.

Mehr als flüchtige Kenntnisse sind daher nötig, um mit einiger Sicherheit Ikonen auf ihre Qualität hin zu erkennen. Nur Geduld, Zeit und das Studium der einschlägigen Literatur sowie der systematische Besuch der entsprechenden Museen und Sammlungen führen im Laufe der Jahre zu jenen Kenntnissen, die allein das Wissen und damit das wahre Sammlerinteresse fördern können.

Es sind nicht nur ikonographische Gegebenheiten, sondern auch Farben, Malweise und Patina, ferner das Holz und seine Bearbeitung, die ein junges Stück von einem alten unterscheiden. Obgleich die orthodoxe Kirche z. B. rund zweitausend Heilige vorweisen kann, sind es doch nur einige hundert,

1

1 *Gottesmutter aus einer Kirchenikonostase. Rußland, 17. Jahrhundert. 92 : 49 cm.*

The Virgin from a large church iconostasis. Russia, 17th century. 92 : 49 cms.

2

die auf Ikonen verewigt wurden. Auch gibt es mehr als zweihundert namentlich bekannte Muttergottesdarstellungen, hervorgegangen aus den vier Haupttypen Blachernitissa, Hodigitria, Eleusa und Platytera, die sich oft nur durch Winzigkeiten wie Faltenwurf, Kopfneigung usw. unterscheiden, da sich ja der Ikonenmaler, fast immer ein Mönch, für den das Malen von Ikonen Gottesdienst war, streng nach seinen Ikonenmalgesetzen (z. B. dem Malerhandbuch vom Berge Athos oder dem Malerhandbuch der Familie Stroganoff) zu richten hatte. Da die Erscheinungsdaten der verschiedenen Muttergottesikonen vielfach bekannt sind, helfen sie uns heute bei der Altersbestimmung, da natürlich eine Muttergottesikone niemals älter als das Erscheinungsdatum der Urikone sein kann.
Mehrfach wurden mir z. B. Ikonen der Gottesmutter mit dem Groschen (Vsech skorbjaščich radosti s grošikami) als aus dem 17. Jahrhundert stammend zum Ankauf angeboten. Das Erscheinungsdatum dieser Ikone ist der 23. 6. 1888 (russische Zeitrechnung). Somit können Ikonen dieses Sujets gar nicht vor dem späten 19. bzw. frühen 20. Jahrhundert entstanden sein. Ein anderes Beispiel: Eine relativ sel-

3

4

2 *Heilige Dreifaltigkeit (Trinität). Rußland, frühes 17. Jahrhundert. 31 : 27 cm. Die ergänzenden Goldschraffuren wurden im 19. Jahrhundert angebracht. Der Rand der Ikone ist freigelegt*
3 *Gottesmutter Bogoljubskaja. Rußland, 18. Jahrhundert. 32 : 26 cm*
4 *Gottesmutter des Zeichens. Rußland, 19. Jahrhundert. 30 : 25 cm*

2 *The Old Testament Trinity. Russia, early 17th century. 31 : 27 cms.*
3 *Virgin of Bogoljubskaja. Russia, 18th century. 32 : 26 cms.*
4 *Virgin of the Sign. Russia, 19th century. 30 : 25 cms.*

tene Muttergottesdarstellung, die Černigovskaja-Gefsimanskaja, wurde mir als aus dem 16. Jahrhundert stammend angeboten, war aber erst 1869 erschienen und ist nicht mit der 1060 erschienenen Eleckaja-Černigovskaja zu verwechseln. Das gleiche gilt natürlich auch für Ikonen, auf denen wir Heilige dargestellt finden, die z. B. erst im 16. Jahrhundert gelebt haben; bis sie starben, heiliggesprochen waren und auf Ikonen zur Darstellung kamen, verging mehr als ein Jahrhundert. Sehr informative Aufschlüsse über Erscheinungsdaten wie über Ikonen überhaupt geben das »Handbuch der Ikonenkunst« von Boris Rothemund, »Meisterwerke der Ikonenmalerei« von Heinz Skrobucha wie auch das Buch »Welt der Ikonen« von Paul Gerhard. »Early Russian Icon Painting« von M. V. Alpatov (in englischer und russischer Sprache) ist ebenfalls sehr hilfreich.

Aufschlußreich ist auch die Beschriftung der Ikonen; denn Ikonen müssen immer beschriftet sein, die Bezeichnung (Beschriftung) ist die Voraussetzung für die Ikonenweihe; ungeweiht haben wir eine Tafelmalerei, aber keine Ikone vor uns. Undenkbar aber, daß in den vergangenen Jahrhunderten ein gläubiger

5

6

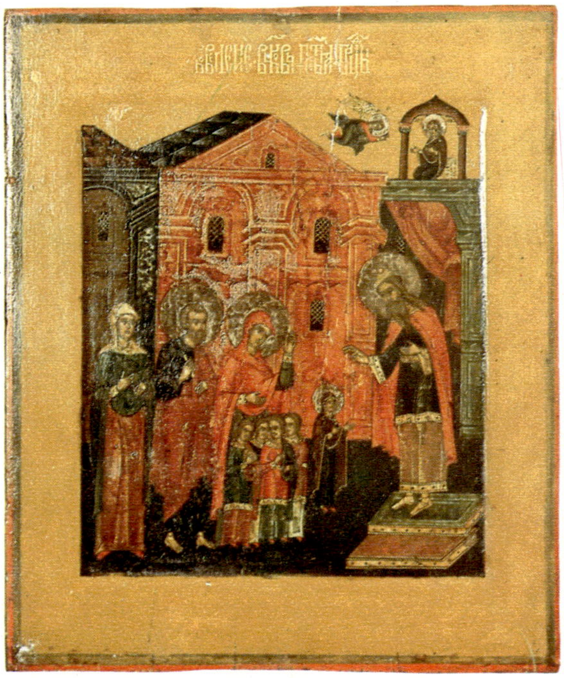

7

Taufe Christi im Jordan.
Rußland, 17. Jahrhundert.
44 : 38 cm
Einführung Mariens in den Tempel.
Rußland, 19. Jahrhundert.
31 : 27 cm
Hl. Nikolaus von Moshaisk.
Rußland, 19. Jahrhundert.
30 : 25 cm

Baptizing of Christ in the River Jordan. Russia, 17th century.
44 : 38 cms.
Presentation of the Virgin in the Temple. Russia, 19th century.
31 : 27 cms.
St Nicholas of Moshaisk.
Russia, 19th century.
30 : 25 cms.

8 

kritik möglich ist. Historische und ikonographische Gegebenheiten leisten dabei wertvolle Hilfe. So weiß man z. B., daß noch in der Mitte des 17. Jahrhunderts das Moskauer Kirchenkonzil die bildliche Darstellung Gottvaters als Greis verbot. Die Dreifaltigkeitsdarstellung, wie sie uns hier in Westeuropa vertraut ist, finden wir im zentralrussischen Raum also erst später. Dies erklärt, daß die Dreifaltigkeitsdarstellung auf russischen Ikonen des 17. Jahrhunderts und früher immer nach dem biblischen Bericht ihrer ersten Offenbarung im Hain Mamre dargestellt werden mußte. Die Befolgung dieser Richtlinien erkennt man auf der russischen Dreifaltigkeitsikone aus dem 17. Jahrhundert (Abb. 2). Das Malerhandbuch gibt dazu folgende Malanweisung: »Ein Haus, drei Engel sitzen an einem Tisch, in einer Schüssel ein Ochsenkopf usw.« Auf unserer Ikone wird die allerheiligste Dreifaltigkeit bedient von Abraham und Sarah. Oft sind die Assistenzfiguren weggelassen und die drei himmlischen Wesen allein abgebildet, das Haus Abrahams jedoch und der Baum im Hintergrund dürfen nicht fehlen.

Nur das Alter zu bestimmen reicht aber dem ernsthaften Ikonengaleristen nicht, um ein Qualitätsurteil über eine Ikone abzugeben. Denken wir nur an die im allgemeinen Kunsthandel übliche Faustregel, »ein schlechtes Bild wird kein gutes Gemälde nur dadurch, daß es alt ist«. Das gilt auch oder gerade für Ikonen; denn trotz vorgegebener Themen hatte der Ikonenmaler die Möglichkeit, aber selten die Fähigkeit, was künstlerisch wertvolle alte Ikonen so rar macht, sich künstlerisch voll zu entfalten, sei es durch die Feinheit und Subtilität der Malerei oder den großen künstlerischen Bogen, der Ikonen ihre einmalige Faszination verleiht, sie zum ästhetischen Sammelobjekt künstlerisch empfindsamer Menschen werden ließ und sie weit entfernt sein läßt von dem, was als Devotionalienmalerei des späten 19. und frühen 20. Jahrhunderts, oftmals vom Laien verkannt, fälschlicherweise mit dem Namen Ikone belegt wird.

8 *Verkündigung an die Gottesmutter. Rußland, frühes 17. Jahrhundert. 67 : 48 cm*

Annunciation to the Virgin. Russia, early 17th century. 67 : 48 cms.

Russe in seiner »schönen Ecke« eine Tafelmalerei statt eines Kultbildes – dies ist nämlich die Ikone, sie wurde bereits im Jahre 787 auf dem Konzil zu Nizäa als verehrungswürdiges Kultbild neben die Bibel gestellt – verehrte. Bei Christus- und Muttergottesdarstellungen sind die Bezeichnungen »Jesus Christus«, »Der Seiende« und »Mutter Gottes« in griechischer Abbreviatur zu finden, auch bei russischen Ikonen; weitere Beschriftungen, z. B. Schriftrollentexte usw., sind in Altkirchenslawisch. Da die Texte mit vielen Abkürzungen und in verschnörkelter Zierschrift verfaßt sind, ist die Entzifferung selbst für den erfahrenen Ikonenkenner und Linguisten schwer. Der erfahrene Kunsthändler weiß, daß die Zeitbestimmung bei Ikonen in der Hauptsache nur durch Stil-

FRESKEN DES THOMAS VON VILLACH

Zeitlich gehört Thomas von Villach bereits in die Spätgotik, aber in seinem Werk finden sich viele Merkmale, die auf damals bereits überwundene Kunstepochen deuten. So verwendet er in seinen Tafelbildern immer noch den in dieser Zeit nicht mehr üblichen Goldgrund. Auch in der figürlichen Malerei sind seine Werke untypisch für die Spätgotik. Zwar weisen seine Darstellungen göttlicher und heiliger Personen nicht mehr die abweisende Majestät der Romanik auf, aber er verzichtet auch auf die fratzenhaft verzerrende Vorführung des Leides, wie sie für andere Meister jener Epoche typisch ist. Vielmehr sind seine Bildnisse von natürlicher menschlicher Würde ohne jede Manieriertheit, und selbst in Passionsszenen bleibt seine Malerei schlicht, naturnah und ausdrucksvoll.

Seite 51 bis 56

Zu einigen

Fresken des Thomas von Villach

Von Richard Milesi, Klagenfurt

Thomas von Villach, dessen Werk noch unter dem Namen des Meisters von Gerlamoos von O. Demus erstmalig zusammengestellt wurde, ist der bedeutendste spätgotische Künstler Kärntens. Sein Bildnis ist als lachendes Selbstporträt im Akanthusrahmen des Freskowerkes in St. Paul im Lavanttal erhalten, und sein literarisches Porträt hat Paolo Santonino, der Sekretär des Patriarchen von Aquileia, der diesen auf der Reise nach Kärnten begleitet hatte, gegeben. Er spricht von zwei in der Villacher Pfarrkirche befindlichen Tafeln des Meisters, »eines bedeutenden und einzigartigen Malers«. Er fährt fort: »Rüstig schaffend ist er allmählich alt geworden. Er ist klein von Wuchs, hat gefällige Gesichtszüge und ist ein rechtschaffener Mann. Er lebt in bescheidenen Verhältnissen, weil er seine Arbeit oft ohne Entgelt abliefert.« Um die Mitte der 40er Jahre des 15. Jahrhunderts geboren, soll er nach neuerer Forschung an der Jahreswende 1530/31 gestorben sein. Seine Malerei zeigt die in der gesamten Kärntner Kunst erkennbare Konstante des Festhaltens an alter Tradition und daher im guten Sinn des Retardiertseins. So verwendet er z. B. in seinen Tafelbildern den viel älteren Goldgrund. Eines seiner frühen Wandgemälde ist die Schutzmantelmadonna von Altenmarkt (Abb. 2). Eigentlich eine sehr altertümliche »Schöne Madonna« des weichen Stils, die in ihrem weiten Mantel die im verkleinerten Maßstab gegebenen Schutzbefohlenen baldachinhaft umhüllt. Ein breiter Kielbogen gibt die architektonische Zusammenfassung der Komposition (die im Typus der wohl einer älteren Vorlage nachgemalten Darstellung in Griffen vergleichbar bleibt). Sie wirkt, gemessen an der späteren Darstellung einer Schutzmantelmadonna im Freskenstreifen an der Nord-

1 *Stifterfresko in der Stiftskirche St. Paul im Lavanttal*
Fresco of the donors at the collegiate church of Saint Paul in the Lavant valley

wand der kleinen Kirche von Gerlamoos, noch zaghaft und befangen. In Gerlamoos ist sie kniend dargestellt, und der eine viel größere Gruppe von Schutzbefohlenen zeltartig umhüllende Mantel wird ebenfalls von Engeln gehalten.
Bedeutender ist der Zyklus in Thörl, der hier den gesamten Chor umfaßt (Abb. 3). In den Gewölbefeldern, ganz ungewohnt den Kirchenvätern gegenübergestellt, die Evangelistensymbole und der Kranz der auf viel ältere Stichvorlagen zurückgreifenden »flachen« musizierenden Engel. In den durch einen Wanddienst getrennten Feldern der Nordseite ist rechts, in einem eigenen schmalen Spitzbogenfeld ausgegrenzt, in der Mitte die Scheinarchitektur eines spätgotischen Sakramentshäuschens gegeben.
Links in die fastentuchartig gereihten Felder — denen ein oberer Bogenfries andererseits wieder eine schreinartige Andeutung verleiht — mit Szenen der Passion und der Auferstehung ist von oben herab wie eine breite Fahne die Darstellung des »Lebenden Kreuzes« eingefügt.
Über dem zentralen Kruzifixus sind in schematischen flachen Wolkenbogen Engelchöre gereiht, der Vertikale nach erscheinen Michael mit der Seelenwaage und oben im Scheitel des Gewölbebogens in einem architektonischen Tondo Gottvater auf der Thronbank. Der Gekreuzigte wird flankiert von der reitenden Synagoge und der Ecclesia und von den beiden Bäumen, jenem des Todes mit Eva und jenem des Lebens, in dem die Schutzmantelmadonna den Apfel pflückt.
Die sich im Landesmuseum befindende, aus Abtei, der ehemaligen Sommerresidenz der Äbte von St. Paul, stammende Beweinungstafel ist das bedeutendste und bisher späteste bekannte Tafelbild des Malers (Abb. 4). In der linken Ecke ist der Auftraggeber Abt Simon Jöbstl von Jöbstlberg mit seinem Wappen und dem sich vor den betenden Händen aufrollenden Spruchband als Stifterporträt dargestellt, zu der Szene mit der Beweinung aufblickend. Ikonographisch interessant ist die Verbindung von Pietà, Kreuzabnahme und Beweinung. Der diagonale Christuskörper und die durch den Kreuzschaft betonte Maria darüber, die Figuren der Pietà, bilden die Mitte. Die Komposition schließt nach rechts die schöne Gestalt der Magdalena mit ihrem in die rechte Bildecke gestellten Salbgefäß. Die alte Orantengebärde ist hier zur Klagegebärde umgedeutet. Mit besonderer Sorgfalt gemalt sind die verschiedenen Hände in ihrer Gestik: von der sehr alten Gebärde des im Schmerz die Hände über dem Haupt ringenden Johannes bis zu der Handverbin-

2 *Altenmarkt im Gurktal, Pfarrkirche. Fresko mit Schutzmantelmadonna*

Parish church, Altenmarkt in the Gurk valley. Fresco with a Madonna in her protective coat

3 *Thörl, Pfarrkirche. Fresken mit der Passion Christi*

Parish church, Thörl. Frescoes showing the Passion of Christ

dung der die Hand Christi küssenden Heiligen des Vordergrundes. Großartig ist die Darstellung der beiden Schächer unter dem leeren Kreuzbalken; die gewinkelt gebundenen Arme mit den nach außen geöffneten Handflächen des guten Schächers (links) und der geschlossene Umriß des zu einem Klumpen verschnürten und bösen rechts. Der farbige Hauptklang wird durch das tiefe dunkle Blau des steil abfallenden Mantels der Maria und durch das leuchtende Rot im Faltendreieck der die Hand Christi küssenden Figur im Vordergrund gegeben.

Abt Jöbstl von Jöbstlberg erscheint auch als Stifterfigur im Fresko der Querhaus-Nordwand in St. Paul (Abb. 1). Um die Ecke zum Chor hingezogen gibt es noch die Kirchenpatrone Petrus und Paulus und im breiten Akanthusrahmen das eingangs erwähnte lachende Selbstporträt des Meisters. Die Hauptdarstellung spielt in einer flachen spätgotischen Halle und wird durch ein schmales Dienstbündel in zwei Hälften geteilt: links eine heraldische und rechts eine figurale mit dem knienden betenden Stifterpaar des Klosters, Hedwig und Engelbert von Spanheim, von der hl. Katharina und dem hl. Benedikt empfohlen. Keine Überschneidung des Figuralen mehr durch irgendwelche Spruchbänder. Die Konsolen, der Eselsrückenbogen betonen das nimbrierte Haupt der Katharina, machen ihrem Rad-Attribut Platz oder der dekorativen Krümmung des Pedums in der Hand des Benedikt. Noch einmal der reiche, weite Faltenauffall des Mantels der Stifterin, die bildparallel gegeben ist, gegenüber dem aus dem Bildgrund sich mit seiner Betergebärde ins Frontale wendende Gemahl, der geharnischt über seinem Grab wie die Figur eines Epitaphs erscheint. Dem dekorativen Sinn des Malers waren die Wappen der linken Hälfte des Freskos gelegen. Hier in diesem heraldischen Feld ist die Teilung und Aufteilung nach allen Richtungen durchgespielt. In der unteren Zone wird das Wappen des hl. Benedikt von den kleineren des Abtes und jenem des Malers flankiert. Die beiden Hauptwappen werden von den Hallenbogen überspannt. Links das von St. Paul übernommene Spanheimer Wappen mit der Pfauenfeder-Helmzier, die durch den Dienst und den Gewölbefächer der Hallenarchitektur geteilt wird. Rechts das Wappen Kärntens mit dem goldenen Hörnerzimier, das vasenförmig den entsprechenden Wanddienst und den Gewölbefächer umfaßt. Dieses Fresko mit der reichen Architektur, dem breiten Akanthusrahmen und dem glänzend erhaltenen Gold kann als reichste und schönste Wandmalerei der Gotik in Kärnten bezeichnet werden.

4 *»Beweinung Christi«. Tafelgemälde*

"Mourning of Christ" Panel painting

Fasten- oder Hungertücher gehören in der katholischen Kirche zum religiösen Brauchtum in der Passionszeit. Mit ihnen wurden zum Zeichen der Trauer über die Leiden des Herrn die Altäre der Kirchen, manchmal auch der ganze Kirchenchor verhängt. Im deutschsprachigen Raum wurden diese Tücher meist in Weißstickerei gearbeitet, das heißt man stickte mit weißem Garn auf weißes Leinen – die älteste bekannte Nadelarbeitstechnik. Die meisten der auf uns gekommenen Fastentücher entstanden als Klosterarbeiten, oft aber stickten die Frauen einer Gemeinde in langjähriger Arbeit für ihre Kirche ein Fastentuch. Von dieser Beschäftigung zeugt auch die mittelalterliche Redensart »am Hungertuch nagen«, wobei »nagen« nichts anderes ist als eine Verballhornung des mittelhochdeutschen Wortes »naejen« (nähen). Der Ausspruch bezeichnet also eine langwierige Tätigkeit, die für Gotteslohn geleistet wird.
Im Unterschied zu den deutschen, vorwiegend den rheinischen Fastentüchern sind die Kärntner nicht bestickt, sondern bemalt. Die Ähnlichkeit mit gleichzeitig entstandenen Fresken legt den Schluß nahe, daß hier die gleichen Künstler tätig waren. Man sollte meinen, daß nur große Kirchenfürsten über die Mittel verfügten, solch aufwendige Fastentücher in Auftrag zu geben. Überraschenderweise waren es aber gar nicht selten dörfliche Pfarrherren, die mit Unterstützung einiger Bürger ihr bescheidenes Vermögen in solche sakralen Kunstwerke investierten.

Seite 57 bis 66

Fastentücher in Kärnten

Von Richard Milesi, Klagenfurt

Die eigentliche Bestimmung der Fastentücher oder der sogenannten Hungertücher war das Verhüllen des Hochaltares oder des Kirchenchores von Aschermittwoch bis zum Mittwoch vor dem Gründonnerstag. Den größten Bestand an diesen gemalten

1 *Auferstandener Christus. Ausschnitt aus dem Fastentuch in Steuerberg. Um 1530. Derzeit im Diözesanmuseum in Klagenfurt*

Christ, Resurrected. Detail from a fasting-cloth at Steuerberg. C. 1530. At present at the Diocesan Museum, Klagenfurt

Tüchern, die hauptsächlich in den Alpengebieten verbreitet waren, besitzt Kärnten. Das Charakteristische an diesen Tüchern ist ihre Bemalung auf Leinwand zum Unterschied der in Deutschland, besonders in Westfalen, vorkommenden Behänge, die zumeist in Weißstickerei ausgeführt sind. Die Einteilung in gerahmte Felder dieser Fastentücher in Kärnten von dem ältesten und größten, dem des Gurker Domes, bis zu dem späten, im letzten Jahrzehnt des 16. Jahrhunderts für die ehemalige Kirche des Georg-Ritter-Ordens in Millstatt entstandenen, entspricht den gerahmten Feldern der Szenenfolgen in der Freskenmalerei des Landes. Es ist vergleichsweise zu erinnern an die felderhafte Ausmalung des Chores der Kirche von Thörl, das geschlossenste Freskenwerk des größten spätgotischen Kärntner Malers Thomas von Villach (dem »die Kunst« in Heft 3/1973 einen mehrseitigen Aufsatz widmete). Durch diese Bemalung auf Leinwand sind die Fastentücher als transportable und vor allem aufrollbare, großformatige Werke der Malerei zu bezeichnen, berühren sich aber anderseits in ihrem textilen Charakter – wenn auch nur gemalt und nicht gestickt – in der in Felder gerahmten biblischen Szenenfolge mit Prunkornaten, etwa den aus Kärnten stammenden romanischen Glockenkaseln.

Das älteste und größte dieser Fastentücher ist jenes vom Gurker Dompropst Hinderkirchner (dessen schönes Marienepitaph im Kunsthistorischen Museum in Wien ihn als Stifterfigur zeigt) bei Meister Konrad von Friesach in Auftrag gegebene und am 8. April 1458 vollendete (Abb. 8). Es umfaßt nahezu neun Quadratmeter, und seine hundert Felder (von denen das letzte rechts unten mit dem Weltgericht als Doppelfeld erscheint, und jenes mit der Epiphanie an der rechten oberen Ecke bei der letzten Restaurierung entfernt wurde) stehen ganz sicher beabsichtigt in ihrer vertikalen Ausdehnung als Werk der Malerei mit der hundertsäuligen romanischen Krypta als Werk der Architektur in Beziehung. Das immense Ausmaß des Tuches war damals dazu bestimmt, die Architektur der Hauptapside des romanischen Chores zu verhängen. Das Tuch trägt gleichsam als untere Bordüre eine Inschrift, die den Auftraggeber, den Maler, das genaue Datum der Vollendung angibt und mit der Aufforderung, der Betrachter möge für den Auftraggeber zu Gott beten, schließt. Kleinere Inschriften, die die Szenen in den einzelnen Feldern bezeichnen, sind über das Tuch verstreut. Sehr viel Bildgrund (die braungraue Farbe der Leinwand) ist in den einzelnen Darstellungen frei gelassen, von dem sich die intensiv aufgetragene Farbe der großen, stark gelben Nimbusse wie aus einem matten Goldgrund aufglänzend abhebt. Obwohl um die Mitte des 15. Jahrhunderts entstanden, wirkt dieses Fastentuch mittelalterlich, und die von Bischof Sagstetter etwa 100 Jahre später geplante Neuherstellung eines Fastentuches

3 *Fastentuch aus der Haimburger Pfarrkirche »Unserer Lieben Frau Himmelfahrt«. 1504*

Fasting-cloth from the parish church of "Our Lady's Assumption" at Haimburg. 1504

2 *18 Felder aus dem Haimburger Fastentuch*

18 squares from the Haimburg fasting-cloth

153

4 *Straßburger Fastentuch. Nach 1598. Derzeit Burgmuseum Straßburg*

Straßburg fasting-cloth. After 1598. At present at the Castle Museum, Straßburg

5 *Fastentuch aus der Kirche St. Martin in Baldramsdorf. 1555*

Fasting-cloth from St Martin's church at Baldramsdorf. 1555

für den Gurker Dom wird wohl hauptsächlich aus stilistischen Gründen erklärbar.

Zeitlich würde sich das schon in der alten Kärntner Kunsttopographie 1889 als um 10 fl. an einen Tiroler Antiquitätenhändler verkauft erwähnte, 1481 datierte, Fastentuch aus St. Margarethen in der Reichenau anschließen.

Kaum ein halbes Jahrhundert nach dem Gurker Fastentuch entsteht das der Kirche von Haimburg (Abb. 2 und 3). In der Rahmenleiste, die die unterste Szenenfolge vom übrigen Fastentuch trennt, steht geschrieben: »Das tuch ist gemacht nach crist gepurrt 1504 iar die seindz czechleit her plassi Pfarer und riuprecht schtockner und napcznykt.« (Diese drei Zechleute, Kirchenpröpste, sind urkundlich nicht nachweisbar. Blasius wird wohl der damalige Pfarrer von Haimburg gewesen sein.) War im riesigen Gurker Fastentuch Alttestamentarisches und Neutestamentarisches wie in einem aufgeschlagenen Buch in der linken und durch die mittlere rote Doppelleiste der rechten Seite einander gegenübergestellt, so findet sich in dem Haimburger Fastentuch die Teilung horizontal in den oberen und unteren drei Zeilen der Szenenfolgen durchgeführt. War in dem Gurker Fastentuch alles Landschaftliche und Räumliche auf gotische Versatzstücke beschränkt, so heben sich in dem mit Leimfarbe gemalten Haimburger Tuch besonders in den oberen zwei Reihen die hellen, in ihrer Bewegung manchmal an gotische Fraktur-Buchstaben erinnernden Figuren von einem durchlaufenden hügeligen, von zarten Bäumen bestandenen Landschaftsgrund ab. Manche dieser Szenen wirken wie aus illuminierten höfischen Handschriften übernommen, und überhaupt könnte dieses schönste dieser Fastentücher Kärntens, wenn auch retardiert, als Werk aus dem »Herbst des Mittelalters« bezeichnet werden.

Weniger bedeutend ist das um 1530 zu datierende Fastentuch aus Steuerberg (Abb. 1). Ein Feld zeigt die tradierte Darstellung des aus dem Sarkophag steigenden frontalen Christus, mit seiner symmetrischen, an eine ältere Orantegebärde erinnernden Haltung der Arme.

In der Pfarrkirche zum hl. Martin in Baldramsdorf wird im Sei-

tenschiff ein »sehr interessantes Fastenbild«, wie es die schon erwähnte Kärntner Kunsttopographie nennt, bewahrt (Abb. 5). In 40 Feldern (von denen wieder der Auferstehung zwei gewidmet sind) von ein Meter Höhe und 88 cm Breite zeigt es die »wichtigsten Momente der Heilslehre von der Erschaffung der Welt bis zum Jüngsten Gericht«. Auf der Rückseite des Leinentuches steht die Jahreszahl 1555. Also in rein manieristischer Zeit entstanden, wirkt alles Figurale immer noch stark retardiert gotisch. Der Ansatz des Manieristischen könnte höchstens in der leichten Streckung der bisher in den Fastentüchern beobachteten quadratischen Felder gesehen werden. In den Rundbogen und Rundfenstern der Architekturandeutungen zeigt sich manchmal eine schüchterne Renaissance.

1593 ist laut Datierung vom St.-Veiter Maler Oswald Kreusl im Auftrag von Bestellern, deren Wappen bisher noch nicht identifiziert werden konnten, das sogenannte Millstätter Fastentuch entstanden (Abb. 6 und 7). Als letztes Kunstwerk des durch das Mäzenatentum seiner Hochmeister so bedeutenden Georg-Ritter-Ordens knapp vor dessen Auflösung, zeigt es auch außer den Wappen von Millstatt noch jenes des Georg-Ritter-Ordens. Nicht nur die einzelnen Felder, sondern auch das Gesamtformat des siebenbahnigen Tuches ist, gemessen an den vorher betrachteten Fastentüchern, ein steiles und überhöhtes. Nicht dazu bestimmt, den viel kleineren damaligen spätgotischen Altar, sondern wie in Gurk den romanischen, so hier den vom Hochmeister Siebenhirter gotisierten Chor der Millstätter Kirche zu verhüllen. Einzelne Szenen, wie etwa die von der Hochzeit von Kanaa mit ihrem tief fliehenden Raum und den wie zu einem Monument zusammengestellten balusterhaften Krügen des Vordergrundes oder das Händewaschen des Pilatus, der in einem bizarr geformten schaligen Throngebilde sitzt, zeigen, daß diesem bescheidenen Maler manieristische Stichwerke als Vorlage für sein weitläufiges Fastentuch gedient haben müssen.

Die Reihe der betrachteten Kärntner Fastentücher schließt als letztes das hier erstmals farbig abgebildete aus Straßburg (Abb. 4). Es muß im Zusammenhang mit dem größten Freskenauftrag des Landes, den der Gurker Bischof Spaur 1598 zur Ausmalung des gesamten Gurker Chores an den bedeutendsten Maler Kärntens, Anton Blumenthal, erteilt hatte, entstanden sein. Wie in den leider fast völlig zerstörten Fresken der überragende Einfluß Tintorettos zu spüren war, so zeigt auch das zum ersten Mal auf jede Felderteilung verzichtende Fastentuch den entscheidenden Einfluß eines Werkes des etwa eine Generation älteren venezianischen Malers: die Kreuzigung in der Scuola San Rocco. Es kann nahezu als eine allerdings seitenverkehrte Replik der »Aufrichtung des Kreuzes mit dem linken Schächer« aus dem Hauptbild Tintorettos bezeichnet werden. Natürlich handelt es sich hier um

7 *Fastentuch aus der ehemaligen Georgsritter-Ordenskirche in Millstatt. 1593. Derzeit Christkönigskirche in Klagenfurt*

Fasting-cloth from the former church of the order of the Knights of St George at Millstatt. 1593. At present at "Christkönig" Church, Klagenfurt

6 *2. und 3. Szenenfolge des Millstätter Fastentuches*

2nd and 3rd sequence of scenes from the Millstatt fasting-cloth

factus obediens
mortem

Fastentücher in Kärnten

8 *Ausschnitt aus dem größten Fastentuch des deutschsprachigen Raumes im Dom zu Gurk. 1458*

Detail from the biggest fasting-cloth in German speaking countries at Gurk cathedral. 1458

das Kreuz Christi. Die Lichtverhältnisse sind vertauscht. Die eindrucksvolle, bewegte Figur, die den Querbalken des Kreuzes in die Höhe stemmt, bei Tintoretto silhouettenhaft, hebt sich hier hell aus dem dunklen Grund. Der den Schaft des Kreuzes Haltende ist hier seitenrichtig übernommen. Das schräg in den Raum hineingelegte Requisit, die Leiter, fehlt nicht. Die von einem Segmentbogen umgrenzte Figur aus Tintorettos Gruppe der Frauen ist an den linken Rand gerückt. Die ganze Szene wird durch ein phantastisches Architekturmodell hell unter dem dunklen Himmel begrenzt. Als großflächiges, ungeteiltes Passionsbild steht dieses Werk unvergleichlich im Land.

Hieronymus Bosch, auch Bos oder Bosco genannt und oft mit dem Beinamen »der Lustige« versehen, wurde um 1450 zu Bois-le-Duc (Hertogenbosch) in den Niederlanden geboren und starb 1516. Er war einer der ersten Künstler, die mit Ölfarben malten. Bosch war Mitglied der »Bruderschaft Unserer Lieben Frau« und stand den vorreformatorischen »Brüdern des gemeinsamen Lebens« nahe. Da sich viele seiner Bilder in spanischen Sammlungen befinden, wird vermutet, daß er einige Jahre dort verbracht hat.
Die Eitelkeit der Welt und die Sündhaftigkeit des Menschen steht thematisch im Mittelpunkt seines Schaffens, und mit seltener Drastik schildert er die schrecklichen Folgen der Sünde in der ewigen Verdammnis. Mit seiner grotesken, fast karikaturistischen Übersteigerung der höllischen Schrecken steht er zum einen für das von Lebensangst und religiöser Verzweiflung geprägte Lebensgefühl seiner Zeit, zum anderen erweist er sich darin als typischer Vertreter der spätgotischen Malerei.

Seite 67 bis 72

Jheronimus bosch

Neue Interpretationen zu seinem Antonius-Altar

In einem neuen Bildband über Hieronymus Bosch von Max Seidel, dessen Detailfotografien dem Betrachter ganz neue Perspektiven ermöglichen, sind verschiedene Textbeiträge enthalten, unter denen uns der Aufsatz von Veit Harold Bauer, wissenschaftlicher Assistent am Pathologischen Institut der Universität Heidelberg, besonders hervorhebenswert erscheint. Der Aufsatz basiert auf Bauers Dissertation »Das Antoniusfeuer in Kunst und Medizin«. In dem Bosch-Band setzt er sich mit dem »Lissabonner Triptychon« im Sinne einer Koppelung von kunst- und medizinhistorischer Interpretation auseinander. Unser Text faßt die wichtigsten Ergebnisse zusammen. (»Hieronymus Bosch«. Mit Beiträgen von K. Blockx, P. Gerlach, H. T. Piron, J. H. Plokker, R. H. Marijnissen und X. de Salas und fotografischen Aufnahmen von M. Seidel. Genf, 1972. Verlag Weber. 248 Seiten mit Schwarzweißtafeln, 60 Seiten mit Farbtafeln, 20 Faksimiles.)

1 *Ausschnitt aus dem Mittelbild mit der Versuchung des hl. Antonius mit als Ritter und Frau mit Kind verkleideten Dämonen*

Detail from the centre panel with the Temptation of Saint Anthony with demons disguised as a chevalier and a woman with her child

Die Mitteltafel des Lissabonner Triptychons (um 1500) zeigt eine »Versuchung des hl. Antonius«. Der Legende nach ist Antonius, der Eremit (251–356), der Heilige der Krüppel. Der Orden des »Vaters des Mönchtums«, der um 1200 entstand und sich sehr schnell über Europa verbreitete, widmete sich ganz speziell der Pflege von Opfern einer Krankheit, die man »Feuerseuche« nannte und die nach und nach gemäß der besonderen Obacht, die ihr der Antoniterorden zuteil werden ließ, den Namen »Antoniusfeuer« erhielt.

Das Krankheitsbild dieses »Antoniusfeuers« ist auf manchen Darstellungen des Heiligen bei Bosch ablesbar – manchmal auch verbunden mit Abbildungen von Pflanzen, die als Heilmittel gegen diese Krankheit galten. So verrät der Krüppel mit dem Stelzfuß in der Mittelzone der Tafel (hinter dem schweinsköpfigen Lautenspieler) die typischen Symptome des »Antoniusfeuers« mit dem unbrauchbaren Bein und dem faulenden Fuß. Das Endstadium der Krankheit demonstriert jener Mann mit dem hohen Hut (links neben dem Brückenbogen). Neben ihm liegt die Krücke, festgehalten wie von einer Teufelskralle. Den abgestoßenen Fuß hat er nach damaliger Bettlergewohnheit vor sich auf ein weißes Tuch gelegt, um seine Bedürftigkeit zu dokumentieren (Abb. 3).

Was war das für eine Teufelskrankheit, deren diabolische Herkunft auch jener Stelzbeinmann bezeugt, indem bei seinem kranken Fuß eine Teufelskralle entwächst? Auch die Hände des Mannes und der Frau am rechten Bildrand (Abb. 1) scheinen aus ihrer Krüppelhaftigkeit heraus sich zu Teufelsklauen umbilden zu wollen. Alle diese Figuren gehören ja zu den Schutzbefohlenen des Heiligen. Aber so wie sie Bosch hier mit den Attributen des Teufels ausstattet, gehören sie zu dem Ensemble des Versuchers in der Maske des Kranken.

Bosch bekräftigt noch ihre teuflische Abkunft, indem er einige von ihnen eindeutig als Spielleute charakterisiert. Nun gehörten Spielleute wie Zauberer, Gaukler oder Dirnen zu jener Gruppe, die im Mittelalter die Sakramente der Kirche nicht beanspruchen konnten und die – nach Berthold von Regensburg, dem berühmten Prediger des 13. Jahrhunderts – als verkappte Teufel anzusehen waren. Nach Berthold trugen Spielleute auch spezifische Namen wie z. B. »Hagedorn« oder »Höllenfeuer«. »Höllenfeuer« hinwiederum war ein weiteres Synonym für jene furchtbare Krankheit, auf die Bosch wiederholt und mit grausamer Nachdrücklichkeit verweist.

Diese Krankheit, von der heute nur Experten noch etwas wissen, überfiel während des Mittelalters seuchenartig die Menschheit. Jahrhundertelang blieb sie unerklärlich. Ihr Ursprung war unbekannt. Erst 1630 erkannte der Leibarzt des Herzogs von Sully die Ursache des »Antoniusfeuers« bzw. der »Feuerseuche«. Aber seine Erkenntnis wurde nicht verbreitet. Das geschah erst seit dem Jahre 1676.

Damals wurde die Ursache erkannt: ein parasitärer Pilz in der reifen Ähre des Roggens, »Mutterkorn« genannt. Dieser Pilz hatte die Form eines übergroßen Korns und wurde deshalb nicht als Fremdkörper erkannt. Er entwickelte sich besonders zahlreich nach kaltfeuchtem Frühjahr und bewirkte dann nach der Ernte unter einer Bevölkerung, deren Grundnahrung fast ausschließlich aus Roggenmehl bestand, nahezu epidemische Erkrankungen.

Erzeuger sind die im Mutterkorn enthaltenen Alkaloide. Sie verengen die Blutgefäße, besonders natürlich an den langen Gefäßbahnen der Extremitäten, Arme und Beine. Bei längerem Genuß kann es zu einem völligen Verschluß der Arterien kommen. Was als »Kribbelkrankheit« in Händen und Füßen beginnt, verwandelt sich in trockenen Brand mit unsäglichen Schmerzen, bis sich das befallene Glied ablöst – ohne Blutverlust.

Wenn der Kranke die verschiedenen Zustände der Krankheit bis zur Ablösung überlebte, konnte er zwar wieder als »gesund« gelten, mußte aber das im Mittelalter besonders schreckliche Schicksal des Krüppels auf sich nehmen: »... die am Leben blieben, mußten zusehen, wie sich ihre gangränösen Füße und Hände vom Körper trennten«, heißt es in der Chronik des Siegebert de Gembloux (1089).

Es gehört zur Geschichte vieler Gifte, daß sie – in gemäßer Dosierung – zum Heilmittel werden. So auch die Alkaloide des »Mutterkorns«, deren segensreiche Wirkung sich vor allem bei den lebensgefährdenden Blutungen, die bei Geburten auftreten können, beweist. Die bildende Kunst des Mittelalters hatte oft den »Mutterkorn«-Krüppel in ihre Bildprogramme aufgenommen. Ein extremes Beispiel findet sich auf der Versuchungstafel des Isenheimer Altars von Matthias Grünewald, eines Auftragswerks der Antoniter: eine nackte, schmerzverkrümmte Figur (in der linken unteren Ecke) mit ihren deformierten Füßen und krüppeligen Händen – ein furchtbares Attribut des Heiligen, ein wahrhaft Leidender –, so ganz anders als die »Höllenfeuer«-Träger auf der »Versuchung« des Hieronymus Bosch.

Für Bosch ist alles »des Teufels«. Er bringt

2 *Mittelbild des Altares mit der »Versuchung des hl. Antonius«*

Centre panel of altar-piece showing the "Temptation of Saint Anthony"

3 *Ausschnitt aus dem Mittelbild mit dem Teufel in Menschengestalt, gekennzeichnet durch den klauenförmigen Fuß, bei der Betrachtung eines vom »Antoniusfeuer« abgefaulten Menschenfußes*

Detail from the same panel with the devil in human shape – easily identified by his club-foot – looking at a human foot rotted off by "Anthony's fire"

das Hochgericht hinein (mit Rad und Galgen) und den Henkershut mit Fasanenfeder und damit Motive aus den Planetenkinder-Darstellungen, die unter dem Zeichen des Saturns stehen. Auch der Krüppel steht (wie Henker und Abdecker – ebenfalls verfemte »Berufe« – oder der Gefangene) unter dem Zeichen des Saturns.

Bei den weitverbreiteten Planetenkinder-Bildern findet sich für den Saturn stets auch die Einschließung in den Block. Ersatzweise kann dafür die Fußfessel gelten, wie wir sie neben dem abgefaulten Fuß des Mannes mit dem hohen Hut finden. Der Fuß übrigens weist, da es der rechte Fuß ist, wiederum zurück auf das alchimistische System im Zusammenhang mit dem Saturn. Dieselbe Kombination von abgefaultem Fuß und Fußfessel findet sich auf einem Brüsseler Wandteppich des 16. Jahrhunderts, der jetzt in Madrid hängt.

So überlagern und durchdringen sich bei Bosch die Motive, gespeist aus Theologie, Glaube, Aberglaube und Magie seiner Zeit. Endgültige Entschlüsselung wird nicht mehr möglich sein. Aber gerade bei Bosch sind wieder und wieder alle Disziplinen aufgerufen, sich mit der unzählbaren Fülle der Details auseinanderzusetzen, die den Historiker, Theologen, Volkskundler, Religionswissenschaftler, Kenner der Magie, aber auch den Botaniker oder wie in diesem Falle den Mediziner zur Ausdeutung benötigen.

Indem der Mediziner Veit Harold Bauer einen Teil der dargestellten Personen als befallen vom »Antoniusfeuer« diagnostiziert, als Kranke, die dem Heiligen am nächsten stehen, und sie gleichzeitig als Dämonen entlarvt, verbunden mit anderen Teufelsgeschöpfen, enthüllt er die wütende Konsequenz, mit der Bosch eine »Versuchung« durchdenkt. Das ist ein heil-loses Denken, ein sehr modernes, wie man sieht.

Es ist kein Zweifel, daß erst die Entdeckung des Details (selbstverständlich nur bei geeignetem Objekt), wie sie ein Fotograf wie Max Seidel so fanatisch betreibt, das Material bereitstellt, das den Experten zur Überprüfung reizt. Manchem Kunsthistoriker ist dabei nicht wohl. Er sieht das Bild als geschlossenes Wesen bedroht. *Georg Ramseger*

Die festgefügte Welt des Hohen Mittelalters mit ihrer Lebensgewißheit, ihren starren, aber gesicherten sozialen Strukturen, die jedermann seinen festen Platz in der Gesellschaft zuwiesen, ihrer religiösen Sicherheit und ihrem relativen wirtschaftlichen Wohlstand brach im späten 13. Jahrhundert allmählich zusammen. Die Ursachen lagen zum einen im Niedergang des Heiligen Römischen Reiches deutscher Nation durch den Verfall der kaiserlichen Macht und den Autoritätsverlust des Papsttums durch das im 14. Jahrhundert einsetzende Schisma, zum anderen aber in der steigenden Bedrohung des menschlichen Lebens durch vorher unbekannte epidemisch auftretene Krankheiten wie die Pest, den »Schwarzen Tod«, der zwischen 1347 und 1352 ganz Europa heimsuchte und viele Millionen Opfer forderte, und das »Antoniusfeuer«, eine durch den Mutterkornpilz hervorgerufene Vergiftung, die dazu führte, daß den Erkrankten ganze Gliedmaßen unter gräßlichen Schmerzen abfaulten.
Zur gesundheitlichen Bedrohung trat die Rechtsunsicherheit und die Bedrohung von Leib und Leben durch die alltägliche Gewalt. Es war die Zeit der Raubritter und der Femegerichte. Kein Wunder, daß seit dem 13. Jahrhundert immer wieder der Ruf nach einer Reichsreform laut wurde, daß man die unheile Gegenwart verfluchte, das »gute alte Recht« beschwor und sich zurücksehnte in die vermeintlich bessere Welt des Hohen Mittelalters.
Der »Heuwagen« von Hieronymus Bosch ist Ausdruck dieses pessimistischen Lebensgefühls. Das Heu, im mittelalterlichen Sprachgebrauch Symbol für irdische Vergänglichkeit, ist es, worum sich alle Welt balgt, und selbst die hohen Würdenträger, die es eigentlich besser wissen müßten, folgen fasziniert der Fahrt des Heuwagens, der, von höllischen Dämonen gezogen, die Menschen ins Verderben lockt.

Seite 73 bis 82

EIN TRIPTYCHON VON HIERONYMUS BOSCH
(um 1450 bis 1516)

1 *»Der Landstreicher«. Rückseite der Flügel vom Triptychon »Der Heuwagen«. Öl auf Holz. 135 : 90 cm*

2 *»Der Heuwagen«. Gesamtansicht des Triptychons mit geöffneten Flügeln. Öl auf Holz. Mittelbild mit dem Heuwagen 135 : 100 cm, linker Flügel mit Erschaffung, Sündenfall und Vertreibung des ersten Menschenpaares 135 : 45 cm, rechter Flügel mit der Hölle 135 : 45 cm. Madrid, Prado*

1 *"The Tramp". Reverse side of wings of triptych "The Hay-Wagon". Oil on wood. 135 : 90 cms.*

2 *"The Hay-Wagon". General view of triptych with wings opened. Oil on wood. Central panel with the hay-wagon 135 : 100 cms. Left wing with the creation of man and woman, their fall and their being driven from Paradise. 135 : 45 cms. Prado, Madrid*

Anni Wagner

DER HEUWAGEN

Ein Triptychon von Hieronymus Bosch

Im Jahre 1967 kam es fast wie ein Verhängnis über die kleine holländische Stadt 's Hertogenbosch, als sich Tausende von Menschen aufgemacht hatten, um dort die Gedächtnisausstellung der Werke des Hieronymus Bosch zu besichtigen. Niemand in 's Hertogenbosch hatte den Ansturm solcher Massen erwartet, und man war nicht darauf vorbereitet. Wer hätte auch gedacht, daß bis tief in den November die Besucher herbeiströmen würden, einzig von dem Wunsch erfüllt, die Bilder des vor 450 Jahren in 's Hertogenbosch verstorbenen Meisters zu bewundern!

Jedenfalls war diese Ausstellung der schlagende Beweis für das rege Interesse, das gerade in neuester Zeit breite kunstinteressierte Kreise dem Werk dieses merkwürdigen Holländers entgegenbringen. Es verwundert daher auch nicht, daß sich zahlreiche Wissenschaftler, Kunsthistoriker, Mediziner und Religionswissenschaftler wiederum um das Problem Hieronymus Bosch bemüht haben. So sind in den letzten Jahren viele, zum Teil umfangreiche Publikationen über den Maler erschienen. Man setzte sich wieder einmal mit den Themen seiner Gemälde und mit ihren oft rätselhaften Inhalten auseinander sowie mit den Thesen, die sich aufgrund der seltsamen Darstellungen auf seinen großen Tafeln gebildet hatten. Unter anderem galt es, Stellung zu nehmen zu den kühnen Gedankengängen des Kunsthistorikers und Volkskundlers Wilhelm Fraenger. Neue Erkenntnisse konnten gewonnen werden aus den zahlreichen, in jüngster Zeit entstandenen Fotos von Details aus den Gemälden Boschs. In ihnen erscheint eine überwältigende Fülle einzelner Szenen, deren ungeheure Vielfalt die phantasievollen Einfälle des Künstlers vor Augen führen. Da gibt es innerhalb biblischer oder moralisierend lehrhafter Hauptthemen eingestreute Illustrationen von Sprichwörtern, von Versen aus Psalmen sowie von Szenen, die auf unmittelbaren Erlebnissen des Malers selbst beruhen.

Mehr als bei anderen Malern ist man bei Bosch auf die Bilder angewiesen, will man über sein Wesen und seine Kunst Genaueres in Erfahrung bringen. Zwar gibt es in 's Hertogenbosch eine stattliche Anzahl archivalischer Eintragungen über ihn. Diese betreffen Abrechnungen und Hinweise über seine Einkünfte, über Auslagen für Bankette, die die Bruderschaft Unserer Lieben Frau abgehalten und an denen Bosch teilgenommen hatte. Ist aber von Bildern die Rede, so handelt es sich fast ausnahmslos um Werke, die verlorengegangen sind. Jedenfalls geht aus den Quellenangaben eindeutig hervor, daß Bosch ein geachtetes Mitglied der obengenannten frommen Bruderschaft war. Er hat die Brüder porträtiert und sie zu einem Mahl in sein Haus eingeladen. Der Bruderschaft war so viel an ihm gelegen, daß sie sein Begräbnis bezahlte. Weitere gesicherte Quellen berichten, daß Boschs Bilder von hochgestellten Persönlichkeiten aus verschiedenen Ländern geschätzt und gekauft worden sind. Schon 50 Jahre nach seinem Tod befanden sich nachweisbar die heute noch erhaltenen Werke sämtlich in fürstlichem und privatem Besitz. Zu den Bildern, die von König Philipp II. von Spanien 1574 erworben wurden, zählte auch das Triptychon mit dem »Heuwagen«. Es ist eines von Boschs berühmtesten Gemälden. König Philipp II. hat es besonders geliebt und es — zusammen mit der Tischplatte mit den sieben Todsünden — in seinen persönlichen Gemächern im Escorial aufgehängt. Auch von diesem Werk wurden vor kurzem Fotos mit vielen Ausschnitten aufgenommen. Anhand dieser Detailaufnahmen hat man Gelegenheit, einzelne Szenen gesondert für sich zu betrachten und zu deuten. Wir zeigen hier neben den Gesamtaufnahmen der Tafel einige Ausschnitte, die beweisen, wie viele neue Perspektiven das Studium der Einzelszenen eröffnet.

Von dem Heuwagen sind zwei Fassungen bekannt, davon befindet sich eine im Escorial, die andere im Prado in Madrid. Welche Tafel die ursprünglichere ist, ließ sich bisher nicht nachweisen. Unsere Fotos wurden nach der Madrider Tafel gemacht. Bei diesem Bild handelt es sich um ein Triptychon, eine Form, die Bosch mit Vorliebe benutzt hat. An sich versteht man unter einem Triptychon ein für sakrale Zwecke bestimmtes Bildwerk. Man kann sich aber die Heuwagen-Darstellung nicht als Altarbild in einer Kirche vorstellen. Ähnlich verhält es sich ja auch mit anderen Triptychen, die Bosch gemalt hat. Wenn sie auch alle keine direkt biblischen Darstellungen wiedergeben, so besitzen sie doch einen an das Gewissen appellierenden, zur Selbstbesinnung auffordernden Charakter. Es ist durchaus denkbar, daß sie in privatem Kreis als Erbauungsbilder gedient haben. Bei dem Heuwagen-Triptychon ist das sicher der Fall gewesen.

Was stellt nun dieses Bild dar? Der äußere Tatbestand ist leicht zu beschreiben: Das Mittelbild zeigt einen hoch mit Heu beladenen Wagen, der von Dämonen und Tiermenschen gezogen wird. Oben auf der Heuladung sitzt ein Liebespaar mit einem Lautenspieler, ihnen zur Seite rechts ein trompetender Dämon, links als Gegengewicht ein zum Himmel aufblickender betender Engel (Abb. 2 und 3). Im Gebüsch hinter ihnen versteckt sich ein Liebespaar. Im Gegensatz zu der relativ friedlichen Gruppe auf dem Heuhaufen geht es am Boden sehr turbulent zu (Abb. 4 und 5). Wie närrisch stürzen sich Männer und Frauen, Bauern, Mönche und Nonnen auf das Heu und erraffen davon, soviel sie nur können, und achten nicht darauf, ob sie unter die Räder des Wagens kommen. Hinter dem Heuwagen drängt sich eine vornehme Schar: Auf einem Schimmel reitet der Papst, neben ihm der Kaiser, ihnen folgen Fürsten und Mönche. Sie nehmen an der allgemeinen Räuberei keinen Anteil, hindern diese aber auch nicht. Den Vordergrund des Bildes beleben mehrere Gruppen, die mehr oder weniger mit dem Heudiebstahl zu tun haben, rechts einige Nonnen, die für einen Mönch einen Sack mit Heu füllen, eine Nonne, die einem Dudelsackpfeifer etwas von dem Heu anbietet, in der Bildmitte ein Scharlatan, der sich auch sein Teil Heu gesichert hat

3 *»Der Heuwagen«. Mittelbild des Triptychons*

"The Hay-Wagon". Central picture of triptych

und der eine zusammengebrochene Frau stützt. Links treibt sich allerlei Volk herum, ein Gaukler mit seinen Kindern, eine Mutter, die sich Rat bei einer anderen holt. Die inneren Flügelseiten des Triptychons zeigen unverkennbar religiöse Darstellungen: Auf dem linken Flügel sind Erschaffung und Sündenfall von Adam und Eva sowie ihre Vertreibung aus dem Paradies zu sehen; auf dem rechten Flügel ist die Hölle mit all ihren Schrecken wiedergegeben. Sind die Flügel geschlossen, so zeigen ihre Rückseiten einen Landstreicher, der einen ihn ankläffenden Hund abwehrt. Er wandert durch eine weite Landschaft, in der links im Hintergrund ein paar Räuber einen Reisenden ausplündern und ihn an einen Baum anbinden, rechts bläst ein Schafhirt eine muntere Weise, wozu ein Pärchen vor ihm ausgelassen tanzt (Abb. 1 und 8).

Nach dieser rein äußerlichen Beschreibung ergibt sich die Frage, um was für einen Grundgedanken handelt es sich bei diesen auf den ersten Blick unzusammen-

4 *Ausschnitt aus dem Mittelbild des Triptychons: Gruppe am Vorderrad des Heuwagens*

Detail from central picture of triptych: Group by front-wheel of hay-wagon

5 *Ausschnitt aus dem Mittelbild des Triptychons: Gruppe der Streitenden dicht hinter dem Heuwagen*

Detail from central picture of triptych: Group of fighting people close behind hay-wagon

Ein Triptychon von Hieronymus Bosch

6 *Innenseite des linken Flügels vom Triptychon »Der Heuwagen« mit der Darstellung vom Engelsturz, Erschaffung und Sündenfall von Adam und Eva und ihre Vertreibung aus dem Paradies*

Inner side of left wing of triptych "The Hay-Wagon" with representation of the Fall of the Angels, the Creation and Fall of Adam and Eve and their Expulsion from Paradise

hängenden Darstellungen? Wie sind die vier Bilder, Heuwagen, Paradies, Hölle und Wanderer, in Bezug zueinander zu bringen? Hierzu gibt es eine ungeahnte Fülle von verschiedenen Auslegungen, denn die Forschung hat sich von jeher bemüht, den Tafeln eine ihrem Urheber gerecht werdende Deutung zu geben. Für das Mittelbild hat in neuerer Zeit Charles de Tolnay einen Weg gewiesen. Er fand ein holländisches Sprichwort, das übersetzt folgendermaßen lautet: »Die Welt ist ein Heuhaufen, und ein jeder klaubt sich davon, soviel er kriegen kann.« Allerdings läßt sich nicht nachweisen, daß dies Sprichwort schon zu Boschs Zeiten gebräuchlich war. Dem Sinn nach kommt es seinem Bild sehr nahe. Der einstige Bibliothekar des Escorial, José de Siguença, hat im Jahre 1605 dem Gemälde erstmalig eine Deutung gegeben. Er hielt es für eine Interpretation der Worte des Jesaias: »Alles Fleisch ist wie Heu und all seine Schönheit wie die Blume des Feldes. Das Gras verdorrt, die Blume verwelkt, wenn Gottes Odem sie anweht. Ja, das Gras ist das Volk«, und des Psalmes 103: »Der Mensch ist in seinem Leben wie das Heu, er blüht wie die Blume auf dem Felde.« Siguença schreibt weiter: »Die Menschen erstreben den Ruhm des Fleisches, der da ist wie verdorrtes gebrauchtes unnützes Gras, denn dies sind die Früchte der Sinnlichkeit, des Ehrgeizes und des Ruhmes.« Damit wollte er andeuten, daß der Mensch und seine Bestrebungen vergänglich sind. Man hat auch anderweitig feststellen können, daß im 15. und 16. Jahrhundert das Heu als Symbol der Vergänglichkeit wie auch der Habsucht gewesen ist. Verschiedene Gelehrte haben, basierend auf eingehenden Sprachstudien, nachgewiesen, daß das niederländische Worthooi (= Heu) im Mittelalter soviel wie Eitelkeit und Vergänglichkeit bedeutet hat. Beides ist in Boschs Tafel mit dem Heuwagen versinnbildlicht. Er hat hier den Weg des Menschen aufgezeigt, der sich von seinen bösen Begierden — Sinnlichkeit und Habsucht — leiten läßt. Der vergängliche Mensch erstrebt irdisches nutzloses Gut, rafft es zusammen, wo sich die Gelegenheit bietet, auch wenn er dabei umkommt. Boschs Gemälde zeigt die Sinnlosigkeit dieses hektischen Tuns, denn was die Menschheit hier ergattert, ist wertlos. Oben auf dem Heuhaufen geben sich die jungen Leute weltlichen Freuden hin. Sie merken nicht, daß ein Teufel ihnen höllische Melodien einbläst, spüren nicht die Verzweiflung des Engels zu ihrer Linken, der sie vergebens auf das himmlische Heil aufmerksam zu machen sucht. Sie achten auch nicht darauf, daß sie mitsamt dem Wagen von höllischen Wesen in die Verdammnis gezogen werden (Abb. 4).

Bosch hat anscheinend die Gelegenheit benutzt, auch die sieben Todsünden in Symbolen anzuprangern: Luxuria, die Wollust, zeigt sich in den Paaren auf dem Heuwagen; diejenigen, die das Heu raffen, symbolisieren die Avaritia, die Habsucht; in der Bildmitte unterhalb des Wagens findet ein Mord statt, eine Illustration zur Ira, dem Zorn (Abb. 5). Neidgefühle, Invidia, hegen alle gegen diejenigen, die viel erbeuten konnten; Trägheit, Acedia, gegenüber der Sünde finden wir bei den Fürstlichkeiten, kurz, Anspielungen auf Laster und Sünde sind überall in dem Bilde.

Die Flügel des Triptychons fügen sich ohne weiteres in dies Programm. Im linken Flügel werden die Folgen des Ungehorsams gegen Gott geschildert. Im oberen Bildteil ist der Engelsturz wiedergegeben. In einer niederländischen Handschrift des 14. Jahrhunderts findet sich bereits der Hinweis, daß die abtrünnigen Engel bei ihrem Fall in die Tiefe in Kröten und allerlei Gewürm verwandelt worden seien. Augenscheinlich hat Bosch derartige Überlieferungen gekannt und sie in seiner Darstellung verwendet. Unterhalb des Engelsturzes wird die Geschichte von Erschaffung, Sündenfall und Vertreibung des ersten Menschenpaares dargestellt. Mit der Vertreibung beginnt das menschliche Elend, das aus einem Leben in Sünde und Gottlosigkeit resultiert. Dieser Flügel ist sozusagen der Auftakt zum Heuwagen. Dieser hinwiederum beweist, daß die Menschheit nichts gelernt hat, und daher ist die Hölle, Thema des rechten Flügels, unausbleibliche Folge. Zur Ausgestaltung dieser Darstellung finden sich Analogien in der zeitgenössischen Literatur. In einem in 's Hertogenbosch 1484 erschienenen Buch »Die Visionen des Tundalus« wird der Abstieg in die Hölle mit allen möglichen Martern, mit Dämonen und Untieren geschildert. Die Zusammenfassung des im Grunde recht pessimistisch aufgefaßten Bildinhaltes erscheint auf der Rückseite der Flügel, worauf ein einsamer Landstreicher zu sehen ist. Hier ist der Weg des in der Welt verlorenen, völlig verunsicherten Menschen veranschaulicht. Hinter ihm geschehen Verbrechen (ein Reisender wird beraubt und gefesselt), ein Galgen droht von weitem, und als Hinweis auf Sünde und Ausschweifung dient das übermütig herumtanzende Paar auf der rechten Seite. Unrecht und Sünde drohen wie Fallstricke hinter und vor dem Wanderer, der ängstlich um sich schaut und einen Weg ins Ungewisse vor sich hat. Das ganze Triptychon prangert die Schwäche und Sündhaftigkeit des Menschen an, ohne daß der Maler einen versöhnlichen Schluß auf ein glückhaftes Ende geben mochte.

7 *Innenseite des rechten Flügels vom Triptychon »Der Heuwagen« mit der Darstellung der Hölle*

Inner side of right wing of triptych "The Hay-Wagon" with representation of Hell

Auf der folgenden Seite:
8 *Die Rückseiten der Flügel bei geschlossenem Triptychon mit der Darstellung des Landstreichers*

On the following page:
Reverse sides of wings with triptych closed, showing representation of the Tramp

»Der Heuwagen« war eines der Lieblingsgemälde König Philipps II. von Spanien, und er ließ es in seinen persönlichen Gemächern im Escorial aufhängen. Und noch ein weiteres Werk Boschs hat dieser König, in dessen Reich »die Sonne nicht unterging«, so geliebt, daß er es immer um sich haben wollte: »Die sieben Todsünden«. Eigentlich handelt es sich dabei nicht um ein Gemälde, sondern um eine bemalte Tischplatte, aber schon Philipp II., jener erbitterte Feind der Reformation, unter dessen Herrschaft Tausende von »Ketzern« auf dem Scheiterhaufen starben, scheint das Werk als Wandschmuck verwendet zu haben.

Die Sünde war der zentrale Punkt im religiösen Denken des Spätmittelalters. Denn Seuchen, Rechts- und Sittenverfall konnte man sich nicht anders erklären denn als Strafen Gottes für die Sündhaftigkeit der Menschen. Der barmherzige Gott des Evangeliums, der majestätische Weltenrichter des Hohen Mittelalters war dem zürnenden Gott gewichen. Es war die Zeit der von Laien geführten radikalen Bußbewegungen, der Flagellanten in Italien, der Geißler in Deutschland, die mit grausamen Selbstkasteiungen danach strebten, den Zorn Gottes zu versöhnen.

Die Frage »Wie bekomme ich einen gnädigen Gott?« stand auch für den jungen Luther im Zentrum, ehe er mit seiner Lehre, daß man die Gnade Gottes nicht durch Werke gewinnen kann, sondern daß sie dem Glaubenden als Geschenk zuteil wird, die spätmittelalterliche Glaubensnot überwand.

Seite 83 bis 92

DIE SIEBEN TODSÜNDEN

und die vier Letzten Dinge

Ein Frühwerk des Hieronymus Bosch

Von Anni Wagner

Die Tafel des holländischen Malers Hieronymus Bosch mit der Darstellung der sieben Todsünden gilt heute in der kunsthistorischen Forschung allgemein als ein Frühwerk des Meisters, das dieser um 1475 gemalt hat. Das Bild befindet sich im Prado in Madrid. Ursprünglich war es – wie es auch schon die ganze Komposition verrät – keineswegs als Wandschmuck gedacht, sondern war für eine Tischplatte bestimmt. Um die einzelnen Darstellungen darauf besichtigen zu können, muß man um die Tafel herumgehen. Über dies Werk ist viel gerätselt worden. Man fragt sich unwillkürlich, wozu ein solcher Tisch gedient haben mag. In seiner Art steht er einzig da; man kennt kein ähnliches Stück. Für kirchliche Zwecke, zum Beispiel für einen Altar, war er schwerlich zu brauchen, dafür eignen sich Bilder von Todsünden in keiner Weise. Aber auch die ganze Anordnung der Komposition ist nicht auf eine Vorderseite ausgerichtet, wie sie für einen Altar doch erforderlich wäre. Der Kunstgelehrte Carl Justi hat schon 1889 den Tisch als »Bußtisch« bezeichnet. Dagegen hat in neuerer Zeit Wilhelm Fraenger in ihm einen mosaisch beeinflußten »Tisch der Weisheit« sehen wollen, den ein hochgelehrter jüdischer Mäzen des Künstlers konzipiert und für eine von ihm geleitete freigeistige Sekte bestellt habe. Damit wäre der Tisch ein Kultgegenstand nach jüdischem Gebrauch gewesen, auf

1 *Hieronymus Bosch (um 1450 bis 1516). Tischplatte mit der Darstellung der sieben Todsünden und der vier Letzten Dinge. Um 1475. Öl auf Holz. 120 : 150 cm. Madrid, Prado*

Hieronymus (Jerome) Bosch (c. 1450–1516). Table top with representation of the "Seven Deadly Sins" and "The Four Last Things". C. 1475. Oil on wood. 120 : 150 cm. Prado, Madrid

Inuidia
Ira

dem Opfergaben dargebracht werden sollten. Diese Behauptung kann quellenmäßig nicht belegt werden, ebensowenig wie die Zusammenarbeit des Künstlers mit dem angeblichen gelehrten Gönner, der zwar Jude war, sich aber in 's Hertogenbosch taufen ließ, um kurze Zeit danach wieder zum Judentum zu rekonvertieren.

Bosch hat, wie man annehmen darf, nicht nur Bilder auf Bestellung gemalt. Er muß ein sehr gelehrter Mann gewesen sein, der Bildthemen gestaltet hat, die von humanistischem und kompliziertem theologischen Gedankengut erfüllt waren. Neuerdings hat man darauf hingewiesen, daß Bosch seine Anregungen aus der zeitgenössischen Literatur, aus Publikationen wie zum Beispiel den »Visionen von Tungdal« (1484), geschöpft habe. Zahlreiche Anklänge an deren Schilderungen finden sich in der Tischtafel mit den sieben Todsünden, die zu den halb moralisierenden, halb lehrbildhaften Werken Boschs gehört. Einige der wenigen archivmäßig erhaltenen Nachrichten über das Leben des Hieronymus Bosch berichten, daß er sich schon zu Lebzeiten großer Berühmtheit erfreute. Philipp der Schöne von Burgund bestellte 1504 eine Tafel mit dem Jüngsten Gericht bei ihm. Die Statthalterin der Niederlande, Margaretha von Österreich, und ebenso Kardinal Grimani von Aquileja haben Gemälde von Bosch besessen. Auch nach seinem Tode waren Boschs Bilder begehrt. Namentlich in Spanien genoß er ein ungewöhnlich hohes Ansehen. Es ist Tatsache, daß der spanische König Philipp II. den Tisch mit 32 weiteren Bildtafeln des Hieronymus Bosch im Jahre 1574 erworben und in seine Gemäldesammlung im Escorial eingereiht hat. Die Darstellung der sieben Todsünden gehörte merkwürdigerweise zu seinen Lieblingsbildern. Er ließ sie von dem Tischgestell ablösen und als Wandbild aufhängen. Vielleicht war es für ihn ein das Gewissen aufrüttelndes Memento an die von der Kirche vertretene Lehre, daß die Sünde unweigerlich zu ewigem Verderben führe.

Während die großen, vielbesprochenen Triptychen Boschs häufig in Abbildungen gezeigt werden, wird die Tischtafel mit den sieben Todsünden und den vier Letzten Dingen viel seltener wiedergegeben. Uns geht es darum, die Tafel vor allem in ihren Details unseren Lesern vor Augen zu führen, weil es nur so möglich ist, einen rechten Begriff von dieser phantasievollen und zugleich lebensnahen Bildgestaltung zu bekommen.

Die Tafel zeigt in der Mitte ein großes, in vier konzentrische Kreise eingeteiltes Rundbild. In den vier Ecken sind wieder Rundbilder angebracht, auf denen die vier Letzten Dinge abgebildet sind. Zwischen den beiden oberen und den beiden unteren Medaillons ist je ein Spruchband angebracht. Die Spruchbänder enthalten lateinische Inschriften, die sich auf die Letzten Dinge beziehen.

Mit diesen dem 5. Buch Moses entnommenen Sprüchen wird sichtlich auf die Menschen angespielt, die auf dem äußersten Kreise des Mittelbildes in den einzelnen Wiedergaben der Todsünden zu sehen sind und die den Hauptinhalt der Tafel bilden. Im innersten Kreis des mittleren Rundbildes sieht man Christus als Auferstehenden. Ihn umgibt ein goldener Ring, in dem zu lesen steht: Cave, cave, dominus videt. (Hüte dich, hüte dich, der Herr sieht.)

An ihn schließt sich in einem dritten Kreis ein Strahlenkranz an. Wilhelm Fraenger hat die Strahlen gezählt, es sind 128, und er sieht in dieser Zahl eine mystische, auf den von ihm so genannten »Tisch der Weisheit« bezogene Bedeutung. Um den Christus und um den Strahlenkranz ist ein weiterer Kreis gezogen, der in sieben Abteilungen die Darstellungen der sieben Todsünden enthält. Dieses Thema hat damals viele Künstler zur Wiedergabe angeregt. Als solche wurden diese Haupt- oder Todsünden schon im frühen Christentum aufgezählt. Der lateinische Dichter Prudentius (348 bis um 405) hat sie als böse Dämonen geschildert, die den Menschen anfallen. Papst Gregor der Große (590–604) hat ihre Zahl und Beschaffenheit festgelegt. Hauptzweck für eine genaue Vorstellung von diesen Sünden war die Möglichkeit zu einer guten Vorbereitung für die Beichte. Daher bestand kirchlicherseits ein Interesse an bildlichen Wiedergaben, damit das einfache Volk sich daran orientieren konnte. Gegen Ende des 14. Jahrhunderts erschienen ganze Sündenlisten, die sich alle von den sieben Hauptsünden herleiten. Als abschreckendes Beispiel wurden sie an die Kirchenwände gemalt. Bosch hat die sieben Todsünden ausgewählt, wie sie von Papst Gregor verzeichnet worden waren. Es sind: Superbia, Hoffart – Ira, Zorn – Invidia, Neid – Avaritia, Habsucht – Acedia, Trägheit – Gula, Völlerei – Luxuria, Wollust. Bosch hat sich nicht der allgemein üblichen Personifizierungen der Sünden bedient, sondern hat diese in oft drastischen Szenen mit Personen aus verschiedenen sozialen Kreisen veranschaulicht. Vornehme Damen und Herren sehen wir bei der Luxuria, wohlsituierte Bürger bei der Superbia und Avaritia, Bauersleute bei Gula und Ira (Abb. 2 und 5).

Ein bevorzugter Raum, genau unter dem auferstehenden Christus, gilt der Darstellung der Ira, des Zornes (Abb. 2). Ein Bauer ist in heftigstem Zorn entbrannt, hat seinen Widersacher zuerst mit einem Tisch, dann mit einem Stuhl beworfen, geht nunmehr mit Geschirr und dem blanken Schwert auf ihn los und wird von seiner Frau daran gehindert. Die ganze Szene zeigt, namentlich in der Wahllosigkeit der verwendeten Kampfmittel, das Fehlen jeglicher Besonnenheit des Wütenden, der auch vor Mord und Totschlag nicht zurückschreckt. Bosch hat den Vorgang in eine ländliche Landschaft versetzt, vor ein ausführlich ausgemaltes Bauernhaus. Die derben Gestalten begegnen uns auch auf vielen anderen Tafeln des Meisters wie auch auf seinen zahlreichen gezeichneten Studienblättern. Rechts neben den Zorn hat Bosch in einer bezaubernden Interieurmalerei die Superbia, die Hoffart, gemalt. In einer bürgerlichen Wohnstube steht eine Frau und schaut in einen Spiegel, den der Teufel, halb hinter einem Schrank verborgen, ihr hinhält. Vielleicht stammt von ihm auch die kleine, mit Schmuck gefüllte Truhe, teuflisches Blendwerk, das die Frau in ihrer Eitelkeit ausprobiert. Recht sündhaft geht es auch auf dem nächsten, rechts der Superbia angebrachten Bildausschnitt zu. Hier haben wir es mit der Luxuria, der Wollust, zu tun. Tief ins Zelt hat sich das scharmutzierende Paar zurückgezogen, während ein weiteres Paar sich noch mit Essen und Trinken befaßt. Auf dem Ziertischchen links steht eine Schale mit Kirschen, die als Verführungsfrüchte gelten und auf einer anderen Tafel Boschs, dem Garten der Lüste, öfters vorkommen. Vor den Augen des Liebespaares wird der Hofnarr verprügelt, und zwar mit einem großen Löffel, der – nach Fraenger – das Indizium der Buhlerei war. Auf der linken Seite unserer Abbildung gibt es noch eine weitere Todsünde, nämlich die Invidia, den Neid. Die Szene spielt sich vor dem Haus des Zöllners ab, der am Stadtrand den sogenannten Pflasterzoll erhebt. Während seine Frau mit einem gutgekleideten Bürgersmann flirtet, schaut dessen Gefährte, der einen Falken trägt, neidisch hinüber. Der Zöllner selbst ärgert zwei bellende Hunde, die neidvoll auf den Knochen in seiner Hand blicken. Wenden wir uns der zweiten Hälfte des Rundbildes zu (Abb. 5), so begegnen wir in der Darstellung ganz links der Acedia, der Trägheit, in Person eines halb eingeschlafenen Geistlichen, der am Kamin sitzt und zu träge ist, den von einer Nonne dargebotenen Rosenkranz auch nur anzunehmen. Auch hier hat

Auf der vorhergehenden Seite:
2 *Ausschnitt aus Abb. 1. Mittelbild mit Christus, umgeben von einem Strahlenkranz, darum in einem weiteren Kreis vier der sieben Todsünden (von links nach rechts): Invidia (Neid), Ira (Zorn), Superbia (Hoffart) und Luxuria (Wollust)*

On the preceding page: Detail of fig. 1. Central picture showing Christ surrounded by glory, and in a wider circle by four of the Seven Deadly Sins (left to right): invidia (envy), ira (anger), superbia (pride) and luxuria (lust)

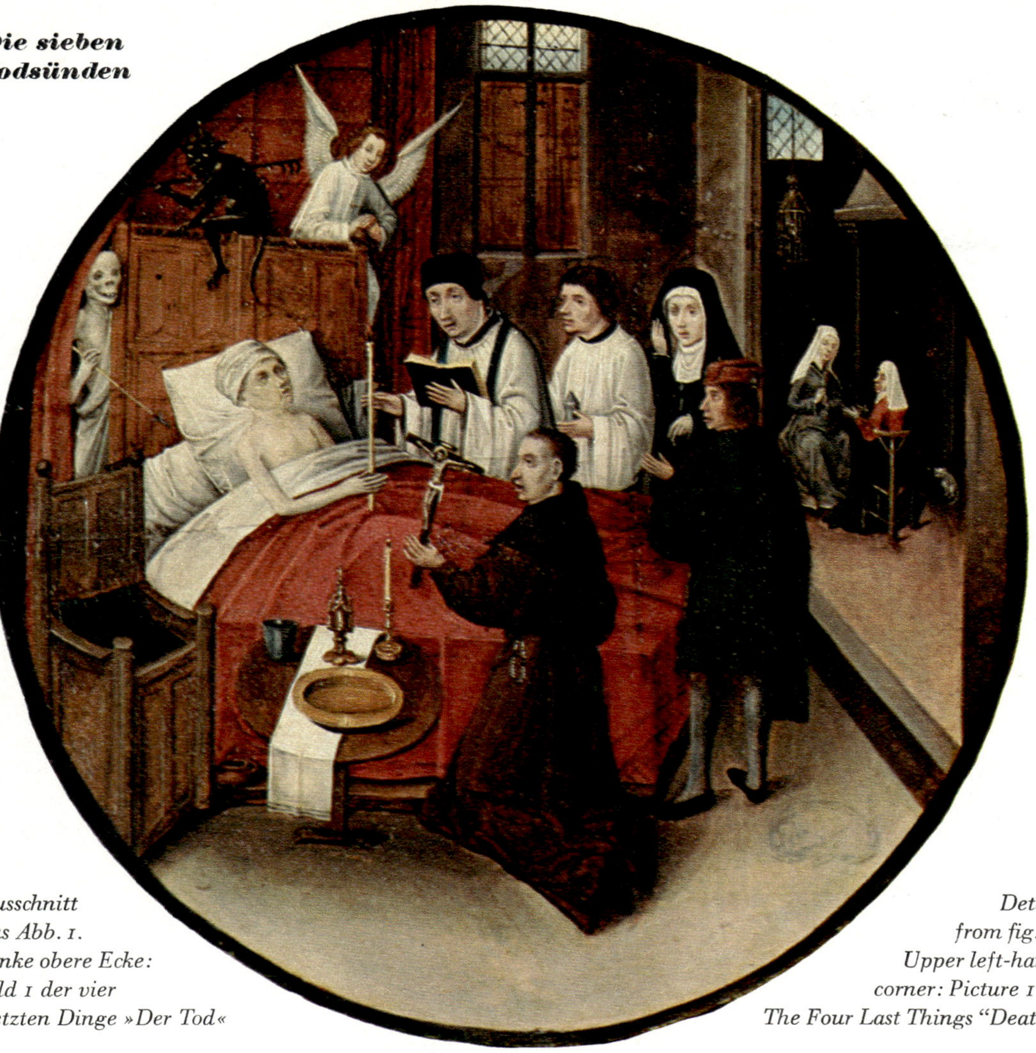

3 *Ausschnitt aus Abb. 1. Linke obere Ecke: Bild 1 der vier Letzten Dinge »Der Tod«*

Detail from fig. 1. Upper left-hand corner: Picture 1 of The Four Last Things "Death"

4 *Ausschnitt aus Abb. 1. Rechte obere Ecke: Bild 2 der vier Letzten Dinge »Das Jüngste Gericht«*

Detail from fig. 1. Upper right-hand corner: Picture 2 of The Four Last Things "Judgement"

Bosch ein wahres Stilleben einschläfernder Langeweile geschaffen, hat aus dem müden Kaminfeuer, dem schlafenden Hund, dem geschlossenen Buch ein Symbol für Faulheit und Untätigkeit dargestellt. Rechts neben der Trägheit findet sich wieder eine derbe bäuerliche Szene. Jetzt handelt es sich um die Sünde der Gula, der Völlerei. Bosch hat sie mit besonderer Sorgfalt wiedergegeben. Am wohlbesetzten Tisch ißt und trinkt ein dicker Vielfraß. Sein Gegenüber, ein zerlumpter Bettler, darf nur aus einem Wasserkrug trinken. Eine Frau bringt neue Speise, und auf dem Boden wird eine dicke Wurst gegrillt. Selbst das Kind, das seinen Stuhl und seine Spielsachen verlassen hat, ist von der Gier seines Erzeugers angesteckt und bettelt um einen Bissen. Der umgeworfene Stuhl rechts deutet auf ein Sprichwort, daß ungeladener Gast (in diesem Fall der Bettler) unbestuhlet sei (nach Fraenger). Als letzte der sieben erscheint die Habsucht, die Avaritia. Schauplatz der Handlung ist der Dorfplatz, in der Mitte steht die Dorflinde, und unter ihr sitzt auf einer Bank der bestechliche Richter, der in seiner Rechten den Richterstab hält und mit der Linken nach dem Bestechungsgeld greift. Auf der linken Seite der Bank sitzen der Notar und ein Zeuge. Angeklagt ist sichtlich der Mann in der Mitte, dem der Richter sich freundlich zuneigt, während er mit seinem Stab dem Bauersmann ein Zeichen gibt, daß er zu warten habe. Es erscheint höchst fraglich, ob dem Bauersmann trotz Bestechungsversuch Recht wird, denn der reiche Mann hält bereits die Börse in der Hand und wird sich als der lukrativere Spender erweisen. Die Gier nach Geld, so unrecht es auch erwor-

Auf der folgenden Seite:
5 *Ausschnitt aus Abb. 1. Oberer Kreis mit drei der sieben Todsünden (von links nach rechts): Acedia (Trägheit), Gula (Völlerei), Avaritia (Habsucht)*

On the following page:
Detail from fig. 1. Upper circle with three of the Seven Deadly Sins (from left to right): acedia (sloth), gula (gluttony), avaritia (covetousness)

Accidia

Gula
Avaricia

6 *Ausschnitt aus Abb. 1. Linke untere Ecke: Bild 3 der vier Letzten Dinge »Die Hölle«*

Detail from fig. 1. Lower left-hand corner: Picture 3 of The Four Last Things "Hell"

7 *Ausschnitt aus Abb. 1 Rechte untere Ecke: Bild 4 der vier Letzten Dinge »Der Himmel«*

Detail from fig. 1. Lower right-hand corner: Picture 4 of The Four Last Things "Heaven"

ben ist, wird hier als Symbol für die Habsucht gesetzt.

Mit den Todsünden ist der Betrachter nun vertraut, jetzt geht es an die Letzten Dinge, die Bosch in den vier Ecken der Tafel dargestellt hat. Da ist zuerst der Tod, der einen jeden erwartet (Abb. 3). Bosch hat dies Thema öfters gestaltet. Der Sterbende erhält die letzten Sakramente, und ein Engel und ein Teufel warten am Kopfende des Bettes, ob er durch eine gute Beichte ein Anrecht auf den Himmel erworben hat und damit das Geleit des Engels beanspruchen kann. Endgültig entscheidet sich sein Schicksal am Tage des Jüngsten Gerichtes (Abb. 4). Bosch hat sich bei diesem Bild zu dem althergebrachten Schema entschlossen. Christus als Weltenrichter in der Mitte, rechts und links von ihm Maria mit hl. Frauen sowie die Apostel. Posauneblasende Engel am Himmel und am Boden die auferstehenden Menschen, teils Selige, teils Verdammte. Das Ganze ist nicht sehr einfallsreich, und man hat von dieser Darstellung darauf geschlossen, daß es sich um ein sehr frühes Werk des Künstlers handeln müsse. Phantasievoller geht es schon auf dem dritten Bild der vier Letzten Dinge zu (Abb. 6). Hier erscheinen — damit die Sache ganz klar ist — alle sieben Todsünden noch einmal, aber nun mit einschlägiger Bestrafung, und bei jeder Sünde steht der Titel daneben. Viel konventioneller erscheint demgegenüber das vierte Bild (Abb. 7), das den Einzug in den Himmel wiedergibt. Teilnahmslos empfängt St. Petrus die Seligen an der Himmelspforte, die Engel im Vordergrund jubilieren ziemlich müde. Auch hier hat Bosch ein überliefertes Schema angewandt, ohne Eigenes hinzuzufügen. Immerhin sind diese Medaillons die eigentliche Quintessenz für die sieben Todsünden. Betrachtet man deren Darstellungen als ein Abschreckungsmittel, so zeigen die Rundbilder in den Ecken, wie es dem Sünder ergeht, der keine Buße tut. Aus dieser Einstellung wird klar, warum der schwerkranke spanische König dies Gemälde so liebte und es in den Gemächern aufbewahrte, in denen er gestorben ist.

JAN JOEST VON KALKAR

Der Meister, der in den ersten Jahren des 16. Jahrhunderts die wunderbaren Klappflügel des Hauptaltars der Nikolaikirche zu Kalkar malte, war keineswegs Niederländer, wie sein Name, aber auch stilistische Besonderheiten seiner Malerei wie die Räumlichkeit der Komposition glauben machen möchten. Er wurde vielmehr nach 1455 im rheinischen Wesel geboren, wo er auch seine Ausbildung erhielt, und ging erst 1510 nach den Niederlanden, wo er sich in Haarlem niederließ. Dort erlebte er auch seine künstlerische Reife. Jan Joest von Kalkar war mit Bartel Bruyn d. Ä. verwandt. Unter seinen vielen Schülern ist dieser der bedeutendste.

Seite 93 bis 98

1 *Ausschnitt aus der Darstellung der »Auferweckung des Lazarus«* *Detail from the representation of the "Resurrection of Lazarus"*

Jan Joest von Kalkar

Von Josef Giesen, Vechta/Oldenburg

Um den Meister, der so liebevoll das heute noch bestehende spätgotische Rathaus von Kalkar auf einem Flügelbild des Hauptaltares in der dortigen Nikolaikirche festhielt, wob sich eine Geschichte, die ihn gern als in Kalkar geboren und beheimatet gesehen hätte. Jan Joest »von Kalkar« wurde aber erst als reifer Meister von auswärts im Jahre 1505 durch die Bruderschaft Unsrer Lieben Frau nach Kalkar gerufen, um die Flügel des Hauptaltares zu malen. Die Bruderschaften und die Gilden aus der reichen Tuchmacherstadt haben von etwa 1480 bis 1560 die Kalkarer Nikolaikirche mit 17 kostbaren Schnitzaltären ausgestattet, von denen kaum mehr die Hälfte vorhanden ist.

2 *Das Rathaus in Kalkar* *The Kalkar Town Hall*

Dort befinden sich nun als größtes geschlossenes malerisches Werk des Jan Joest die Klappflügel des Hauptaltares, dessen Schnitzwerk wohl von Meister Arnt begonnen und von Meister Loedwich kurz nach 1500 vollendet wurde. Die in 20 Einzeltafeln mit Darstellungen aus dem Leben Christi aufgegliederten Flügel schuf Jan Joest zwischen 1505 und 1508. Besonders hervorzuheben ist die warme gebundene Farbigkeit des Gesamtkomplexes, die jede Einzeltafel in sich, aber auch den Zusammenhang mit den Nachbarbildern bestimmt. Oft ist es der braune Mantel Christi, der wie bei der »Auferweckung des Lazarus« (Abb. 3) und auf dem Bild »Christus und die Samariterin« (Abb. 4) alles Umgebende, die räumlich-modellierende Einbettung der Figuren, aber auch farbliche Akzente und Lichter harmonisch zum Klingen bringt. Die manchmal eigenwillig skurril

3 *»Auferweckung des Lazarus« vom Hochaltar der Nikolaikirche in Kalkar (1505–1506)*
"Resurrection of Lazarus", high altar of Saint Nicholai church at Kalkar (1505–1506)

4 »*Christus und die Samariterin am Brunnen*« vom Hochaltar der Nikolaikirche in Kalkar
"*Christ and the Samaritan Woman at the Well*", high altar of Saint Nicholai church at Kalkar

geformten Köpfe und wenige Zeichenformen sind ein Restbestand manierierter Spätgotik. Die Bildkomposition und vor allen Dingen die Raumbildung sind renaissancehaft-modern. Dahin weist speziell die malerisch feine Landschaftsgestaltung, ob sie nun unmittelbar der Natur entnommen (Abb. 1) oder idealistisch kombiniert ist (Abb. 5).
Jan Joest von Kalkar wurde um 1455 bis 1460 in Wesel als Neffe des Malers Derick Baegert geboren. Er wird aus den Anfängen in der Werkstatt seines Onkels westfälische Farbfreudigkeit mitgenommen haben nach den Niederlanden, wo er seine Reifejahre und beginnende Selbständigkeit erlebte. Erst 1510, nach dem Aufenthalt in Kalkar, ließ er sich in Haarlem nieder, wo er 1519 starb. Er kannte wohl Arbeiten seiner niederländischen unmittelbaren Vorgänger und Zeitgenossen

5 *Ausschnitt aus »Christus und die Samariterin am Brunnen«*

Detail of "Christ and the Samaritan Woman at the Well"

recht genau, da man immer wieder in den Kalkarer Bildern Anregungen, nie jedoch unmittelbare Kopien verarbeitet sieht. Bei der »Auferweckung des Lazarus« (Abb. 3) ist es das Verhalten der Zuschauer, die sich die Nase zuhalten, das an ein entsprechendes Bild von Ouwater gemahnt, der auch zur Nacht- und Lichtmalerei der »Gefangennahme« Pate gestanden haben könnte. Das selbstleuchtende Christkind bei der »Geburt« erinnert an Geertgen und der »Marientod« in der Kompositionsanordnung an Hugo van der Goes. M. J. Friedländer sagt zu dem Meister, den wir in Deutschland zwischen dem Niederdeutschen Derick Baegert und dem Kölner Barthel Bruyn zu suchen haben, in den Niederlanden neben Gerard David und Quinten Massys: »Weit vorn unter den Malern, die Neues suchen, steht Jan Joest immerhin.«

LUCAS CRANACH

Lucas Cranach war der große Künstler der Reformation. Wiederholt hat er deren führende Repräsentanten, Luther, Melanchthon und die sächsischen Kurfürsten Johann den Beständigen und Johann Friedrich den Großmütigen gemalt und gezeichnet, wie er auch das Papsttum in seinen Gemälden und Holzschnitten heftig angriff.
Lucas Cranach d. Ä. wurde im Oktober 1472 im oberfränkischen Kronach geboren, wovon er auch seinen Namen erhielt, und starb am 16. Oktober 1553 in Weimar. 1505 wurde er Hofmaler des Kurfürsten Friedrich des Weisen und ließ sich in Wittenberg nieder, wo er eine rege Geschäftstätigkeit entfaltete. So erwarb er eine Apotheke, gründete eine Papier- und Buchhandlung und eine Künstlerwerkstatt. Wegen seiner ungewöhnlichen künstlerischen Fruchtbarkeit und seinem Engagement für die Sache Luthers genoß er in Deutschland einen hervorragenden Ruf.
Tatsächlich war Cranach ein typisch deutscher Künstler, der, unberührt vom Reichtum der italienischen Formenwelt, vor allem in seinen graphischen Arbeiten einen noch spätgotisch anmutenden, ornamentalen, fast manieristischen Stil pflegte.

Seite 99 bis 104

LUCAS CRANACH d. Ä.

1472 – 1553

Von Heinrich Lützeler, Bonn

Ein merkwürdiger Mann: religiös ergriffen, Märchen träumend, leidenschaftlich für Luther und die anderen großen Reformatoren, am Ende seines Lebens ein Maler puppenhafter nackter Fräulein, spätgotisch versponnen und manieristisch übersteigert — faszinierend bis zu Picasso hin, der eine Serie von Zeichnungen und Lithos zu Cranachs »David und Bathseba« (1526) anfertigte, über zwei Jahre verstreut, 1947/48, darin um Grundthemen der Kunst »Expression/Schmückung/Rhythmus« kreisend. Wer war er? Wo hatte er seinen inneren Ort? Entwurzelt? »Verlust der Mitte«?

Wir wissen von Lucas Cranach d. Ä. (1472 bis 1553) persönlich nichts. Sein Leben können wir fast lückenlos nachzeichnen. Er nannte sich nach dem oberfränkischen Kronach und war Sohn eines Malers. Um 1498 ging er, wie es damals üblich war, auf Wanderschaft — über Bayern nach Österreich; 1503 war er nachweislich in Wien. Ihn berührte das hohe Pathos des jungen Dürer und Grünewalds. Er war gepackt von der stimmungsvollen Durchdringung religiöser und landschaftlicher Elemente in der »Donauschule«. Bayerische Maler wie Gabriel Mäleßkircher (tätig zwischen 1470/80) oder Jan Polack (bezeugt seit 1482) bestärkten ihn vielleicht in seinem Impuls, Konventionen beiseite zu schieben. 1504 trat er in kurfürstlich-sächsische Dienste und blieb bis zu seinem Tode Hofmaler in Wittenberg.

Im Sommer 1508 kam noch einmal eine größere Reise in die Niederlande; Italien sah er nie. In Wittenberg besaß er eine Apotheke, eine Druckerei und eine Buchhandlung; 1537 und 1540 amtierte er dort als Bürgermeister. Mit den Reformatoren war er befreundet; Luther nannte ihn »Lieber Meister« und »Lieber Gevatter«.

Cranach lebte rein geographisch am Rande

1 *»Jagd zu Ehren Karls V. im Schloß von Torgau«. Madrid, Prado* *"Hunt in honour of Charles V. at Torgau Palace". Prado, Madrid*

Lucas Cranach d. Ä.

2 *»Geiler von Kaisersberg«. München, Alte Pinakothek*
3 *»Kardinal Albrecht von Brandenburg vor dem Gekreuzigten kniend«. München, Alte Pinakothek*

2 *"Geiler von Kaisersberg". Alte Pinakothek, Munich*
3 *"Cardinal Albrecht von Brandenburg kneeling before the Crucified Christ". Alte Pinakothek, Munich*

des eigentlichen Kunstgeschehens, ja abseitig. Aber sein Werk fährt weit aus, mit explosiver Kraft. Die hier gezeigten Bilder wollen Grenzpunkte setzen, von denen aus wir Einblick in das verwickelte Schaffen des Malers gewinnen können. Dabei sparen wir ein zentrales Thema aus, das in dieser Zeitschrift demnächst gesondert behandelt werden soll: seine Beziehungen zu Martin Luther.
Cranach hat gern Großjagden des Hofes geschildert. Da sieht man Kaiser und Kurfürsten, Schloß, Burg und Domtürme. In einem Boot sitzen adlige Damen als Zuschauerinnen, oder sie heben auch selber die Armbrust. Wäre nicht das brutal gehetzte Wild in seiner Todesnot – ein spanischer Stierkampf ist edel dagegen –, so könnte man sich an einer verwunschenen Natur freuen, von paradiesischer Ursprünglichkeit, wie denn ja auch das Thema des Paradieses vor dem Sündenfall (1530; Dresden, Gemäldegalerie) kompositorisch den Jagdbildern benachbart ist. Die »Jagd« im Prado steht hier stellvertretend für eine Vielzahl von Werken, in denen Cranach seine besondere *Auffassung der Natur* gestaltet. Die Welt ist weit; der auf das Universale gerichtete Geist der Renaissance zeigt sich in einer Überblick-Landschaft. Gleichwohl behalten Bäume und Fluß die ganze Fülle des intim Lebendigen, das auf Nahsicht hin gestaltet ist: So antwortet dem Makrokosmos der Welt der Mikrokosmos ihrer Elemente. Der Mensch aber ist eigentümlich anverwandelt diesem Wachstum, in seinem Sterben und Vergehen, seiner Stille und seinem Aufgewühltsein; der Mensch ist nicht mehr »Krone der Schöpfung« und darum über sie hinausgehoben, sondern ihr Teil. Das alles berührt uns unmittelbar: Es zeigt sich, daß die Kunst zwar von einer bestimmten Zeitlage, hier von einem uns kaum mehr interessierenden gesellschaftlichen Ereignis, ausgeht, darüber hinaus aber eine überzeitlich gültige Auslegung des Daseins entwickelt.
Von diesen organischen »Geweben« heben sich deutlich die *Bildnisse der Zeitgenossen* ab: klar und hart. Sie zielen nicht auf den Ausdruck, sondern auf die dokumentarische Mitteilung. Dadurch wird Cranach zu einem zuverlässigen Zeugen der Vergangenheit. Geiler von Kaisersberg (1445–1510), berühmter Kanzelredner und seit 1478 Domprediger in Straßburg, wußte bei großer Gelehrsamkeit auch für Kleinbürger und Bauern zu reden, flocht Wortspiele, Witze, knallige Derbheiten in seine ethisch entschiedenen Ansprachen ein, machte das Ganze noch farbiger durch Verwendung der Mundart und knüpfte mit Nachdruck an Sebastian Brants »Narrenschiff« an, mit ihm sich darin einig, daß die Welt ein Tollhaus sei. Mit Absicht wurden diese biographischen Einzelheiten hier erzählt. Man kann sie nicht dem Porträt Cranachs entnehmen. Versagt deswegen die Kunst? Nein, sie deckt gleichsam den Ursprung solchen Wirkens auf – in einem Gesicht mit klugen Augen, scharfen Kanten, einer neugierig spitzen Nase, einem sarkastisch schmalen Mund, einem energisch vorstoßenden Kinn.

4 *»Maria mit dem Kinde«. München, Alte Pinakothek*
5 *Ausschnitt aus dem »Jungbrunnen«. Berlin, Staatliche Museen, Gemäldegalerie*

4 *"The Virgin with the Child". Alte Pinakothek, Munich*
5 *Detail from "Fountain of Youth". Federal Museums, Painting Gallery, Berlin*

Scheinbar ist das Gemälde des vor dem Gekreuzigten knienden Kardinals Albrecht von Brandenburg (um 1520/25) aus den bisher entwickelten Voraussetzungen ohne weiteres erklärbar: die Natur als Mikro- und Makrokosmos, voller Poesie / das christliche Erbe, neu erfahren in dem der Menschheit leidend zugeneigten Christus / beides verbunden im windbewegten Lendentuch, in den drohenden Wolken, der karg auflebenden Birke links — in einer symbolischen Passionslandschaft / schließlich der zeitgenössische Kirchenfürst mit seiner ohne Beschönigung genau festgehaltenen Physiognomie in prunkendem Rot. In Wahrheit ist der *Wirbel der Geschichte* in diesem Bild gesammelt: zwischen Untergang und Entscheidung. Der Kirchenfürst reich, der Erlöser arm / jener in auftrumpfendem Amtskleid, dieser mit geschundenem Leib / Albrecht ins Leere oder zum Betrachter schauend, Jesus auch dem fragwürdigen Priester liebevoll zugewandt / der Kurfürst mit ausdruckslos gefalteten Händen, Christus höchst »sprechend« an Händen und Füßen, mit der Seitenwunde — bei dieser Vereinigung des Unvereinbaren bricht die Frage auf: Wo steht die Kirche, was gilt sie? Albrecht war ein Förderer der Wissenschaft und einer der bedeutendsten Kunstmäzene seiner Epoche. Nicht ohne Verständnis für den Protestantismus, folgte er dem persönlichen Macht- und Gewinnstreben (vor allem bei der Propagierung eines Ablasses durch Tetzel, was zum Ausbruch der Reformation entschieden beitrug). Mit dem Gemälde »Maria und Kind« scheinen wir ins Vertraute zurückzukehren: zur Bibel, in die deutsche Romantik, ins späte Mittelalter. Aber die Formen reden eine andere Sprache. Der Umriß der Gruppe ist steil, und der Vorhang steigert noch dies Angespannte. Zackig-zerrissen ist der Felsen, wie in gestörtem Gleichgewicht überhängend. Die Kleider und das Kissen sind kurvig-massiv und wild bewegt, dazu eingepreßt auf engem Raum. Die Farben haben die Leuchtkraft verloren und sind von Schatten schwer geworden. In dem verdrehten Körper des Knaben und seinen unausgeglichenen Maßen verdichtet sich eine neue Welthaltung zur Formel: aus der Spätgotik beginnt der *Manierismus* sich zu bilden, der dann die letzten Lebensjahre Cranachs bestimmte.

Man erkennt den ursprünglich so tiefgründig-kraftvollen Meister kaum wieder in den Revuedamen, die er seit etwa 1530 als Lekkereien für Höflinge malte, in vielen Wiederholungen: eine Kette um den Hals, ein Schleierchen um den Schoß, ein kesser Hut — diese Überbleibsel des Angezogenseins betonen das Ausgezogensein der Raffinierten, die mit ihren überschlanken Gliedmaßen, den üppigen Hüften, den gekünstelten Gebärden und dem spießig tumben Gesicht das Komplizierte und das Einfache überkandidelt verbinden möchten. Sie heißen Venus, Diana, Lukrezia, Eva, Judith u. ä., sind aber im Grunde alle kleine Sächsinnen, die sich in überfeinerten Reizen versuchen. Kaum dreißig Jahre früher hatte Cranach die erschütternde Münchner Kreuzigung (1503) gemalt. Der abgebildete Ausschnitt aus dem »Jungbrunnen« (1546) deutet den Stil der »Halben Unschuld« in der Spätzeit des Meisters an — *Fin de siècle* (vielleicht ist das Gemälde von Cranachs Sohn, 1515—1586; auf jeden Fall ist es ganz nach der Art des Vaters konzipiert. Vergleiche G. F. Hartlaub in der »Werkmonographie« Nr. 27 bei Reclam; Stuttgart 1958; hier ist auch das interessante Thema eingehend behandelt). Ist Cranach überhaupt noch mit sich selbst identisch geblieben? Ein rundes Nein auf eine solche Frage wäre leichtfertig, da er zu gleicher Zeit auch seine Bilder des Heilands unter den Kindern (1529) oder vor der Ehebrecherin (1532), geschaffen hat. Fin de siècle — ohne Zweifel; doch nicht allein dies.

Cranach war eine vielstimmige, zwiespältige, schillernde Natur — zu gegensätzlich begabt, um die widerstreitenden Tendenzen in einer inneren »Mitte« zusammenzufassen. Wir heute verstehen ihn.

Entscheidend für die Fortentwicklung der deutschen Malerei an der Schwelle vom Spätmittelalter zur Neuzeit wurde die sog. Donauschule, eine Gruppe von bayerischen und donauländischen Malern, deren Hauptvertreter Albrecht Altdorfer, Wolf Huber, der junge Lukas Cranach und Jörg Breu waren. Kennzeichnend für ihre Malerei ist die Einheit von Natur- und Menschendarstellung und die märchenhaft romantische Stimmung, die aus ihren Bildern spricht.

Als talentiertester Vertreter dieser Schule gilt der um 1480 wahrscheinlich in Regensburg geborene Albrecht Altdorfer. Seine Herkunft ist ungesichert, doch dürfte der Regensburger Buchmaler Ulrich Altdorfer sein Vater sein. Malen lernte er vermutlich in einer Miniaturwerkstatt, die für Kaiser Maximilian arbeitete. Altdorfers Künstlerlaufbahn stand also von Jugend an unter dem Einfluß eines hochrangigen Auftraggebers, und dieser Mäzen hat in seinem Schaffen immer wieder eine Rolle gespielt. So war Altdorfer an den maximilianeischen Kunstunternehmungen Gebetbuch, Ehrenpforte und Triumphzug beteiligt.

In seiner Heimatstadt Regensburg stieg Altdorfer, der erst 1505 das dortige Bürgerrecht erworben hatte, zum Stadtrat auf und wurde 1526 sogar Mitglied des inneren Rats und Stadtbaumeister – ein Amt, das er zwölf Jahre bis zu seinem Tod innehatte.

Seite 105 bis 114

1/2 *Links:*
Christus am Ölberg.
Gesamtansicht.
Fichtenholz. 128,5 : 94 cm

Unten:
Detail: Der Engel
mit dem Kelch

Left:
"Christ on Mount Olive".
General view.
Pinewood. 128.5 : 94 cms.

Below:
Detail: The Angel
with the Chalice

Anni Wagner

ALBRECHT ALTDORFER

– ein Meister der Farbe

Zwischen 1509 und 1516 malte der in Regensburg tätige Maler, Zeichner und Baumeister Albrecht Altdorfer sein größtes und umfangreichstes Werk, nämlich den Sebastiansaltar in dem Augustiner-Chorherrenstift St. Florian südöstlich von Linz in Oberösterreich. Der Legende zufolge soll die einstige Klosterkirche über der Grabstätte des heiligen Florian errichtet worden sein, der im Jahre 304 den Märtyrertod starb. Seit 1071 ist das Kloster im Besitz der Chorherren des heiligen Augustinus, und im Jahre 1509 erteilte der gelehrte und kunstverständige Propst Peter Maurer, der von 1508 bis 1545 das Stift leitete, den Auftrag zu einem großen Flügelaltar; als Künstler wählte er den damals noch kaum dreißigjährigen Albrecht Altdorfer.

Von Jugend und Werdegang dieses Künstlers wissen wir wenig Gesichertes. Aus der umfangreichen Biographie über Altdorfer, in der der Altdorfer-Forscher Franz Winzinger die Ergebnisse seiner fast vierzigjährigen Studien niedergelegt hat, geht hervor, daß Altdorfer wohl kurz vor 1480 als Sohn des bis 1491 in Regensburg tätigen Malers Ulrich Altdorfer geboren wurde. Über das Jahr seiner Geburt, über seine Lehr- und Wanderjahre ist nichts bekannt. Zum ersten Mal erscheint Albrecht Altdorfer urkundlich nachweisbar im Jahre 1505, als er sich in Regensburg um das Bürgerrecht bewarb. Seine frühen Arbeiten, die seit 1506 entstanden, sind von kleinem Format und mit spitzem Pinsel miniaturhaft ausgeführt, was darauf schließen läßt, daß

er seine Ausbildung zeitweilig in einer Miniaturen-Werkstatt erhalten hat. Jedenfalls hat er in Regensburg rasch hohes Ansehen erlangt, und so erhielt er 1509 den Auftrag für die Kirche in St. Florian und wurde einige Jahre später von Kaiser Maximilian mit umfangreichen Aufgaben betraut. Weitere große Aufträge folgten, für Kirchen, für den Herzog von Bayern wie auch für die Stadt Regensburg, in der er städtische Ämter, u. a. das eines Stadtbaumeisters, bekleidete. 1532 ist er als angesehener Künstler und wohlhabender Bürger gestorben.
Altdorfer war der Hauptmeister der sogenannten Donauschule, der auch der frühe Cranach (Werkstatt in Wien), Wolf Huber und einige andere Maler angehörten. Sie waren zumeist

3/4 *Links:*
Gefangennahme Christi.
Gesamtansicht. Fichtenholz.
129,5 : 97 cm

Left:
"Christ Being Taken Prisoner".
General view. Pinewood.
129.5 : 97 cms.

Unten: Detail: Christus und die Schergen
Below:
Detail: Christ and the Myrmidons

in den Donaustädten zwischen Regensburg und Wien tätig. Charakteristisch ist für sie ihr gesteigertes Interesse für die Landschaft, eine kühne Lichtführung und märchenhafte Helldunkelmalerei. In seinen anfänglichen Arbeiten zeigte Altdorfer ganz deutlich den Einfluß von Michael Pacher. Auch Dürers graphische Blätter haben den jungen Künstler stark beeindruckt (was Winzinger eindeutig nachgewiesen hat). Aber alle Anregungen hat er zu einer völlig eigenen Aussage verarbeitet. »Von Anfang an setzt sich gleich seine wunderbare Natursinnlichkeit durch. Er hat alle Konvention der späten Gotik abgestreift, jedes einzelne seiner Werke ist ein taufrische Neuschöpfung. Auch seine religiösen Bilder dienen nicht nur mehr der Andacht. Die kirchliche Frömmigkeit ist einer Art Naturfrömmigkeit mit deutlich pan-

Albrecht Altdorfer
– ein Meister der Farbe

5/6 *Rechts: Handwaschung des Pontius Pilatus. Gesamtansicht. Fichtenholz. 114 : 96 cm*

Unten: Detail: Hände des Pilatus über der Wasserschale

Right: "Pontius Pilate Washing His Hands". General view. Pinewood. 114 : 96 cms.

Below: Detail: Pilate's Hands Above the Water Basin

7 *Kreuzigung Christi. Gesamtansicht. Fichtenholz. 112,2 : 94,5 cm*

"Crucifixion of Christ". General view. Pinewood. 112.2 : 94.5 cms.

theistischen Zügen gewichen, einer geradezu heidnischen Hingabe an die Schönheit der Welt und den Glanz des Daseins« (Winzinger).
Wie schon erwähnt, ist der Sebastiansaltar Altdorfers umfangreichstes Werk. Es umfaßt zwölf große Tafeln an den Flügeln und vier weitere an der Predella, alle anderen – geschnitzten – Teile sind verschwunden. Von diesen erhaltenen Tafeln befinden sich fast alle außer zweien (die im Besitz des Kunsthistorischen Museums in Wien sind) in St. Florian. In geschlossenem Zustand zeigt der Altar die vier Tafeln mit der Legende des heiligen Sebastian. Werden nur die Außenflügel geöffnet, werden die acht Tafeln mit den Darstellungen der Passion Christi sichtbar – eine Riesenfläche von fast 38 m Breite und über 2,50 m Höhe. Was auf den verlorenen geschnitzten Teilen dargestellt war, kann man nur an Hand einiger Spuren ahnen. Bei der Barockisierung der Stiftskirche um 1630 hat man die Werke aus der Gotik entfernt und mit ihnen auch den Sebastiansaltar. Die Tafeln wurden gerahmt und als Einzelbilder für die Räume des Stiftes verwendet. Später hat man die doppelseitig

8 *Detail: Kriegsknecht und Zuschauer*
Detail: Mercenary and Onlooker

bemalten Bildtafeln auseinandergesägt und in einer Galerie vereinigt. Man schrieb sie damals Albrecht Dürer zu. Was den besonderen künstlerischen Wert der hier gezeigten Passionsbilder angeht, dazu lassen wir noch einmal Altdorfers Biographen zu Wort kommen: »... die Bilder des Leidens Christi folgen den überkommenen Vorstellungen. Trotzdem erscheint dieser alte Vorwurf ganz neu geprägt. Es geht dem Maler um eine allem Volk verständliche Dramatik, um ein gebärdenreiches, mitunter lautes Spiel, in dem die bajuwarische Begabung zur theatralischen Schaustellung deutlich hervortritt. In diesem prunkvoll aufwendigen Passionstheater ist nur mehr wenig von der frommen Versenkung des Mittelalters in das Leiden des Herrn zu spüren. Es fehlt auch die Tiefe und Gläubigkeit, die den Passionsfolgen Dürers eignet, ebenso die tiefe Erschütterung und das grausame Miterleiden Grünewalds... Trotzdem bedeutet dieses Werk etwas ganz Neues. Altdorfer schuf in jedem Bild eine einheitliche farbige Welt, in der die Einzelheiten im Gesamten untergehen. Die Farbe übernimmt in einer vorher kaum denkbaren Weise die Führung des Ganzen; sie setzt die Akzente und ist Träger der Gesamtstimmung.«

9 *Detail aus der Kreuzigung Christi: Herbeieilender Holzknecht*

Detail of the Crucifixion: On-rushing woodcutter

MONATSBILDER

Monatsbilder schmücken seit dem Mittelalter die Breviere, Gebet- und Stundenbücher jener Wohlhabenden, die bereit waren, sich den Besitz eines eigenen immerwährenden Kalenders etwas kosten zu lassen. Denn kostspielig waren diese kleinen gemalten Kostbarkeiten allemal. In der Regel zeigen Monatsbilder Genreszenen, wie sie für den jeweiligen Monat typisch sind, wobei bestimmte Motive immer wiederkehren. Seltener sind Monatsbilder in Form von Gemälden oder Deckenmalereien wie jene in Benediktbeuern, und vielfach gehören sie in den Bereich der Volkskunst wie der bekannte Zyklus mit Szenen aus dem Münchener Leben aus dem Jahr 1816.

Seite 115 bis 124

Monatsbilder

im alten Festsaal der ehemaligen Benediktinerabtei Benediktbeuern

Von Anni Wagner

Gegen Ende eines Jahres oder am Anfang eines neuen, da kommen sie auf uns zu in rauhen Mengen und jeder erdenklichen Ausstattung, die Kalender nämlich, die uns Tage und Monate weisen, mit Sprüchen und Gedichten aufwarten und auch über Tierkreiszeichen und Erscheinungstermine von Halb- und Vollmond unterrichten. Sie wollen benutzt und befragt werden, und viele wollen überdies ein Schmuckstück für Wohnraum oder Büro sein. Der Gedanke ist naheliegend: War das immer schon so?

Rückblickend läßt sich feststellen, schon seit urgrauen Zeiten haben sich die Menschen um die Einteilung der ihnen beschiedenen Tage gemüht und haben ein Kalendarium geschaffen, die Babylonier so gut wie die Ägypter oder die rätselhaften Mayas und die weisen Chinesen und vor allem die alten Römer. Waren sie es doch, die aus der orientalischen Astronomie die 7-Tage-Woche übernahmen und langjährig beibehaltene Fehlberechnungen verbesserten. So erscheint es nicht weiter verwunderlich, daß ihr Kalender bis auf den heutigen Tag maßgeblich blieb. Selbst ihre Namengebung für die Monate ist überall übernommen worden wie auch diejenige für die Tage noch jetzt bei den romanischen, einst von den Römern beherrschten Volksstämmen gültig ist.

Ebenfalls war es bei den Römern gebräuchlich, die Kalender mit den Personifikationen der Jahreszeiten und Monate zu schmücken und phantasievolle, den einzelnen Monaten entsprechende Land- und Gartenarbeiten bildlich wiederzugeben. Kein Wunder, daß der mittelalterliche Künstler dies alles als Anregung benutzte. Allerdings schuf er seine Kalenderbilder und Kalenderverzeichnisse nicht für die Allgemeinheit. Kalender bildeten einen Teil von Brevieren, Gebetbüchern und Stundenbüchern

1 *»Schlittschuhlaufen« aus dem Januar-Bild. Mit dem Tierkreiszeichen »Wassermann« am oberen Bildrand*

"Ice-Skating" from the January painting. In the upper part "Aquarius" from the signs of the zodiaque

(Laiengebetbüchern mit Texten für die einzelnen Tageszeiten). Es handelte sich dabei um handgemalte und -geschriebene Kostbarkeiten, deren Besitz nur wohlhabenden Mitgliedern der Geistlichkeit, des Adels und reichen Bürgertums möglich war. Nun galten diese Kalender nicht nur wie unsere modernen Kalender für ein einziges Jahr, sondern waren so eingerichtet, daß sie sich immer wieder benutzen ließen. Für jeden Monat gab es ein feststehendes Verzeichnis der Fest- und Feiertage und der Namenstage berühmter Heiliger, dazu gehörte selbstverständlich das entsprechende Tierkreiszeichen. Zu beachten ist dabei, daß man stets das Tierkreiszeichen des *letzten* Monatsdrittels anbrachte, im Gegensatz zur heutigen Gepflogenheit, wo man dem Monat das vorhergehende Zeichen zuerteilt. So bekam zum Beispiel früher der November das Tierkreiszeichen des »Schützen«, während heutzutage für ihn der »Skorpion« zuständig ist. Diese Illustrationen für die einzelnen Monate eröffneten für den Künstler ein weites Feld phantasievoller Darstellungen. Meist waren es bestimmte Themen, die die verschiedenen Monate charakterisieren sollten. So war für den Januar das Schlittschuhlaufen ein beliebtes Motiv, für den Juni die Schafschur, für den September die Obsternte. Dem Mai waren Picknicks im Freien oder elegante Gartenfeste vorbehalten. Merkwürdigerweise finden sich im Dezember nur selten festliche Bankette im Kerzenschein, zumeist gibt es wildbewegte Schweine-Schlachtfeste, auf denen die Schweine erschlagen, zerteilt und an lodernden Feuern gesotten werden. Gegen Ende des 15. Jahrhunderts und bis weit ins 16. Jahrhundert hinein entstanden bezaubernde Monatsdarstellungen in solchen Brevieren und Stundenbüchern. Berühmte Maler haben sich an ihrer Herstellung beteiligt, so die Brüder von Limburg mit ihren prächtigen »Très riches Heures du Duc de Berry« oder der Brügger Meister Si-

Monatsbilder

2 *»Maskentreiben« aus dem Februar-Bild. Mit dem Tierkreiszeichen »Fische« oben links*

"Mummery" from the February painting. On top to the left "Pisces" from the signs of the zodiaque

Alle hier gezeigten »Monatsbilder« sind in Öl auf Leinwand gemalt, von Holzleisten umrahmt (75 : 100 cm), in die reich stukkierte Decke eingelassen und tragen das Tierkreiszeichen des letzten Monatsdrittels

All "Pictures of the Months" shown here have been painted in oil on canvas, are framed by wooden ledges (75 : 100 cms.), set in the ceiling with rich stuccowork and show the signs of the zodiaque from the last third of the month

Monatsbilder

3 *»Gartenfest in einem Park« aus dem Mai-Bild. Mit dem Tierkreiszeichen »Zwillinge« am linken oberen Bildrand*

"Garden Festival in a Park" from the May painting. On top to the left "Gemini" from the signs of the zodiaque

mon Bening, der in seinen Kalenderbildern das Leben seiner Volksgenossen und die Landschaften seiner Umgebung mit erstaunlicher Klarheit und Anmut geschildert hat. Monatsbilder waren so beliebt, daß wir sie – selten zwar – auch in Gemälden finden. Hier sei an den um 1470 in Landshut geborenen Maler Hans Wertinger erinnert, von dem ein ganzer Zyklus von Monatsbildern erhalten ist. Auch hier sind die ländlichen Beschäftigungen und die herkömmlichen gesellschaftlichen Themen phantasievoll und lebensnah dargestellt. Daß auch im Barock das Monatsbild zur Darstellung reizte, beweisen unsere Abbildungen der Deckenmalereien in dem Benediktinerkloster Benediktbeuern. Hier findet sich im Alten Festsaal die ganze Folge der 12 Monate an der Decke wieder. Dieser Alte Festsaal gehört zu dem südlich an die Klosterkirche 1669 bis 1671 angebauten Konventbau. Im zweiten Geschoß ist der Alte Festsaal gelegen. Er besitzt eine Flachdecke, die nach allen Seiten

abgeschrägt ist. Alle Flächen der Decke sind mit großartigen Malereien bedeckt, die nach einem ganz bestimmten Programm entworfen worden sind, und zwar war dies Programm in einer Dissertation enthalten, die im Jahre 1664 in Dillingen erschienen ist. Im zweiten Teil dieser gelehrten, mit Kupferstichen illustrierten Abhandlung werden die Erscheinungsformen der Welt, Tiere, Pflanzen und Steine in ein System gebracht. Innerhalb dieses Themas versinnbildlichen die Monatsbilder die irdische Zeit des Menschen und schließen sich an die Erscheinungen der Schöpfung sinngemäß an. An den Schrägseiten sind die Bilder mit den Monatsdarstellungen angebracht, abwechselnd mit den Allegorien von den vier Elementen und kleinen allegorischen Rundbildern. Alle diese Monatsbilder sind mit Ölfarbe auf Leinwand gemalt. Das Hauptbild in der Mitte der Decke hat der kurbayerische Hofmaler Caspar Amort (1612–1675) geschaffen. Wahrscheinlich hat er auch die Be-

4 *»Schafschur« aus dem Juni-Bild. Mit dem Tierkreiszeichen »Krebs« am oberen Bildrand*

"Sheep-Shearing" from the June painting. In the upper part "Cancer" from the signs of the zodiaque

NOVEMBER.

gleitbilder auf dem Flachfeld entworfen, die nach seinem Tode wohl von dem Maler Stephan Kessler (1622–1700) vollendet worden sind. Bisher war man sich nicht im klaren darüber, wem die Bilder auf den Schrägfeldern zuzuschreiben sind. Man vermutete, daß Stephan Kessler auch hierbei zu suchen wäre. Denn dieser Maler, der 1644 das Bürgerrecht in Brixen erlangte, hat in Schloß Schenna bei Meran Bildwerke geschaffen, die große Verwandtschaft mit den Deckenmalereien in Benediktbeuern aufweisen. Diese Vermutung hat sich erhärtet, als sich bei Restaurierungsarbeiten im Jahre 1977 auf den Monatsbildern (Februar und März) an einem Hundehalsband das Monogramm SK zeigte, dasselbe Monogramm, das sich auf einem für Kessler gesicherten Ölbild in Wilten/Tirol – ebenfalls auf einem Hundehalsband – findet. Hierdurch ist die Autorschaft für Stephan Kessler geklärt. Fest steht außerdem, daß Stephan Kessler seinen Sohn Michael mit nach Benediktbeuern gebracht hat. Auch dessen Mitarbeit hat sich beweisen lassen, denn auf der Rückseite eines der kleinen Rundbilder neben den Monatsbildern hat man die Inschrift »Michael Kessler, Maller zu Brixen« erkennen können. Stephan Kessler war ein vielbeschäftigter Maler. Er malte für Bozen, Trostberg, Klausen, schuf Gemälde und Wandmalereien für Innsbruck, Kloster Neustift und Brixen, vielfach zusammen mit seinen Söhnen Michael und Stephan d. J. Stephan Kessler steht als Künstler der niederländischen Malerei nahe. Sein Hauptanliegen ist die genremäßige Gestaltung seiner Bilder. Die holländischen Genremaler haben ihn stark beeinflußt. Sicherlich hat auch Rubens ihn beeindruckt. Seine Figuren sind aber beweglicher und weniger bäuerlich. Er stellte sie in Zeittracht dar. Leicht und flüssig gemalt sind seine Landschaftswiedergaben, und von besonderem Reiz sind seine duftig gemalten Stadtansichten, die er mit viel Phantasie immer wieder abzuwandeln verstand.

Mit seinen Monatsbildern hat Kessler eine Folge von Darstellungen geschaffen, in denen er die überlieferten Themen zwar übernimmt, aber sie doch weitgehend im Sinn des Barock umgestaltet. Er richtet sich nach den überlieferten Bildschemata. Auf jedem Monatsbild bringt er eine Art Symbolgestalt, sehr groß im Verhältnis zu dem eigentlichen Bild. Auch der Hinweis auf das Tierkreiszeichen darf nicht fehlen. Wie in einer kleinen Sonne schwebt es am oberen Bildrand. Auf dem Januarbild (Abb. 1) zeigt er einen breiten Fluß, auf dem sich mehrere Schlittschuhläufer tummeln. Vorn eine fast elegante Szene, wo ein Kavalier seiner Schönen den Schlittschuh festschnallt, eine sehr beliebte Darstellung, der einige Jahrzehnte später der Franzose Lancret ein eigenes Gemälde im Stil der Fêtes galantes gewidmet hat. Wir bringen in unseren Abbildungen jeweils einen Ausschnitt, der lediglich die Szenerie ohne die Symbolfigur zeigt, wodurch die Komposition geschlossener und bildhafter wirkt, da sie das Programmatische wegläßt. Wie eine französische Festdarstellung wirkt das elegante Garten-Diner auf dem Monatsbild Mai, zauberhaft das Gartenparterre im Hintergrund – zartes Grün, aufgehellt durch leuchtende rote Farbflecke (Abb.3). Eine wahre Augenweide ist das Februarbild (Abb. 2). Tanzende Masken, schwarz und rot, ein dunkel lastender Himmel, in dem wie ein verschwimmender Mond das Tierkreiszeichen droht – man kann wirklich, wie es Kunsthistoriker schon andeuteten, an die düster gespenstische Art eines Ribera denken. Überraschend dagegen das Dezemberbild (Abb. 6). Man würde meinen, Kessler, der fröhliche Schnitter, tanzende

5 *»Flachsbrechen im Bauernhof« aus dem November-Bild. Mit dem Tierkreiszeichen »Schütze« im oberen Bildrand*

"Flax-Braking at the Farm" from the November painting. In the upper part "Sagittarius" from the signs of the zodiaque

Monatsbilder

6 *»Schlachtfest« aus dem Dezember-Bild. Mit dem Tierkreiszeichen »Steinbock« am oberen Bildrand*

"Slaughter-day Feasting" from the December painting. In the upper part "Capricorn" from the signs of the zodiaque

Masken und feiernde Kavaliere mit schönen Frauen liebte, würde ein weihnachtliches Festmahl in der Art seiner burgundisch-französischen Vorgänger malen. Kein Gedanke – was wir auf seinem Dezemberbild erblicken, ist ein wildes Schlachtfest, dem eine elegante Dame in vorsichtigem Abstand zuschaut. Dicke braune Wolken steigen hoch aus dem Feuer, über dem das zerlegte Schlachtvieh in einem riesigen Tiegel brutzelt. Das Ganze eine Szene, der jede Feierlichkeit fehlt. Eine Szene allerdings hat Kessler ins Liebliche übersetzt, das ist im Juni-Bild die Darstellung der Schafschur, die sich seit Jahrhunderten immer wieder in den Monatsbildern findet. Kessler hat aus dem Motiv ein Idyll mit Hirten und Tieren gemacht, vor einer romantischen Flußlandschaft (Abb. 4). Auf allen Darstellungen fasziniert die harmonische, heitere Farbgebung, die zwanglos erscheinende Komposition, die nicht die Verpflichtung an eine fest programmierte Bildfolge vermuten läßt.

EIN UNBEKANNTES BILDNIS VON SALOMON GESSNER

Noch ehe sie vom Sturm der Französischen Revolution hinweggefegt wurde, ging die Zeit der prachtliebenden absolutistischen Fürsten zu Ende. Der rationale Geist der Aufklärung veränderte das Denken und schuf Raum für eine neue Kunstauffassung. Die klaren, schlichten Formen des Klassizismus verdrängten den schweren Pomp des Barock und den verspielten Formenreichtum des Rokoko. Diese Entwicklung entsprach der Forderung Rousseaus nach dem »Zurück zur Natur« und dem Primat des Privatlebens. Hand in Hand damit ging die Emanzipation des Bürgertums gegenüber dem Adel, der seinerseits Zug um Zug bürgerliche Elemente in seine Lebensformen aufnahm.
Für die Kunst bedeutete diese Entwicklung eine Abkehr von der großen Geste hin zur kleineren Form, von der Allegorie zur Idylle. Dies begünstigte die Verbreitung der Kleinkunst, die in der folgenden Biedermeierzeit nicht selten zum bloßen Kunstgewerbe absank. Ein typisches Produkt dieser Kleinkunst war die Sammeltasse, im Klassizismus häufig noch Juwel der Porzellanmalerei, im Biedermeier meist schlichtes Massenprodukt.

Seite 125 bis 130

Ein unbekanntes Bildnis von Salomon Gessner

Zur Ikonographie einer klassizistischen Bildertasse

Von Hartwig Garnerus

Die Tasse mit dem Bildnis von Salomon Gessner wurde 1976 im Kunsthandel von Neapel erworben. Die Bildniszuweisung stützt sich auf die Inschrift »Gesner« – italienische Schreibweise – über dem Bildnis. Die Identität mit dem Züricher Dichter, Maler und Radierer Salomon Gessner fand sich durch Porträtvergleiche, ergänzt durch die Ikonographie der Goldmalerei in den drei Bildfeldern auf Tasse und Untertasse, bestätigt.

Versucht man, die klassizistische Tasse als einheitlich in Form und Porzellanmalerei, Bildnis und Dekor zu verstehen und zu datieren, die Bildinhalte zu bestimmen und mit dem Porträtierten zu verbinden, so verselbständigen sich Bildnis, Dekor und Tassenform: einer Gruppe von Fragen um das ikonographische Programm der Tasse und um das Bildnis Gessners, dessen Vorlage aus stilistischen Gründen nicht nach 1788, dem Todesjahr Gessners, zu denken ist, steht die Datierung der Tasse nach Form und Dekor gegenüber. Letztere rükken die Herstellung der Tasse und damit die hochrangige Porzellanmalerei in die Zeit zwischen 1807 bis 1810. Als Herstellerin zeichnet die Königliche Porzellanmanufaktur von Neapel mit ihrem gekrönten »N«.

Salomon Gessner (Zürich 1730 bis 1788), in seiner Doppelbegabung als Dichter und Maler Gottfried Keller ähnlich, entstammte einer Buchhändler- und Verlegerfamilie. Zu Lebzeiten bis weit in das 19. Jahrhundert hinein genoß er als Dichter der »Idyllen« (1756), der Pastoralpoesie »Daphnis« (1754), des kleinen Epos »Der Tod Abels« (1758) und einiger anderer Dichtungen internationalen Ruhm. Gessners seit den sechziger Jahren folgende Radierungen und Bilder fanden im Glanz seines Dichterruhms rasch Anerkennung, etliche gingen in Königliche Sammlungen. Zu den Wohlwollenden oder Verehrern zählten Goethe, Mirabeau, Rousseau, Winckelmann, Angelika Kauffmann, Ludwig Richter und Gottfried Keller. Während uns heute der Dichter der Empfindsamkeit fern stehen mag, hat Gessner als Maler, Zeichner und Radierer, auch als Geistesverwandter Böcklins, festeren Kontur gewonnen; nicht als kunstgeschichtliche Größe, sondern eher als liebenswürdiger eigenständiger Kleinmeister, als Schöpfer tief empfundener Naturschilderungen. Ludwig Richter erinnert an den großen Einfluß von Gessners Dichtungen auf seine Naturanschauung: »Sie regten das wahre Gefühl für die Schönheit der Natur mächtig an, und daß diesem wahren Naturgefühl ein antikisierter Zopf angehängt war, störte mich damals (1820) nicht allzusehr.« (»Lebenserinnerungen«).

Gessners Biographen Heinrich Wölfflin, 1889, und mehr noch P. Leemann-van Elck, 1930, modifizieren das Wort vom »antikisierten Zopf« und kritisieren Gessners mythologische Gestalten als unlebendige Landschaftsstaffage: »Die Akte erinnern zu sehr an antike Statuen und Gipsabgüsse« (L.-van Elck). Sicher sind eine gewisse Steifheit und Unbeholfenheit der, wie schon L. Richter schrieb, »leidigen Menschen ... aus dem Gipssaale« Gessners Autodidaktentum zugute zu halten. Andererseits hat der Typus Gessnerischer Gestalten durchaus einem Zeitideal entsprochen, das L. Richter wesensfremd sein mußte.

»Einen Begriff der Idyllenzeit« (C. F. Meyer zu Gessners Radierungen) gibt uns ein Abschnitt aus Gessners Einleitung der »Idyllen«: »Um so viel mehr gefallen uns Szenen, die der Dichter aus der unverdorbenen Natur herholt, weil sie oft mit unseren seligsten Stunden, die wir gelebt, Aehnlichkeit zu haben scheinen ... Oft reiß ich mich aus der Stadt los, und fliehe in einsame Gegenden, dann entreißt die Schönheit der Natur mein Gemüth allem Ekel und allen den widrigen Eindrücken, die mich aus der Stadt verfolgt haben; ganz entzükt, ganz Empfindung über ihre Schönheit, bin ich dann glücklich wie der Hirt im goldenen Weltalter, ...«. – Der »Hirt im goldenen Weltalter« ist im Mythos der griechischen Antike beheimatet. Longus Hirtendichtung von »Daphnis und Chloe«, die Gessner in französischer Über-

1 *Auf der vorhergehenden Seite: Vorderansicht der Tasse mit Bildnis Salomon Gessners. Um 1807/1810. Porzellan. Königliche Porzellanmanufaktur von Neapel. Höhe 9 cm (mit Henkel 12,5 cm). Durchmesser 7 bzw. 10,8 cm. Privatbesitz*

On the preceding page: Front view of the cup with Salomon Gessner's portrait. C. 1807/1810. Porcelain. Royal Porcelain Manufacture of Naples. Height: 9 cms. (with handle 12.5 cms.). ⌀ 7/10.8 cms. Private collection

2 *Ausschnitt aus Abb. 1*
Detail from fig. 1

tragung vorlag, wurde neues Leben gegeben, Schriften Theokrits gaben Anregungen. Die sentimentale Koppelung gegenwärtiger Landschaft mit griechischer Antike, auch damals modische Flucht in eine schwärmerisch verklärte Vergangenheit, ist charakteristisch für Gessners Werke. Als Gessner 1788 starb, galt er in Italien als der »Apollon Musagetes seiner Zeit« (Zanella) wie auch als »die Ehre Deutschlands und der Humanität« (Joh. v. Müller).

Der Gessner zugesprochene Ehrentitel des »Apollon Musagetes«, also des Führers der Musen, sowie der auf ihn angewandte Begriff der Humanitas sind Schlüsselworte für die programmatische Emblematik der drei in Goldmalerei über weißem Grund bemalten Tassen-Bildfelder.

Die Tasse ist auf Grund ihrer reichen und kostbaren Bemalung eine Zier- und Gedächtnistasse. Sie weist keine Gebrauchsspuren auf, sieht man von einer gekitteten Stelle am Henkelansatz ab. Die Maße der Tasse sind mit einer Höhe von 9 cm (mit Henkel 12,5 cm), einem unteren Durchmesser von 7 cm und einem oberen von 10,8 cm, die der Untertasse mit Durchmessern von 9,8 cm bzw. 16,5 cm verhältnismäßig groß. Die Form der Tasse mit ihrer sanften Einkehlung im Bereich des Fußes, dem darüber sitzenden Ring, der dann folgenden allmählichen Ausladung, dazu ein die Tasse um 3,5 cm überragender, in einen Tierkopf mündender Ohrenhenkel, wurde, antiken Vorbildern nachempfunden, um 1804 in Sèvres entwickelt und hat den Namen »Jasmin«.

Die Außenwandung der Tasse sowie die Oberseite der Untertasse ist Pompeji-rot, die Innenwandung der Tasse ist am Lippenrand umlaufend mit goldenen Lanzettblättern und zwischen deren Spitzen mit fünfsternigen Blüten bemalt; der Boden der Tasse ist von einer großen Rose bedeckt. Die übrige Innenwandung ist wie die Untertassen-Unterseite weiß belassen.

Drei trapezförmige Bildfelder schmücken den größten Teil der Außenwandung der Tasse, ein Rundbild, das exakt von der Tasse abgedeckt wird, die Untertasse. Im Zentrum, gegenüber vom Henkel, sitzt das Bildfeld mit dem Bildnis Gessners in goldenem Rahmen, dem sich nach links und rechts zur Henkelzone hin, nur getrennt durch einen ungerahmten Dreifuß, je ein weiteres, etwas kleineres gerahmtes Bildfeld mit Goldmalerei, darüber teilweise bolusfarbene Linienzeichnung, über weißem Grund anschließt. Der Abstand von Bildfeld zu Bildfeld ist jeweils gleich. Die beiden seitlichen Bildfelder werden nach hinten zu vom Henkel sowie von je einem sich nach oben verjüngenden Blattzweig geschieden.

Das fein getüpfelte graugrundige Porträtfeld, in seiner Farbigkeit auf die Farben der Kleidung abgestimmt, hat ohne seinen Rahmen ein unteres Maß von 5,5 cm, ein oberes von 7 cm und eine Höhe von 5,3 cm. Betrachten wir das Brustbild Gessners, so könnte man zunächst denken, der Maler sei in seinem Künstlerhabitus, in der »großen Künstlertradition von Samtrock und Barett« (Gottfried Keller, in: »Der Grüne Heinrich«) dargestellt. Der fleischige Kopf mit seiner kräftigen Nase, den buschigen angegrauten Brauen, geröteten Wangen, leicht gerunzelter hoher Stirn drückt Empfindsamkeit aus, leichte Melancholie. Die hochblickenden Augen scheinen einen Anflug von Sentimentalität mitteilen zu sollen. Gessner ist mit weißem

3

4

5

Salomon Gessner

Hemd und Spitzenschal bekleidet. Darüber trägt er eine taubenblaue Samtjacke und über der rechten Schulter einen braunen Mantel. Der Kopf ist mit einer taubenblauen Samtmütze bedeckt, die am oberen Rand mit einer goldenen, gestickten Bordüre eingefaßt ist. In der Mitte der Mütze fällt eine goldene Quaste nach vorn, die sie nicht als Malerbarett, sondern als Nacht- und Hausmütze charakterisiert. Gessner ist also in seinem Morgengewand mit Morgenmantel dargestellt. Diese Hauskleidung der Philosophen und Literaten hat eine viel kürzere Bildtradition als die von Keller beschriebene, jene Mode des Schreibtisch-Habits trägt Gessner im Bewußtsein der Geistigkeit eines selbstbewußten und erstarkten Bürgertums. In vergleichbarem Habit empfing auch Goethe vormittags Besucher.

Die bekannteren Ölbildnisse Gessners hat Anton Graff (1736 bis 1813) gemalt. Sein Brustbildnis im Kunsthaus Zürich zeigt Gessner als »kahlköpfigen Bonvivant im Schlafrock«, jedoch nur mit Hemd, Schal und Rock bekleidet, 1781 gemalt. Um 1785 bis 1788 dürfte auch die eher gemalte als gestochene Vorlage für das Bildnis auf Porzellan entstanden sein. In den letzten Jahren soll Gessner an Magenbeschwerden und Schwermütigkeit gelitten haben. – Wenn die

3 *Anton Graff (1736–1813). Bildnis des Salomon Gessner. 1781. Öl auf Leinwand. 66 : 51 cm. Zürich, Kunsthaus*

4 *Seitenansicht der Tasse (linkes Bildfeld)*

5 *Seitenansicht der Tasse (rechtes Bildfeld)*

3 *Anton Graff (1736–1813). Portrait of Salomon Gessner. 1781. Oil on canvas. 66 : 51 cms. Kunsthaus, Zürich*

4 *Side-view of the cup (left field of picture)*

5 *Side-view of the cup (right field of picture)*

bis heute nicht auszumachende Vorlage nicht zerstört ist, könnte sie sich noch in Süditalien befinden. Als Schöpfer der Vorlage denkt man aus stilistischen Gründen eher an den Genfer Maler Jean Etienne Liotard (1702 bis 1789), der bis in sein hohes Alter vorzügliche Pastellporträts schuf, oder an einen Maler aus Liotards Umkreis als an die vergleichsweise weniger dichte, unglattere Malweise des Anton Graff. Freilich sind die Umsetzung einer größeren Vorlage in ein auf Porzellan mit Emailfarben gemaltes Miniaturbildnis sowie idealisierende und stilistische Veränderungen des Porzellanmalers zu berücksichtigen.

Das Bildnis wird zu beiden Seiten von einem Dreifuß gerahmt. Aus beiden Dreifüßen züngeln Flammen, um den oberen Teil einer der Füße windet sich je eine Schlange. Die Dreifüße sind von besonders schöner technischer wie künstlerischer Ausführung. Die Malweise ist sehr präzise, der Goldauftrag so kräftig, daß in die kleinen Flächen eine Binnenmalerei, Palmetten und andere Schmuckformen, hineinradiert werden konnte. Dreifuß und Schlange gelten als Symbole Apollons; Dreifüße wurden Apollon, der als Weissagegott in Delphi verehrt wurde, als Weihgeschenk dargebracht, die Schlange soll an die von Apollon getötete Schlange Python erinnern. In dem überwiegenden Bildprogramm der Tasse sehen wir ein auf Apollon ausgerichtetes Programm, verwoben mit Attributen wie Büchern, Palette und Pinsel, die sowohl auf Gessner zu beziehen sind wie auch an die Tradition der pythischen Spiele zu Ehren Apollons (Wettstreit von Malerei und Musik) erinnern mögen. Gessner erfährt gleichsam im übertragenen Sinn eine anspruchsvolle spirituelle Annäherung an Apollon: Gessner als »Apollon Musagetes«, als Führer der Musen. – Erinnern wir uns, wie Apollon uns überliefert ist. Er ist der Sohn des Zeus und der Leto, wie seine Schwester Artemis führt er den Bogen, in der Sage erscheint er als Hirt, und von alters her tritt er als Gott der Musik, später auch als Gott des Gesanges und der Dichtung auf.

Salomon Gessner

6 *Untertasse. Durchmesser 16,5 cm*
Saucer. ⌀ 16.5 cms.

Seine Attribute sind u. a. Dreifuß, Leier und Bogen.

Fein unterscheidet das Bildprogramm die Harfe als eposbezogenes Saiteninstrument im linken Bildfeld und die Leier oder Lyra im rechten Bildfeld sowie im Rundbild als das auf Poesie und Gesang bezogene Instrument. Winckelmann beschrieb Gessners »Idyllen« als »Lieder in ungebundener Schreibart«. »Der Tod Abels« ist eine epische Dichtung. – Die Öllampe im linken Bildfeld mag für geistige Tätigkeit stehen wie auch auf die Vergänglichkeit der Zeit weisen. Palette und Pinsel sprechen für sich, das Blasinstrument, eine Art Trompete (zwischen Kästchen und Palette – wie auch im rechten Bildfeld) kündet den Ruhm Gessners, die Fama. Das Kästchen schließlich, aus dem eine Perlenkette heraushängt, mag, abweichend von der ursprünglichen Bedeutung solcher Kästchen als Aufbewahrungsort für Schriftrollen, für die Wandelbarkeit von Glück und Reichtum stehen (Gessner starb fast ohne Vermögen als Quasi-Bankrotteur einer Porzellanfabrik). Im rechten Bildfeld lehnen und liegen vor einer antiken Amphora vier Bücher, die Trompete des bleibenden Ruhms kreuzt sich bilddiagonal mit einer Spindel, deren Faden in die Öffnung der Amphora hineinhängt. Nach der Überlieferung ist die Spindel eine Anspielung auf die Parzen, die griechischen Schicksalsgöttinnen – hier wohl kontradiktorischer Hinweis auf das Vergehen irdischen Lebens. Über der Lyra hängt ein ursprünglich Apollon gewidmeter Siegeskranz aus Lorbeer; zwischen der Darstellung ist wie auch auf anderen Bildfeldern ein Zweig des gleichfalls Apollon gewidmeten wilden Ölbaums zu sehen.

Stilisierte Lorbeer- und Rosensträucher im Wechsel, die Rosenblüten wiederum nachradiert, zieren den Tellerrand in seiner äußeren Zone, denen sich nach innen zu ein Kranz von Lotosblüten im Wechsel mit Rosetten und am Boden schließlich ein Lorbeerkranz anschließen. Alle Zonen sind jeweils durch ein glattes Goldband getrennt, der Lorbeerkranz umschließt das Rundbild. Dieses zeigt als einziges Attribute, die sich Gessner nicht auf den ersten Blick zuordnen lassen. Neben Lorbeerkranz, Lyra, Büchern, Weinkanne, Trinkhorn (Rhyton) und Thyrsosstab, der kompositorisch wie inhaltlich Trinkhorn und Weinkanne verbindet, dominieren heldische Attribute wie Lanzen, Bogen und Kurzschwert, die zunächst auf Apollon und erst im übertragenen Sinn auf den Dichter als Helden weisen. Zentrum der Komposition ist ein Helm mit Helmzier und einer Siegesgöttin. Das Programm der Untertasse vereint wie im Heldengesang des Homer drei Wesenszüge des Griechentums: das Heldische, das hier im wahrsten Sinne des Wortes auf Büchern steht, das Dionysische (Kanne, Thyrsosstab, Trinkhorn) und das Apollinische, letztere inhaltlich und kompositorisch als Gegensatzpaar dargestellt.

Eine in Form und Dekor vergleichbare Tasse der Neapler Manufaktur ist nicht bekannt. Gleichwohl kann die Tasse Teil eines Service gewesen sein. Gessners Dichterruhm und Neuauflagen seiner Bücher dauerten in Italien bis gegen die Mitte des 19. Jahrhunderts an. Der unbekannte Auftraggeber für die Tasse, die erst 1975 aus Neapolitanischem Besitz in den Handel gelangte, war mit der Würdigung Gessners im Sinne des »Apollon Musagetes« vertraut, hat dies jedenfalls mit der Ikonographie der drei Bildfelder zum Ausdruck gebracht. Die Erinnerungstasse ist nach den Regeln der Gelehrsamkeit geschmückt, sie beinhaltet alle Topoi der Dichterehrung. In einem Nachruf von Hess auf Gessner klingt etwas von dem anakreontischen Geist an, der sich noch dem Betrachter der Tasse, wenn auch im Abstand von fünfzehn oder zwanzig Jahren klassizistisch verfestigt, mitteilt: »Verhallet sind die Saiten seiner Leyer; erschlaffet die Hand, mit der er den allbelebenden Pinsel führte, und uns ein neues Arcadien schuf.«

Literaturangaben und Hinweise:

P. Leemann-van Elck, Salomon Gessner. Dichter, Maler und Radierer. Zürich und Leipzig 1930. – Heinrich Wölfflin, Salomon Gessner. Frauenfeld 1889. – Soweit keine andere Quelle für die Zitate angegeben ist, wurde nach Leemann-van Elck zitiert.

Die königliche Porzellanmanufaktur Neapel wurde 1807 von Joseph Bonaparte an eine französische Firma verkauft. Daher erklärt sich die Übernahme der französischen Tassenform »Jasmin« wie auch der französierende Dekorationsstil. – Diese Arbeit beschränkt sich auf eine monographische Erfassung. Die Einbeziehung vergleichbar programmatisch dekorierter Porzellane hätte den Rahmen dieses Ortes gesprengt. *H. G.*

Anders als die im Judentum wurzelnden monotheistischen Hochreligionen ist der Buddhismus nicht in erster Linie Verehrung einer persönlichen Gottheit, sondern das Streben, durch Selbstvervollkommnung dem ewigen Kreislauf von Tod und Wiedergeburt zu entfliehen. Um dieses Ziel zu erreichen, stehen dem Buddhisten sechs Vervollkommnungspraktiken zu Gebote, nämlich Barmherzigkeit, Beachtung moralischer Regeln, Standhaftigkeit, geistiges Streben, Meditation und Weisheit. Das Endziel ist die Erreichung vollkommener Erleuchtung, die den Menschen zum Buddha macht und seine Erlösung aus dem als Leid empfundenen Lebenskreislauf bewirkt. In Tibet hat sich mit dem Lamaismus eine Sonderform des Buddhismus entwickelt, die aus der Verschmelzung der ursprünglichen Lehre mit einheimischen Glaubenselementen entstand. Die Vorstellung der Wiederverkörperung Buddhas in den hohen Priestern stärkte deren Autorität, so daß es den Lamas schon im Mittelalter gelang, die weltliche Königsherrschaft durch ein geistliches Regiment zu ersetzen. Nach lamaistischer Auffassung erfolgt beim Tod jedes Dalai-Lamas dessen Reinkarnation in einem neugeborenen Kind.

Seite 131 bis 140

1 *Thanka, tibetisch-mongolisches Tempelbild. 19. Jahrhundert. Buddha vor vielfarbiger Gloriole unter dem Bodhi-Baum. Neben ihm seine beiden Lieblingsjünger, Maudgalyayana und Sariputra. Die verehrenden Figuren unterhalb des Buddhas sind links der indische Gott Brahma und rechts Vishnu. Das Bild stammt aus der Mongolei und ist ein gutes Beispiel für die Übernahme indischer Formulierungen im nördlichen Buddhismus*

Thang-ka, Tibetan-Mongolian temple picture. Buddha in front of a multi-coloured halo under the Bodhi tree. Next to him are his two favourite disciples, Maudgalyayana and Sariputra. The worshipping figures beneath the Buddha are the Indian gods Brahma (left) and Vishnu (right). This 19th-century picture comes from Mongolia, and is an excellent example of the adoption of Indian formulations by northern Buddhism

TIBETISCHE KUNST

Von Andreas Lommel

Tibetische religiöse Kunst ist ein Teilaspekt, aber ein ungeheuer interessanter der in ganz Asien verbreiteten buddhistischen Kunst. Diese Kunst blickt natürlich auf eine lange historische Entwicklung zurück.

Der Buddhismus entstand als Religion etwa 500 v. Chr. aus einer Philosophie eines Individuums. Der Buddha wollte keine Religion stiften, sondern aus einem höchst modern anmutenden Gefühl der Frustration einen Weg finden, der es den Menschen ermöglichen würde, aus dem Kreislauf der »ewigen Wiederkehr« auszusteigen. Die Ansicht von der ewigen Wiederkehr ist seit Jahrtausenden fester Bestandteil der indischen Religionen und Philosophien. Der Buddha wies den Weg zum Aussteigen; aber seine Zeitgenossen ertrugen nicht die Klarheit dieser Philosophie und machten ihn zum Gott. Eine ungeheuer vielfältige Religion entstand daraus.

Dabei muß man zwei ganz verschiedene Richtungen unterscheiden. Der ursprüngliche Buddhismus, Hinayana, das kleine Fahrzeug, weist den Weg aus dem Kreislauf durch rechtes Tun und rechtes Reden und Meditation, die zur Erkenntnis führt. In der zweiten, späteren Richtung, dem Mahayana, dem großen Fahrzeug, vermengt sich der Buddhismus mit einer Menge anderer, zum Teil sehr alter Religionen und baut ein neues, kompliziertes System auf. Nicht mehr der Buddha und die Erkenntnis sind das Wesentliche, sondern der Erlöserglaube an den Bodhisattva. Der Bodhisattva ist ein Wesen, das auf dem Weg der Erkenntnis und der Selbsterlösung plötzlich anhält und sich der Erlösung anderer Wesen zuwendet. Dieser spätbuddhistische Erlöserglaube erinnert in vielem an das Christentum, und Einflüsse orientalischen oder sogar byzantinischen Christentums auf das Mahayana sind nicht auszuschließen. Mahayana ist verbreitet in Nepal, Tibet, der Mongolei, in China und Japan. Nur noch Reste dieser Religion sind vorhanden. Von einer eigentlichen buddhistischen, lebendigen Religion kann man im wesentlichen nur in Japan sprechen.

Während Hinayana sehr karg in seiner künstlerischen Ausdruckskraft war, ist die Kunstproduktion des Mahayana um so reichhaltiger. Tibetische und nepalesische buddhistische Kunst werden seit einigen Jahren in

Tibetische Kunst

2 *Tibetisches Thanka. 19. Jahrhundert. Dargestellt ist der Bodhisattva Manjushri. Über ihm der Besieger des Todes, Yamantaka, mit seiner Shakti. Darüber der Reformator der Gelbmützensekte, Tson-kha-pa, sowie zahlreiche Nebenfiguren. Das Bild ist ein typisches tibetisches Bild mit indischen und chinesischen Elementen. Die Blumen zu seiten der Hauptfigur erinnern deutlich an Blumendarstellungen der Sung-Zeit, 960–1278, in China*

Tibetan Thang-ka. The representation shows the Bodhisattva Manjushri. Above him is Yamantaka, the victor over death, with his Shakti. And above them are the reformer of the Yellow Hat sect, Tson-kha-pa, and numerous secondary figures. This picture is a typical Tibetan picture with Indian and Chinese elements. The flowers beside the main figure distinctly recall the flower representations of the Sung period in China (960 to 1278)

Europa und Amerika eifrig gehandelt, und es scheint einen unerschöpflichen Reichtum an künstlerischen Objekten, Bronzestatuetten und Malereien, sogenannten Thankas, zu geben.

Entsprechend der Auffassung des Mahayana vom Bodhisattva ist nicht mehr die Darstellung des Buddha oder eines Buddha, denn es gibt unzählige in dieser Richtung des Buddhismus, das Wesentliche, sondern die von Bodhisattvas, Kirchenvätern und Heiligen, Göttinnen und wilden Darstellungen von dämonischen Primitivgöttern, die in den Buddhismus aufgenommen wurden. Dieser Vorgang der Aufnahme stellt sich in den buddhistischen Legenden des Mahayana in der Weise dar, daß die Missionare des Buddhismus in Tibet etwa dämonische Götter der Vorzeit verträglich verpflichteten, von nun an als Schutzgötter des Buddhismus zu wirken. Diese Schutzgötter sind noch oft als Tiere dargestellt, zumindest mit Tierköpfen. Sie sind Relikte alter Religionen, in Tibet sicher des Schamanismus. Schamanismus ist eine Religion, die auf frühe, steinzeitliche Verhältnisse zurückgeht. In einer Zeit, in der der Mensch sich noch dem Tier unterlegen fühlte, stellte er sich seine Götter in Tiergestalt vor. Eine weitverbreitete Religion, in der Tiergötter angenommen und abgebildet werden, ist der Schamanismus. Der Schamane wirkt, wie bekannt ist, in einem Zustand der Trance auf die Psyche, die Gesundheit und das Jagdglück seiner Mitmenschen ein. Im Zustand der Trance ist es ihm möglich, Hilfsgeister herbeizurufen. Diese Hilfsgeister haben immer Tiergestalt und sind im nördlichen Buddhismus zu Schutz- und Hilfsgeistern des Buddhismus geworden.

Das sind die Aussagen, die über den Schamanismus gemacht werden. Sie müssen in modernen Klartext übersetzt werden. Danach ist es etwa so: Durch die Trance erreichen der Schamane und sein »Patient« einen anderen Bewußtseinszustand. In diesem Zustand wird das klare Bewußtsein weitgehend ausgeschaltet, und die heilenden Kräfte des Unterbewußtseins kommen voll zur Wirkung. Erst in neuester Zeit wird erkannt, welche Bedeutung dem Schamanismus, den man früher als ein albernes Gaukelspiel primitiver Menschen abtun wollte, in medizinischer Hinsicht zukommt.

Die außerordentliche geistige Leistung, die vor allem in Nepal und Tibet vollbracht wurde, besteht darin, den aus Indien eingewanderten Buddhismus mit all diesen Vorstellungen der Vorzeit in Einklang gebracht und zu einem lückenlosen, logischen System vereint zu haben. Dieses System wird in jedem Kunstwerk dargestellt. Auf den Bildern sieht man eine zentrale Gestalt, entweder einen Buddha, einen Bodhisattva oder einen Kirchenvater; über ihm den Bodhisattva oder Buddha, dessen Inkarnation er darstellt, der in ihm sich verkörpert hat; unter ihm dieselbe göttliche Gestalt in wilder Form als dämonisches Wesen. Ganz im Gegensatz zu dem mönchischen Ideal des Hinayana kennt das Mahayana auch zahlreiche Göttinnen. Sie werden immer in deutlicher Umarmung mit ihren Göttern dargestellt. Diese Göttinnen sind Fruchtbarkeitsgöttinnen des indischen Tantrismus, und sie sollen im Verein mit ihren Göttern den geschlechtlichen Dualismus der Welt versinnbildlichen. Zugleich bekommt im Mahayana der Buddhismus eine ungeheure zeitliche Tiefe. Der historische Buddha Sakyamuni ist nur einer von vielen Tausenden, nämlich der Buddha unserer jetzigen Epoche. Vor ihm gab es unendliche Welten und Buddhas, und nach ihm wird es ebenso unendliche Welten und Buddhas geben. Die Buddhas sind wiederum systematisch in Gruppen eingeteilt. Ihnen sind die Bodhisattvas, die werdenden Buddhas, als ihre Vertreter zugeordnet. Schließlich ist im Mahayana der gesamte Kosmos als Urbuddha aufgefaßt.

Der Weg des Menschen, diese Zusammenhänge zu erkennen, führt über die Meditation. Meditation ist mehr als mit dem Allerinnersten, mit der Mitte nachdenken, es ist ein Weg zur Vereinigung mit dem Kosmos. Um den Menschen auf diesem Weg zu helfen, hat der nördliche

3

4

3 *Bronzegruppe. Nepal, 19. Jahrhundert. Der Buddha und Schutzgott Yidam Samvara mit seiner Shakti. Der Gott ist eine Ableitung des indischen Gottes Brahma. Die Bronze stammt aus Nepal und ist später in Tibet vergoldet worden*

4 *Bronzeplastik, feuervergoldet. Tibet, 17. Jahrhundert. Yamantaka, der Besieger des Todes, mit seiner Shakti*

3 *Bronze group. The Buddha and tutelary god Yidam Samvara with his Shakti. This god is a derivation of the Indian god Brahma. The 19th-century bronze comes from Nepal and has later been gilded in Tibet*

4 *Bronze sculpture, fire-gilded. Tibet, 17th century. Yamantaka, the victor over death, with his Shakti*

5 *Darstellung*
eines
mongolisch
Kirchenfür-
sten, und zu
des lCang-
skya Chu-
tuktu Rol-
pai-rdo-rje,
der von 171
bis 1786 leb
Man darf ir
dem hervor-
ragenden B
eine chine-
sische Arbei
vermuten.
Chinesische
Ahnenpor-
träts von de
selben Akku
ratesse und
Feinheit sin
bekannt aus
der Ming-
Zeit, 1368 b
1644, und
später. Die
chinesischer
Kaiser
K'anghsi,
1662–1722
und Ch'ien-
lung, 1736 b
1795, ver-
suchten dur
die Inthroni
sation eigen
tibetisch-
mongolische
Kirchen-
fürsten, so-
genannter
Chutuktus,
Einfluß auf
den nördli-
chen Buddh
mus zu be-
kommen

Representa-
tion of a
Mongolian
high digni-
tary; he is
lCang-skya
Chutuktu
Rol-pai-rdo-
rje who live
from 1717 t
1786

Thanka. Khotan, 18. Jahrhundert. Darstellung des Avalokiteshvara in seiner elfköpfigen, achtarmigen Form. Das Bild nimmt sehr alte Formulierungen wieder auf und stammt wahrscheinlich aus Zentralasien. Die Stifterfiguren unten im Bild erinnern an Stifterfiguren der zentralasiatischen Höhlenmalereien

Thang-ka. Khotan, 18th century. Representation of the Avalokiteshvara in his eleven-headed manifestation with eight arms. This picture revives very old formulations and probably originated in Central Asia. The figures of the founders below in the picture evoke founder figures in Central Asian cave paintings

7 *Darstellung des 2. Pantschen-Lama, 1438–1505, in einer Landschaft, die deutlich chinesische Elemente aufweist. Tibet, um 1800. Pantschen-Lamas gibt es seit dem 16. Jahrhundert. Sie galten als Inkarnation des Buddha Amitabha. Sie residierten im Kloster Tashilhunpo*

Representation of the 2nd Panchen Lama, 1438–1505, in a landscape showing distinct Chinese features. Tibet, c. 1800. Panchen Lamas have existed since the 16th century. They were supposed to be incarnations of the Buddha Amitabha. They resided at Tashilhunpo monastery

Buddhismus sogenannte Mandalas, das sind Meditationsbilder, geschaffen. Diese Bilder bestehen meist aus mehreren geometrischen Formen, Quadraten und Kreisen. In diese Formen eingeschrieben sind die Bilder der entsprechenden Götter, über die der Mensch sich zu meditieren anschickt. Es gibt andere, in denen nur die Attribute der Götter dargestellt sind. In der Mitte der Attribute ist ein leerer Raum, und der Mönch soll so intensiv vor diesen Bildern meditieren, daß ihm schließlich der Gott auf der leeren Fläche erscheint. Auch diese Methoden und Ansichten reichen wieder weit in die Vorgeschichte zurück. Man darf nicht vergessen, daß der frühe Mensch auf seinen Felsbildern seine Jagdtiere malte. Er glaubte, in diesen Bildern die geistige Substanz des Jagdtieres einzufangen und durch Vermehrungszeremonien, Neumalen und Meditation die Fruchtbarkeit dieser Tiere zu fördern und so den Bestand an Jagdtieren zu vermehren.

Nur wenn man sich klarmacht, welch vielfältige und oft gegensätzliche Anschauungen in der Religion des Mahayana und seiner Kunst vereint und in eine hierarchische Ordnung gebracht wurden, kann man die geistige Leistung dieser Religion, vor allem in Tibet, ermessen.

Die künstlerische Leistung ist dementsprechend. Die so einheitlich wirkenden tibetischen Bilder in ihrem strengen Formalismus vereinen ganz verschiedene Elemente: zunächst indische, die Figuren sind nach dem indischen Kanon ausgeführt, die strenge Unterteilung der Bilder geht auf byzantinischen Formalismus zurück. Byzantinische spätantike christliche Kunst hat sich weit nach Asien, vor allem Persien und Mittelasien, verbreitet. In den Landschaften und vor allem in den Pflanzendarstellungen der tibetischen Kunst ist der Einfluß der chinesischen Sung-zeitlichen frühmittelalterlichen (10. bis 13. Jahrhundert) Malereien noch immer deutlich zu spüren.

8 *Darstellung des Schutzgottes (Dharmapala) Mahakala. Vermutlich 17. Jahrhundert. Dunkles Blau auf rotem Grund. Mahakala ist ein vorbuddhistischer Dämon, der zum Buddhismus »bekehrt« wurde und nun als Schutzgott wirkt. Unten im Bild die »acht Schrecklichen«. Auch sie leiten sich von tierköpfig vorgestellten Dämonen her*

Representation of the tutelary god (Dharmapala) Mahakala. Earlier picture, c. 17th century. Dark blue on red ground. Mahakala is a pre-Buddhist demon "converted" to Buddhism and now acting as tutelary god. Below in the picture there are the "Eight Terribles". They, too, are derivations from demons believed to be animal-headed

Tibetische Kunst

9 *Mandala, sogenanntes Meditationsbild. Tibet, 19. Jahrhundert.*

Das Bild soll dem Beschauer die Gottheit Yamantaka, den Besieger des Todes, die schreckliche Form des Bodhisattvas Manjushri, nahebringen

Mandala, so-called meditation picture. Tibet, 19th century. It is meant to get its viewer better acquainted with the deity Yamantaka, the victor over death, the terrible form of the Bodhisattva Manjushri

Sämtliche Abbildungen aus der Dauerausstellung »Buddhistische Kunst« im Staatlichen Museum für Völkerkunde, München

J. M. W. TURNER

Joseph Mallord William Turner wurde 1775 als Sohn eines Friseurs in London geboren. Bereits mit fünfzehn Jahren beteiligte er sich an einer Ausstellung der Royal Academy, obwohl er einer der wenigen Autodidakten unter den Großen der Malerei war. 1802 wurde er zum ordentlichen Mitglied der Royal Academy ernannt, sieben Jahre später erhielt er eine Professur.

Turner gehört zweifellos in die Romantik, weist jedoch durch seine formenverändernden Lichteffekte weit über diese hinaus und wird vielfach bereits als Vorläufer des Impressionismus gesehen. Seine Wirkung auf die europäische Malerei war beträchtlich – gewiß auch begünstigt durch die Tatsache, daß London im 19. Jahrhundert unbestritten die Hauptstadt der Welt war. Kein europäisches Land war in vergleichbarer Weise industrialisiert wie England, nirgendwo sonst wurde soviel verdient und soviel ausgegeben, nirgendwo war man weltoffener als dort.

In seinen letzten Lebensjahren mied Turner das allzu laute, hektische London. Er zog sich auf seinen Landsitz nach Chelsea zurück, wo er 1851 starb.

Seite 141 bis 150

1 »Selbstbildnis«. Um 1798. Öl auf Leinwand. 74,5 : 58,5 cm. London, Tate Gallery

"Self-Portrait". C. 1798. Oil on canvas. 74.5 : 58.5 cms. Tate Gallery, London

J.M.W. TURNER

1775-1851

Von Peter Fischer, London

Als Turner ein Bild nach New York verkauft hatte und sich bei dem Mittelsmann erkundigte, wie es dem Käufer gefalle, bekam er zu hören: »Er findet es undeutlich.« Worauf der Maler entgegnete: »Sie müssen ihm sagen, daß Undeutlichkeit meine Stärke ist.« ("You should tell him that indistinctness is my forte.") Was er meinte, hat sein Kollege John Constable etwas feiner ausgedrückt: »Er scheint mit getöntem Dampf zu malen — so luftig und verschwebend.« In der »Undeutlichkeit« der diffusen, differenzierten Lichteffekte auf Turners Bildern ist die moderne Kunst aus englischem Dunst hervorgegangen.

Das Gemälde »Staffa, Fingals Höhle« (1832), auf das die Anekdote sich bezieht, war das erste Werk von ihm, das nach Amerika ging und eines der wenigen überhaupt, die zu seinen Lebzeiten oder später ins Ausland gelangt sind. Er hat viel für Sammler und Gönner in seinem Heimatlande gearbeitet, 1804 sogar eine eigene Galerie für seine Bilder in London eröffnet, und seinen riesigen Nachlaß hat er der britischen Nation vermacht. So verwahren heute britische Sammlungen, vor allem die Londoner Tate-Galerie und das Britische Museum, Hunderte von Gemälden und über neunzehntausend Zeichnungen, Skizzen und Aquarelle, darunter viele, die noch nie ausgestellt worden sind; aber in anderen Ländern besitzen selbst große Museen wenig oder nichts von ihm, so daß beispielsweise aus Deutschland kein einziges von den rund siebenhundert Werken kam, die für die Londoner Geburtstagsausstellung im Winter 1974/75 ausgewählt worden waren. Reproduktionen aber werden nur schwer seiner Kunst gerecht, die bei aller elementaren Gewalt so sehr in Nuancen liegt, in jener subtilen und sublimen »Undeutlichkeit«. Weil man also sein Werk, so umfangreich es auch ist, allein in England kennen und bewundern lernen kann, ist Turner für viele, die dazu noch keine Gelegenheit hatten, nur ein undeutlicher Name geblieben.

Seine Biographie hat nicht den romantischen Glanz wie die mancher anderer Propheten und Pioniere. Er war kein Wunderknabe, kein Olympier, kein Abenteurer, kein Wüstling, kein Märtyrer, nicht einmal ein Rätsel, auch kein verkanntes Genie, denn er genoß schon zu Lebzeiten hohe Achtung, wenn auch sein Alterswerk manchen früheren Bewunderern »flüchtig« oder sogar »verrückt« erschien. Er war schlicht und einfach ein durch und durch professioneller Maler. Aber er gehört ohne jeden Zweifel in eine Reihe mit Giotto, Leonardo, Caravaggio, Rembrandt, Cézanne, Kandinsky als einer der entscheidenden Meilensteine in der Geschichte der westlichen Malerei.

Er hat der Kunst neue Wege gezeigt, die seine Zeitgenossen gar nicht als solche erkannt, geschweige denn verstanden, und die andere erst lange nach ihm, ja, bis in unsere Zeit hinein entdeckt haben. Viele seiner erstaunlichen späten Gemälde hat er nie öffentlich gezeigt — nicht zu zeigen riskiert. Wenn er sie als »unfinished« bezeichnete, so mag er mit diesem Wort, über dessen Bedeutung sich streiten läßt, vielleicht nur gemeint haben, daß seine Zeitgenossen sie als »unfertig« ablehnen würden; denn er selber muß wohl gewußt haben, daß er hier höhere Vollendung erreicht hatte als bei vielen technisch vollendeten Arbeiten. Sie fanden sich verstaubt in seinem Nachlaß, und manche haben bis zu seinem 200. Geburtstag im Magazindunkel auf ihre Reinigung und Ausstellung gewartet.

Heute sind sie verständlich. Turner ist an Größe und auch an Breite in dem Maße gewachsen, in dem er als Vorläufer des Impressionismus, des Expressionismus und etlicher noch neuerer Richtungen erkannt worden ist. Er war seiner Zeit zu weit voraus, um direkten Einfluß auszuüben. So kann man ihn nur den Propheten, nicht den Vater der modernen Kunst nennen.

Dabei wandte er selbst sich keineswegs von der Tradition ab wie spätere Neuerer, die bewußt originelle Formeln und Formen gesucht haben und suchen. Der Sohn eines Londoner Barbiers war kein intellektueller Theoretiker, sondern ein inspirierter Empiriker. Zwar hat er an der Londoner Royal Academy, aus deren Schule er hervorgegangen war, viele Jahre lang das Amt des Professors der Perspektive innegehabt; aber seine seltenen Lehrvorträge sollen kaum verständlich hingemurmelt gewesen sein. Die Bemerkung, daß Undeutlichkeit seine Stärke sei, ist tatsächlich eine seiner besten Selbstdefinitionen. Die Arbeitsweise des Augenmenschen charakterisiert aber auch sein Satz: »Jeder Blick ist ein Blick zum Studium.« Zum Studium sowohl der Realität wie der Tradition.

Die Realität hatte er als Akademiestudent sehr präzis zeichnen gelernt, vor allem an topographischen Motiven, und welchen Wert er weiterhin auf unermüdliche Erkundung der Fakten legte, zeigen seine sorgfältig numerierten Skizzenbücher, die er in jeder Lebenslage zur Hand hatte und dann als Vorlagen heranzog, aber auch einige Anekdoten: Nach der Seeschlacht von Trafalgar fragte er heimkehrende Veteranen aus, ehe er das Bild mit dem tödlich verwundeten Admiral Nelson auf

2 *»Leichter hieven bei Nacht Kohle ein«. 1835. Öl auf Leinwand. 92 : 122,5 cm. Washington, National Gallery of Art (Widener Collection)*

"Keelmen Heaving in Coals by Night". 1835. Oil on canvas. 92 : 122.5 cms. National Gallery of Art (Widener Collection), Washington

dem Deck seines Flaggschiffes malte. Um einen Sturm auf dem Meer zu erleben, ließ er sich am Schiffsmast festbinden. Als das Zeitalter der Technik herandampfte, hielt er, schon ein alter Mann, den Kopf lange aus dem Eisenbahnfenster, und diese reale Empfindung vibriert in der flirrenden, tosenden Farbpoesie des Gemäldes »Regen, Dampf und Geschwindigkeit: Die Great Western Railway« (1844), obwohl das längst seiner »undeutlichen« Periode angehört.

Die Tradition aber stand bei ihm immer dahinter und daneben als Muster. Vorbilder, denen er nacheiferte, waren die Landschafts- und Seemalerei der englischen, der niederländischen und der italienischen sowie italianisierenden Schule: Poussin, Claude Lorrain, Salvator Rosa, Philip de Loutherbourg, Aelbert Cuyp, Jan van Goyen, Richard Wilson, Alexander und John Robert Cozens und andere. Viele der älteren Meister hatte er 1802 auf der ersten seiner Europareisen ausgiebig studieren und kopieren können, die den 27jährigen zunächst zu den romantischen Schroffen und Schluchten der Schweiz (Abb. 6) führte, dann aber nach Paris, wo damals gerade Napoleons Kunstbeute sich im Louvre stapelte. Er hat diese Vorbilder durchaus übernommen, ihre Motive, Inhalte, Stile. Gewiß herrschen neben Landschaften die See- und Hafenbilder bei dem Insulaner vor, der dicht an der Themse geboren und aufgewachsen war und der das majestätische Mysterium des Meeres aus genauer Beobachtung der See und des Seemannshandwerks deuten konnte (Abb. 2 und 5); aber die Skala der herkömmlichen Bildkategorien, in denen er sich betätigt hat, umfaßt auch grandiose moralistisch-mythologische Szenen aus der Antike und der Bibel, zeitgenössische Historienthemen wie Napoleon, Nelson oder den Sklavenhandel, gegen den eines seiner großartigsten Gemälde protestiert (Abb. 5), romantische Ruinen des Altertums und des Mittelalters, einige Intérieurs, auch Menschen, aber selten im Vordergrund, denn sie waren nicht seine Stärke. All das hat er versucht und verarbeitet.

Er wollte die Tradition nicht überwinden; er wollte sie übertreffen — genauso wie er lebende Kollegen übertrumpfte, wenn er am Vernissage-Tag der Akademie, angetan mit Gehrock und

J.M.W. Turner

3 *»Der Niedergang des karthagischen Reiches — Rom, zur Niederwerfung der verhaßten Rivalin entschlossen, stellte ihr Bedingungen, die sie zum Kriege zwingen oder sie durch Befolgung zugrunde richten sollten; die geschwächten Karthager stimmten in ihrer Sehnsucht nach Frieden zu, ihre Waffen und ihre Kinder zu übergeben«. 1817. Öl auf Leinwand. 170 : 239 cm. London, Tate Gallery*

"The Decline of the Carthaginian Empire — Rome being determined on the Overthrow of her Hated Rival, demanded from her such Terms as might force her into War, or ruin her by Compliance: the enervated Carthaginians, in their Anxiety for Peace, consented to give up their Arms and their Children". 1817. Oil on canvas. 170 : 239 cms. Tate Gallery, London

4 *»Der Übergang über den St. Gotthard«. 1804 (nach einer Skizze von 1802). Aquarell mit Ausschabung. 98,5 : 68,5 cm. Kendal, Abbott Hall Art Gallery*

"The Passage of Mount St Gothard". 1804 (after a sketch done in 1802). Watercolour with scraping-out. 98.5 : 68.5 cms. Abbott Hall Art Gallery, Kendal

3

4

Zylinder, ein nur grob angelegtes Bild eifrig mit Pinseln und Spachteln bearbeitete, vielleicht mit einer zum Schluß eingesetzten leuchtenden Boje den Arbeiten der Nachbarn die Schau stahl und dann wortlos davonstapfte. »Da — das ist meisterlich«, sagte der Maler Maclise, »er hält sich nicht damit auf, sich sein Werk anzusehen, er weiß, daß es fertig ist und geht los.« Mit ähnlichem Aplomb behandelte er auch erlauchte Vorgänger — so mit der ehrgeizigen Forderung an die Nachwelt, sein Historiengemälde vom »Aufstieg des karthagischen Reiches« (1815 — das Pendant zu Abb. 3), das er besonders schätzte, für immer neben ein ganz ähnliches Hafenbild des großen Claude zu hängen mit der unüberhörbaren Frage: »Nun, könnt ihr leugnen, daß ich besser bin?« Wer in der Londoner Nationalgalerie vor den beiden Bildern steht, kann Turners Überlegenheit nicht leugnen.

Er selber mag die größten Vorzüge in technischen Aspekten der Komposition und Ausführung gesehen haben, denn damals setzte er die Details noch deutlich hin, und wahrscheinlich auch in der Behandlung des Wassers, denn da konnte natürlich der Lothringer dem Engländer, der im Wasser wie kein anderer Maler fast ein lebendiges Wesen gesehen und gezeigt hat, das Wasser nicht reichen. Hierin aber berührt sich die Technik des Talents schon mit der Inspiration des Genies. Turners eigentliche Größe liegt in der Dramatik, mit der er auch äußerlich ruhende Szenen in Bewegung bringt, und vor allem in dem Licht, mit dem er die beobachtete Szene zum kosmischen Drama erhebt.

Die Spannung des Lichtes, das später zur »Undeutlichkeit« ver-

5 *»Sklavenschiff wirft die Toten und Sterbenden über Bord — Wirbelsturm kommt auf«. 1840. Öl auf Leinwand. 91 : 122 cm. Boston, Museum of Fine Arts*

"Slavers throwing overboard the Dead and Dying — Typhoon coming on". 1840. Oil on canvas. 91 : 122 cms. Museum of Fine Arts, Boston

J.M.W. Turner

6 *»Sonnenuntergang über Wasser«. Um 1846 bis 1851. Aquarell. 26,8 : 18,5 cm. Sammlung Sir Edmund Bacon, Bart.*

"Sunset over Water". C. 1846–1851. Watercolour. 26.8 : 18.5 cms. Collection Sir Edmund Bacon, Bart.

schwimmen und verschweben sollte, wetterleuchtete schon in den Wolken auf Blättern seiner Studentenjahre. Er hatte sie von Kindheit an in dem durchsichtigen Dunst der englischen Inselluft gesehen, die mit ihrem unmerklichen Feuchtigkeitsgehalt selbst bei wolkenlosem Himmel über trockenem Land wohl nirgends ihresgleichen hat. Sie bildet einen unsichtbaren Schleier, der die Farben analysiert, die Formen variiert, Entfernungen akzentuiert, das Motiv sublimiert. Mit dieser Luft vor Augen ging Turner von präziser Wiedergabe der Realität über zu Impressionen der Realität. Nicht zufällig ist der Impressionismus der Franzosen, die lange nach ihm ähnliche Eindrücke festhielten, an der Kanalküste entstanden, England gegenüber. Noch weniger ist es ein Zufall, daß es ein Engländer war, der als erster die Form in Farben aufgelöst hat.

Was diesen Romantiker von einer im Wesen außereuropäischen Insel zu einem wahrhaft europäischen Maler gemacht hat, ist das Erlebnis des südlichen Sonnenlichtes und seine Verbindung mit dem nördlichen Dunst. Gibt es in der Natur über italienischen Buchten so verschleiertes Licht oder so diffuse Helle um englische Burgen wie auf Turners Bildern? Vielleicht; aber dann nur selten. Turner hat – wenn das nicht zu gewaltsam modern klingt – ein paneuropäisches Licht geschaffen.

Er hat zwar gesagt: »Meine Sache ist, zu zeichnen, was ich sehe, nicht das, wovon ich weiß, daß es da ist.« Aber Turner, vor allem der reife Turner, malte nicht nur, was er sah, er malte mehr. Er erhob das Motiv zum Exempel des Dramas der Elemente: Erde, Wasser, Luft, Feuer.

Caspar David Friedrich, sein romantischer Zeitgenosse, hat das Motiv genauer gemalt als er, aber er hat es, wie tausend andere vor und nach ihm, nach seinen symbolischen Absichten geordnet und gemodelt. Turner, der wahre Naturromantiker, hat das Motiv transzendiert. Aus der dunstigen Landschaft der Romantik klomm er empor zur lichtumflossenen Höhe eines schmalen Grates zwischen Motiv und Abstraktion. Beim Entwurf eines Bildes hat er oft die Formen nicht mehr in Linien skizziert, sondern in Farbflächen. Seine »colour beginnings« (Farbskizzen) zeigen, wie er in Farben dachte. An einem expressionistisch glühenden Wirbelgebilde von 1843, das Kandinskys Kompositionen aus der Zeit um 1913 nahekommt, ist auch der Titel interessant: »Licht und Farbe (Goethes Farbenlehre) – Morgen nach der Sintflut – Moses schreibt das Buch Genesis«.

Aber er hat die Farbe nicht verabsolutiert. Auch seine späten Bilder lassen durchaus die Berge oder Bauten erkennen, die der Titel nennt, und sich doch ebensogut als abstrakte Kompositionen in delikaten Tönen sehen, die, weit über den Impressionismus hinaus, die monochrome Malerei und die Minimal Art unserer Tage vorweggenommen haben. Sein möglicherweise letztes Aquarell, so abstrakt es scheint, zeigt doch einen »Sonnenuntergang über Wasser« (Abb. 6). Wie der sterbende Goethe »Mehr Licht« wünschte, so soll Turner, als ihm die Sonne für immer unterging, gesagt haben: »Die Sonne ist Gott.«

JOHN MARTIN

Als Sohn eines kinderreichen Gelegenheitsarbeiters wurde John Martin 1789 in Haydon Bridge, einem kleinen Ort in Northhumberland geboren. Seine Jugend war hart, eine malerische Ausbildung hat er nie genossen. Ein italienischer Zeichenlehrer vermittelte ihm Grundkenntnisse, und bei ihm lernte er auch den Stil der Romantik kennen, den er in der Folge bis an den Rand der Karikatur perfektionierte. Doch seine bombastischen Landschaften und dramatischen Darstellungen apokalyptischen göttlichen Zornes trafen den Geschmack des Publikums, wenngleich sie schon von den Zeitgenossen oft als überspannt empfunden wurden. Immerhin war »Mad Martin« damit wirtschaftlich gar nicht so erfolglos. Mit dem Ende der Romantik geriet Martin, der zu seinen Glanzzeiten in einem Atemzug mit Turner genannt wurde, in Vergessenheit – jedenfalls in Europa. In den USA hat man seine Bilder weiter geschätzt, und sie wurden zu Vorbildern für so manche Hollywood-Produktion.

Seite 151 bis 160

JOHN MARTIN

Monumente und Menetekel des Malers und Moralisten

Von Peter Fischer, London

John Martins Name war zu seinen Lebzeiten (1789–1854) nicht nur in England ein Synonym für supergrandiose Natur- und Kulturszenerien aus Bibel und Antike im dramatischen Augenblick der apokalyptischen Katastrophe, wenn Feuersbrünste emporlodern, Wasserfluten aufschäumen, die Erde bebt, der Himmel einstürzt und im Getose sämtlicher Elemente stolze Städte und Staaten untergehen oder die ganze Welt. Gewaltiger geht's nicht – es sei denn im Breitwandfilm mit elektronisch verstärktem Orchester-Fortissimo von Richard Wagner.

Kein Wunder, daß solche mächtigen und makabren Bilder die Zeitgenossen fasziniert und John Martin wahrscheinlich breiteren Ruf verschafft haben als seinem großen Landsmann Turner. So hat Bulwer-Lytton, als Autor der »Letzten Tage von Pompeji« ihm geistig verwandt, ihn »das größte, das erhabenste, das dauerhafteste, das originellste Genie seines Zeitalters« genannt. Disraeli, der spätere Premierminister, schrieb aus Jerusalem, nur ein Bild von Martin könne eine Vorstellung von der Stadt geben. Der französische Historiker Michelet sah in ihm »den Ausdruck Englands«. Der Amerikaner Emerson fühlte sich beim Anblick von London an Martins Bilder von Babylon erinnert. Andererseits urteilte Théophile Gautier in Paris: »Als Maler ist er ein Nichts«, und der englische Kritiker und Turner-Vorkämpfer John Ruskin meinte: »Martins Arbeiten sind lediglich ein gemeines Produkt, ebenso auf Bestellung machbar wie ein Teetablett oder ein Kohleneimer.«

1 *»Belsazars Fest«. 1826. Stich (nach dem Gemälde von 1820). 47 : 72 cm. London, British Museum*

"Belshazzar's Feast". 1826. Engraving (after the painting of 1820). 47 : 72 cms. British Museum, London

2 *Nächste Doppelseite: »Die Vernichtung von Sodom und Gomorrha«. 1852 Öl auf Leinwand. 133 : 210 cm. Newcastle, Laing Art Gallery*

Following two pages: "The Destruction of Sodom and Gomorrha". 1852. Oil on canvas. 133 : 210 cms. Laing Art Gallery, Newcastle

Man sprach von »Mad Martin« — aber »verrückt« hat man ja auch den späten Turner genannt, als er die akademischen Begriffe der Malerei seiner Zeit hinter sich gelassen hatte.
Das hat John Martin freilich nicht getan; er war kein Neuerer der Kunst; er war kein Turner. Wenn es die härteste Kritik an ihm ist, daß er den Vergleich mit dem Vollender und Überwinder der Romantik nicht aushält, so ist es doch auch das höchste Kompliment für ihn, daß dieser Vergleich sich aufdrängt. Beide haben außer friedlichen Landschaften visionäre Bilder mit sturmgepeitschten Wolken und zuckenden Blitzen über schroffen Felsgebirgen und brodelnden Gewässern gemalt. Beide haben dabei den Menschen als machtlosen Spielball der kosmischen Kräfte gezeigt, und beide sind mit der Darstellung der menschlichen Figur nie recht fertiggeworden. Im Gegensatz zu dem subtilen und souveränen Turner aber waren Martins Farben mitunter kraß und sein Bildaufbau nicht immer ganz sicher. Seine Kühnheit überstieg seine Kunst.
Er hatte keine straffe Malausbildung durchgemacht. Als Sohn eines kinderreichen Gelegenheitsarbeiters war er in dem kleinen Haydon Bridge in Northumberland geboren, dicht bei Hadrians Grenzwall des Römischen Reiches — melancholischen Ruinen imperialer Macht, die in den stürzenden Mauern und Palästen seiner Gedanken- und Bilderwelt fortgewirkt zu haben scheinen. Ein italienischer Fecht- und Zeichenlehrer in Newcastle unterrichtete ihn, bei ihm sah er Stiche der protoromantischen Landschaften von Claude Lorrain und Salvator Rosa, durch ihn bekam er später in London eine Stelle in einer Glasmalerwerkstatt. Bei dieser bescheidenen Vorbildung fand er niemals Platz im Establishment der Royal Academy, blieb immer mehr oder weniger Außenseiter des Kunstbetriebs. Aber dafür fand er den Weg zum Publikum durch eifrige Arbeit, geschickte Vertriebsmittel und seine unbändige Phantasie, getragen von den moralischen Ideen eines Weltverbesserers.
In der Metropole des aufsteigenden britischen Weltreiches wählte Martin als seine charakteristischen Motive Monumente der Macht, deren Zerschmetterung durch einen zornigen Gott zum Menetekel für menschliche Hybris wird. Die Menetekel-Flammenschrift erschreckt den üppigen Königshofstaat auf dem Gemälde, das ihn 1821 berühmt gemacht hat: »Belsazars Fest« vor der strahlend erleuchteten Kulisse kolossaler Kolonnaden, die sich unendlich in den Hintergrund ziehen, überragt von babylonischen Turmbauten zwischen feurig drohenden Nachtwolken. Die Anlage erinnert an ein Bühnenbild von Schinkel zu der Berliner »Zauberflöte« von 1816, und da Martin England nie verlassen hat, vermutet William Feaver in seiner umfassenden kritischen Biographie (The Art of John Martin, Clarendon Press, Oxford 1975), vielleicht habe er davon durch seinen Freund Leopold von Sachsen-Coburg erfahren (der ihn später als König der Belgier mit dem Leopoldsorden beglückt hat).
Andere Katastrophenszenen folgten: Ninive, Sodom und Gomorrha, Pompeji, zwischendurch auch zeitgenössische wie ein Brand in Edinburgh und eine Überschwemmung in Petersburg, dann noch elementarer und totaler die Sintflut und das Weltende auf einem seiner letzten und gewaltigsten Gemälde.
Martin macht mit dem Pinsel großes Theater, ballt eine Szene in einem sorgfältig gewählten Augenblick zusammen, verstärkt den dramatischen Effekt durch Kontraste und Distanzen in dem Schema seines Bildaufbaus. Dabei hat er die Größenverhältnisse zwischen den Bildelementen im Vorder- und Hintergrund mathematisch berechnet, um seinen Phantasien Plausibilität zu leihen.
Phantasie mußte ja die spärlichen alten Berichte über die Form der Türme und Tempel von Babylon und anderen berühmten Orten ergänzen, deren Lage Martin nie gesehen hatte und deren archäologische Wirklichkeit damals noch nicht freigeschaufelt war. Aber erwacht war schon das archäologische Interesse des Publikums, und Martin, der etwas vom Schausteller an sich hatte, kam ihm mit seinen spekulativen Rekonstruktionen entgegen und mitunter sogar der Wahrheit recht nahe — nur daß er sie massiver, monumentaler, spektakulärer ausmalte.
Da er bei der langwierigen Vorbereitung und Ausführung solcher Riesengemälde allein von ihrem Verkauf nicht hätte leben können, stellte er sie wie Kuriosa aus, verkaufte gedruckte Erläuterungen dazu, vor allem aber auch Graphiken dieser und ähnlich apokalyptischer Motive, oft in veränderten und verbesserten Versionen. Dazu bearbeitete er die Kupferplatte in der Mezzotinto- oder Schabtechnik, die subtile Tondifferenzierung erlaubt. Diese schwarzweißen Blätter sind daher oft seinen Gemälden mit ihrer etwas vulgären Farbgebung überlegen. Sie wurden von anderen nachgeahmt, aber zumeist in der üblicheren Stichtechnik mit schärferen Linien, doch gröberen Tonwerten.
Der Prophet des Untergangs monumentaler Phantasiestädte betätigte sich aber jahrelang auch als Prophet, Planer und Propagandist des Aufbaus eines monumentalen London, das in seiner Vorstellung die gleichen grandiosen Formen annahm wie die vom göttlichen Strafgericht vernichteten Städte Babylon und Ninive — so paradox das scheint. Aber seine Absichten dabei waren höchst praktisch, progressiv, humanitär. Schon um 1830 setzte sich dieser romantische Künstler mit systematischen Projekten und Kampagnen für die — noch heute sehr aktuelle — Reinigung der Themse ein, für die Versorgung der Hauptstadt mit frischem Wasser, für Kanalisierung und Verwendung der Abwässer als Düngemittel, für eine Londoner Stadtbahn und sogar eine Untergrundbahnstrecke, vor allem aber für eine durchgehende Themse-Uferpromenade mit imposanten Bauten. Die Behörden dankten höflich und dachten gar nicht daran, »Mad Martin« zu folgen oder seine Vorschläge zu prüfen.
Aber es gibt doch heute das imposante Victoria Embankment? Gewiß — aber es ist erst später Wirklichkeit geworden und in anderer Form, wie die meisten seiner Pläne. Als Stadtplaner war

John Martin

3 *»Der Barde« (Ausschnitt). 1817. Öl auf Leinwand. Gesamtgröße 213 : 155 cm. Newcastle, Laing Art Gallery*

"The Bard" (detail). 1817. Oil on canvas. Total size 213 : 155 cms. Laing Art Gallery, Newcastle

4 *Nächste Doppelseite:* *»Der große Tag seines Zornes«. 1852. Öl auf Leinwand. 198 : 307 cm. London, Tate Gallery*

Following two pages: *"The Great Day of His Wrath". 1852. Oil on canvas. 198 : 307 cms. Tate Gallery, London*

John Martin

5 »*Die Krönung Königin Viktorias*«.
1839. Öl auf Leinwand.
238 : 125 cm. London, Tate Gallery

"The Coronation of Queen Victoria".
1839. Oil on canvas. 238 : 125 cms.
Tate Gallery, London

Martin seiner Zeit zu weit voraus, darin nun doch ähnlich wie sein Landsmann und Zeitgenosse Turner (1775–1851).
Noch viel später sind Martins Bilder versunkener Städte ebenfalls Wirklichkeit geworden – als Kulissen der Kolossalfilme von D.W. Griffith und Cecil B. De Mille, deren Vorläufer und Vorbild er gewesen ist. In Amerika waren einige seiner Gemälde noch lange nach seinem Tode als Wander- und Wunderwerke herumgereist. Dann aber verlor das große Publikum ihn für hundert Jahre aus den Augen. Bis 1972 war in britischen Staatsgalerien kein bedeutendes Gemälde von ihm ständig zu sehen, wie William Feaver bemerkt, der selber jedoch an mehreren Sonderausstellungen von Martins Werken in den letzten Jahren mitgearbeitet hat. John Martin erregt langsam wieder das Interesse, das er verdient – nicht nur als romantisches Kuriosum, nicht nur als Turners Zeitgenosse, sondern auch als ein malender Moralist, dessen Visionen einer Weltkatastrophe auch Warnungen für die Gegenwart enthalten.

Man schrieb das Jahr 1815. Die Schlacht von Waterloo war geschlagen, Napoleon, der Tyrann, der sich fast ganz Europa unterworfen hatte, nach St. Helena verbannt. Die Völker Europas waren selbstbewußt und freiheitsdurstig – und alle blickten auf Wien, wo die Großen der Welt dabei waren, eine neue europäische Ordnung auszuhandeln. Doch der Wiener Kongreß endete mit einer Enttäuschung: die Restauration, der Polizeistaat Metternichs war nicht die Zukunft, für die man jahrelang gekämpft und geblutet hatte.
Andererseits war aber doch nicht alles beim Alten geblieben. Die gesellschaftliche Emanzipation des Bürgertums ließ sich nicht rückgängig machen, die Zeiten des Absolutismus nicht zurückbeschwören. Im Gegenteil: die Monarchien und der Adel »verbürgerlichten«.
Einstweilen waren die freiheitlichen Ideale des Bürgertums, die Forderung nach nationaler Einheit, nach einer Verfassung, nicht durchsetzbar. Die Folge war ein bewußter Rückzug ins Private. Bürgerlicher Gewerbefleiß und die Kultivierung des häuslichen Glücks waren die neuen Werte. Es begann die Zeit des Biedermeier.
Das neue Lebensgefühl äußerte sich auch in der Kunst. Die stille Landschaft, das anrührende Genre, das erzählende Historiengemälde bestimmten die Malerei des 19. Jahrhunderts. Die neuen bürgerlichen Auftraggeber wünschten die heile Welt, die sie sich privat zu schaffen suchten, auch in der Kunst, und die Künstler richteten sich danach.

Seite 161 bis 166

1 *Hans Thoma (1839–1924). »Großmutter erzählt Märchen«. 1877. Öl auf Holz. 52:62,5 cm*

Hans Thoma (1839–1924). "Grandmother telling Fairy-tales". 1877. Oil on panel. 52:62.5 cms.

»Bilder aus einer heilen Welt«

Von Anni Wagner

Es gibt Bilder, die wegen der Farbe, dem Licht, der Komposition gemalt sind. Andere stellen Bestimmtes dar, eine Person, einen Raum, eine Stadt. Wieder andere wollen erzählen, vom täglichen Leben, von den Menschen, von historischen Begebenheiten, aus alten Sagen und Märchen und von dergleichen mehr. Die moderne Malerei kennt nur wenige erzählende Bilder, und wenn sie erzählt, sind es meist aufrührerische, gespenstische, ja grausige Inhalte, die abschrecken, aufrütteln und erschüttern sollen. Dagegen hat das 19. Jahrhundert eine wahre Überschwemmung an behaglichen Schilderungen und gemütvollen Darstellungen zwar an sich belangloser, aber dafür ans Herz rührender Begebenheiten hervorgebracht. Vielleicht ist es die Naivität, die ungetrübte Freude an beschaulichen und erfreulichen Dingen, die aus diesen Bildern spricht, was diese plötzlich aus dem Dämmer halber Vergessenheit heraushebt und sie dem Menschen unserer Tage mit einem Mal wieder liebens- und betrachtenswert erscheinen läßt. Sie sind schließlich und endlich Produkte einer Zeit, die man bis vor kurzem als verlogen, prüde, sentimental und kitschig empfand, an der man jetzt doch auch einige weniger abschreckende, wenn nicht sogar gute Seiten entdecken möchte. Es ist wie eine Art Nostalgie bezüglich jener Tage, die sich gegenüber den

kleinen Freuden des Lebens unbefangener zeigten und in naiver Gläubigkeit an Idealen festhielten, die dem 20. Jahrhundert abhanden gekommen sind. Nicht nur die Malerei ist von solchem Idealismus erfüllt, von der Überzeugung, daß zum Schluß doch immer das Gute siegt und das Böse elend unterliegt. Ein Blick auf die zeitgenössische Literatur beschwört das Bild des edlen, der Moral und allem Höheren verpflichteten Dichters, so zum Beispiel Tennyson (1809–1892), der in seinem »Enoch Arden« den auf persönliches Glück verzichtenden Titelhelden vorführt, oder des Schriftstellers Dickens (1812–1870), in dessen berühmten Romanen schließlich doch »alles gut und glücklich abläuft«, wenn er auch leidenschaftlich gegen Mißstände im Schulwesen, in der Armenpflege, Kinderarbeit oder im Gefängniswesen wettert, aber doch alles zum guten Ende zu führen weiß. Dasselbe gilt für Romane englischer Schriftstellerinnen, der Jane Austen oder Charlotte Brontë (1816 bis 1855), die eisern festhalten an dem, was sie als ihre Pflicht erkannt haben. Ihre armen Aschenbrödel finden zum Schluß ein glückliches Leben und alle Bösewichte ihre Strafe, genauso, wie es sich nun einmal gehört. Und so ist es auch bezeichnend, wenn des Dichters Joseph von Eichendorff romantische Geschichte »Aus dem Leben eines Taugenichts« mit den Worten endet: » – und es war alles, alles gut!« Selbst in der späteren Literatur des 19. Jahrhunderts, als bereits scharfe Kritik am Bestehenden laut wird, nimmt es mit dem, der sich außerhalb der Gesellschaft stellt, ein böses Ende, so muß Flauberts Madame Bovary eines schrecklichen Todes sterben und damit ihren Fehler büßen.
Ähnlich verhält es sich in der Malerei, wenig-

2 *Wilhelm von Kobell (1766–1855). »Schondorf am Ammersee«. 1815. Öl auf Leinwand. 49:52 cm*

Wilhelm von Kobell (1766–1855). "Schondorf on Lake Ammersee". 1815. Oil on canvas. 49:52 cms.

stens soweit es die Genremalerei betrifft. Sie gibt uns heute einen — halb beglückenden, halb bestürzenden — Einblick in eine Welt, die wir im Grunde unverständlich finden, die uns aber auf irgendeine Weise das schmerzliche Gefühl von einer Art von verlorenem Paradies einflößt. Nur ein paar Beispiele seien hier vorgewiesen, Bilder von bekannten Malern, an deren Werken sich neuerdings das Interesse entzündet hat. Da gibt es eine Reihe genrehafter Gemälde, auf denen der süddeutsche Maler Hans Thoma (1839—1924) Leben und Glück eines kleinen Jungen an der Seite seiner Großmutter schilderte. Der Kleine bekommt von ihr Unterweisung in Religion, er lauscht ihr hingerissen, wenn er beim Herdfeuer vor ihr sitzt und sie ihm Märchen erzählt (Abb. 1). Gerade dieses letztere Bild übt eine starke Faszination aus, weil es so unmittelbar aus dem Leben geschöpft scheint. Dabei kommt es uns Heutigen so unwirklich vor, daß es so etwas einmal tatsächlich gegeben hat: ein loderndes Feuer, über dem ein Wasserkessel kocht, und weißer Wasserdampf zieht darüber seine sanften Schwaden. Davor die Großmutter, die ernst und von ihrer eigenen Erzählung gefangen mit den Händen ihre Schilderung wirkungsvoll unterstreicht, vor ihr der Junge — wohl der Maler selbst —, völlig im Bann des Gehörten. Wer wünschte nicht heimlich solches Erleben für sich oder für die eigenen Kinder — wie eindrucksvoll werden Zwerge, Elfen und Hexen vor dem Hintergrund flackernder Feuerzungen, knisternder Holzscheite und dem dunklen Dämmer einer alten Bauernstube! Diese Gemälde aus dem bäuerlichen Leben gehören zu Thomas besten Werken, sie zeigen sein festes Verwachsensein mit der Heimat und seiner Familie, ganz im Gegensatz zu seinen mythologischen oder allegorischen Darstellungen. Ihnen fehlt das rechte Leben, und sie überzeugen nicht, weil man deutlich spürt, daß hier eine dem Künstler fremde Welt nicht wirklich empfunden oder verarbeitet wurde.

Man möchte ein Gedicht von Eichendorff aufsagen, betrachtet man ein Gemälde wie »Schondorf am Ammersee«, das Wilhelm von Kobell (1766—1855) geschaffen hat (Abb.2). Dieser Maler, der Begründer der Münchner Biedermeiermalerei, hatte 1793 eine Berufung als Hofmaler nach München erhalten. Er bekam große Aufträge von Kronprinz Ludwig zu Schlachtenbildern, in denen er sich aber vor allem durch eine naturgetreue Wiedergabe der Landschaft und durch Herausarbeitung von lyrischen Stimmungswerten auszeichnete. Mit großem Können und viel Routine entwickelte er eine ganz realistische Landschaftsdarstellung und gab ihr durch über sie hinflutendes Sonnenlicht oder durch silbrige, lichterfüllte Nebel einen zauberhaften Schimmer von Romantik. Mit kleinen figürlichen Darstellungen, die er aber lediglich als Staffage verwendete, wußte er den Reiz des Land-

Bilder aus einer »heilen Welt«

3 *Ferdinand Georg Waldmüller (1793—1865). »Der Bettler«. 1858/59. Öl auf Holz. 66:52,5 cm*

Ferdinand Georg Waldmüller (1793—1865). "The Beggar". 1858/59. Oil on panel. 66:52.5 cms.

4 *Moritz von Schwind (1804—1871). »Ritterliches Liebespaar«. 1824—1828. Öl auf Holz. 40:33 cm*

Moritz von Schwind (1804—1871). "Pair of Lovers in the Age of Chivalry". 1824—1828. Oil on panel. 40:33 cms.

5 *Max Liebermann (1847–1935). »Holländische Nähschule«. 1876. Öl auf Holz. 64,5:81 cm*

Max Liebermann (1847–1935). "Dutch Sewing-School". 1876. Oil on panel. 64.5:81 cms.

schaftlichen noch zu erhöhen. Durch raffinierte Beleuchtung voll fein abgestimmter Farbigkeit und genrehafte Belebung durch Figuren und Tiere erreichte er jenen stimmungsgeladenen Stil, der typisch wurde für die Münchner Biedermeiermalerei. Leiser Neid mag den Betrachter von heute erfüllen angesichts des ungestörten Friedens, der dieses Landschaftsbild beherrscht. Ähnlich unwahrscheinlich erscheint auch die Szene, die sich auf dem Gemälde »Der Bettler« (Abb. 3) des Wiener Malers Ferdinand Georg Waldmüller (1793 bis 1865) abspielt. Man hat Waldmüller als den hervorragendsten Vertreter der Wirklichkeitsmalerei bezeichnet, der in seinen Sittenbildern das bürgerliche Weltbild festgehalten hat. Mit dem bürgerlichen Weltbild von heute hat seine Bettler-Darstellung aber auch gar nichts mehr zu tun. Welcher Bettler würde sich wohl hierzulande demütig-beglückt verneigen, wenn ihm ein Stück trockenes Brot überreicht würde! Wahrscheinlich würde er dies als blanken Hohn empfinden, wollte man ihn auf solche Weise abfertigen.

Und »Das ritterliche Liebespaar« von Moritz von Schwind? Dieser Maler (1804–1871), Sohn eines Legationsrates, der sich erst nach einem Philosophie-Studium zum Künstlertum entschlossen hatte, verkehrte im schöngeistigen Kreis von Dichtern, Musikern und Gelehrten; seine Kunst ist weich, gefühlvoll, sentimental. Bürgerliches Genre liegt ihm sehr. Seelenvoll und empfindsam sind seine Märchenbilder, ebenso seine Vorstellungen von Rittertum und ritterlichem Liebesleben. Sie sind unserer Gedankenwelt unendlich fern. Ein Bild wie das hier abgebildete Liebespaar (Abb. 4) weckt eher Mitleid mit dem augenscheinlich sehr verliebten Ritterfräulein, neben dem der Ritter zwar sehr edel, aber leider doch recht streng und ebenso zurückhaltend wirkt. Nostalgie? Kaum. Aber vielleicht doch im Hintergrund etwas von »Heiler Welt«, als »Liebe noch nicht nur ein Wort« war. Zum Schluß ein Bild, das sicherlich zunächst nicht als Genredarstellung zu werten ist. Es handelt sich um Liebermanns »Holländische Nähschule« von 1876 (Abb. 5). Hier ging es dem Maler, dem führenden Impressionisten der Deutschen, um Lichtprobleme, um das Geflimmer von Hell und Dunkel über den Mädchenköpfen. Daneben gibt es hier aber auch viel Aufschluß über den Betrieb in einer Nähschule im ausgehenden 19. Jahrhundert. Und manch ein moderner Lehrer wird sich wünschen, solch brave, fleißige und kein bißchen aufsässige Schülerinnen unterrichten zu können. Ob die Schülerinnen heute ähnlich denken? Kaum. Auch die »Heile Welt« hat ihre zwei Seiten.

»LES BALLETS RUSSES«

Wer an den russischen Beitrag zur europäischen Musikentwicklung denkt, dem kommt unweigerlich zu allererst das Ballett in den Sinn. Tatsächlich scheint der Bühnentanz fast eine künstlerische Domäne der Russen zu sein, die sowohl im musikalischen als auch im choreographischen und tänzerischen Bereich Maßstäbe gesetzt haben und bis heute setzen. Peter Tschaikowsky hat mit seinen großartigen Ballettmusiken »Der Nußknacker«, »Dornröschen« und »Schwanensee« ebenso sein Publikum verzaubert wie nach ihm Igor Strawinsky mit dem »Feuervogel« oder »Petruschka«, der ab 1909 Paris in einer Weise eroberte, daß man von einer »Saison Russe« sprach.

Die als Aquarelle ausgeführten Kostümentwürfe lassen noch etwas erahnen von Glanz und Zauber jener Aufführungen in der Blütezeit des europäischen Balletts. Sie sind damit – abgesehen von ihrem künstlerischen Reiz – ein unersetzliches Stück Theatergeschichte.

Seite 167 bis 172

Dorothea Baumer

»LES BALLETS RUSSES«

Figurinen und Kostümzeichnungen aus den Jahren 1909 bis 1938

In einer Ausstellung der Galerie Arnoldi-Livie, München, waren die selten gezeigten Bühnen- und Kostümzeichnungen der »Ballets Russes« zu sehen. Es handelte sich ausschließlich um Blätter der sogenannten ersten, der russischen Künstlergeneration, die die Anfänge des Unternehmens repräsentiert: Zeichnungen und Aquarelle; die Aquarelle, teils gouachiert, auf Bütten- oder Japanpapier.

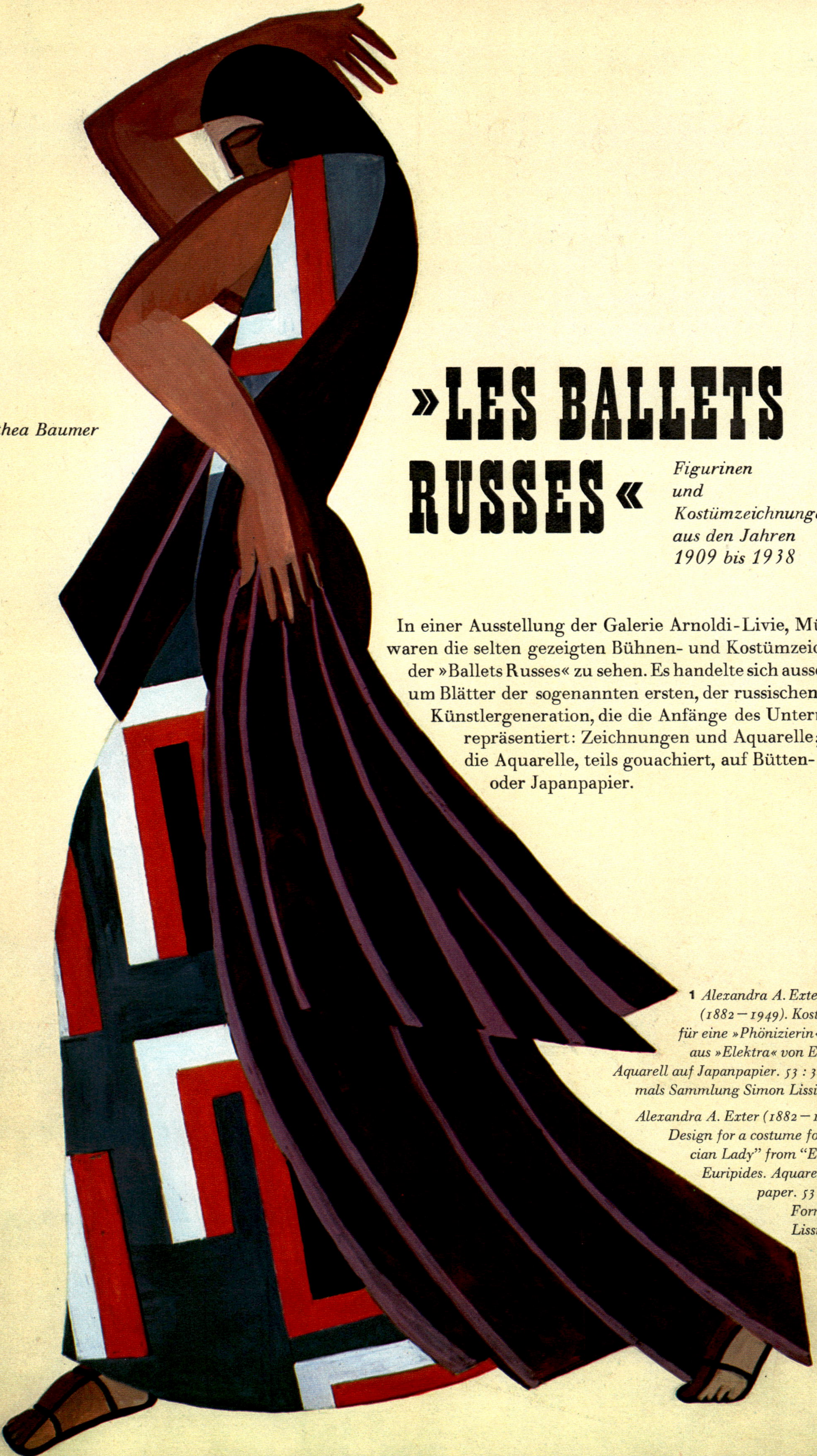

1 *Alexandra A. Exter (1882–1949). Kostümentwurf für eine »Phönizierin« aus »Elektra« von Euripides. Aquarell auf Japanpapier. 53 : 35 cm. Ehemals Sammlung Simon Lissin*

Alexandra A. Exter (1882–1949). Design for a costume for a "Phoenician Lady" from "Electra" by Euripides. Aquarelle on India paper. 53 : 35 cms. Formerly Simon Lissin Collection

2

3

Fixiert in solchen Entwürfen und Skizzen ist ja ganz allgemein einmal das, was die bildenden Künste zum Theater beitragen: Dekoration, Kostüm, Form, Farbe. Es sind gewissermaßen Momentaufnahmen. Der Reiz ihrer Technik liegt im Flüchtigen, im Atmosphärischen, in ihrer Transparenz; in erhöhtem Maße bedürfen sie der interpretatorischen Phantasie. Zweierlei ist an den gezeigten Blättern bemerkenswert und wird zu ihrem ganz spezifischen Reiz. Einmal läßt sich an ihnen der Genius Diaghilews ablesen, das außerordentliche Flair, mit dem er neue Ideen aufzuspüren und in künstlerische Impulse umzuwandeln wußte – also Diaghilew als Impresario und Animateur des arts. Zum anderen sind sie von kulturgeschichtlichem Interesse, weil sie einen der wichtigsten Entwicklungsschritte der Kunst des 20. Jahrhunderts dokumentieren.

Das eigentlich Neue an den »Ballets Russes« waren ja die glücklichen und zugleich konsequenten Kooperationsformen zwischen Musik, Tanz und bildender Kunst. Kooperationsformen, die Diaghilew zu einer Zeit fand, als das Ballett den geistigen Zirkeln in Rußland noch als inferior galt, die Ballettmusik sich von diesem Odium gerade emanzipierte und die Theatermalerei der Künstler in dieser integrierenden Ausprägung noch nicht entdeckt war.

Die Anfänge der Gruppe liegen in Petersburg, ihre Geschichte beginnt mit der ersten Vorstellung in Paris. Sie fand am 18. Mai 1909 im »Théâtre de Châtelet« statt. Auf dem Programm waren angekündigt »Le Pavillon d'Armides«, »Fürst Igor«, die »Polowetzer Tänze« und »Festin«, dazu ein »Blütenstrauß junger Künstler«: die Pawlowa, die Karsavina, Nijinskij, der Ballettmeister Fokin und Korovin als künstlerischer Leiter. »Trotz meiner Bewunderung für das klassische Ballett und seinen großen Meister Marius Petipa konnte ich dem Rausch nicht widerstehen, der mich beim Anblick der Tänze des ›Fürst Igor‹ erfaßte«, schreibt Igor Strawinsky in seinen Erinnerungen. Der barbarisch finster angelegte Fürst, der sich mit wilden Sprungtänzen einführte, macht in der illustren Geschichte der »Ballets Russes« den Anfang. Und wie überhaupt etwas Ungestümes die Auftritte der Gruppe von Anfang an kennzeichnete, glich auch die »Vorstellung« mehr einer Eroberung. Tout Paris fühlte sich im Sturm genommen (Abb. 2). Die erste »Saison Russe« trug, was die Dekoration und die Kostüme betraf, das Signet von Léon Bakst. Er ertränkte die Bühne geradezu in leuchtenden Farben. Der Orient in »Shéhérazade«, »Feuervogel«, die Geschichte aus Arabien, das Arkadien des »Nachmittag eines Fauns« gerieten zur Feenszene aus Bewegung, Farbe und Licht. An den Farborgien des armen Petersburger Juden berauschte sich das reiche Paris. Die Welt der Hohenpriester, Sultane, Nymphen, Bacchantinnen, Harlekine hat man seine »theatralischen Paradiese« genannt.

Aus solcher Sphäre stammt Taleras »Tänzerin« (Abb. 3), nur Abglanz des Bakstschen Raffinements; das zerbrechliche Geschöpf eines orientalisierenden Ästhetizismus, von zart erotischem Charakter und delikater Farbigkeit. Der Körper ist zum Ornament geworden, noch der Armschmuck zu kleinen Brüsten, selbst die Ellenbogen tragen Knospen.

Aber es gibt auch die andere Welt: rein, zart, blaß, wie Baksts Prinz aus »Dornröschen« (Abb. 4). Bakst ist Zeichner, die Farben füllen zwischen schwellenden Linien weich abtönend und transparent. Manieriert gespreizte Finger, eine liebreizende Geste, »die Augen, die Lippen, die Wänglein ...«, wie Heine ironisch vorwegnimmt, und die Märchengestalt atmet jenen »Hauch von Poesie«, der nach Bakst einzig Dekoration legitimiert.

Auf Léon Bakst folgten die Gontscharowa und Larionov, beide sind Theatermaler reinsten Wassers. Um 1910 entwickelten sie gemeinsam den Rayonismus, eine farbig überschäumende Lichtmalerei, übrigens eine der ersten Manifestationen der nicht figurativen Kunst. Ihre Dekorationen bestanden aus grell koloristischen Erfindungen und wirkten vor dem Hintergrund der traditionellen Theatermalerei wie farbige Explosionen. Über den Rang der beiden Künstler entschied nicht zuletzt die Bewußtheit, mit der sie der Eigengesetzlichkeit der Theatermalerei folgten und das Kostüm als ein wesentliches Element erkannten. Durch das Kostüm realisiert sich ja

4

5

»Les Ballets Russes«

erst eine zunächst imaginäre Figur, ihr Charakter, ihr Typ. Das Kostüm ist Teil der Interpretation, es setzt den individuellen Charakter ins Erscheinungsbild um. Es ist, wie die Gontscharowa sagt, »das charak-

6

2 *Konstantin A. Korovin (1861–1930). Kostümentwurf für »Le Kontchak« aus »Fürst Igor« (Musik: Borodin; Choreographie: Fokin; Aufführung: Petersburg, 1909). Aquarell. 40 : 17 cm*

3 *Talera. Kostümentwurf für eine orientalische Tänzerin. 1919. Aquarell. 31,5 : 25 cm*

4 *Léon S. Bakst (1866–1924). Kostümentwurf für den Prinzen aus »Dornröschen« (Musik: P. I. Tschaikowsky; Choreographie: Marius Petipa, Nijinskij; Aufführung: London, Alhambratheater, 1922). 1921. Aquarell auf Büttenpapier. 39 : 22 cm*

5 *Alexandre Benois (1870–1960). Kostümentwurf für einen Bauernknaben im »Nußknacker« (Musik: P. I. Tschaikowsky; Aufführung: Mailänder Scala, 1938). Aquarell auf Büttenpapier. 32 : 24 cm*

6 *Pavel Tchelitchev (1898–1957). Kostümentwurf für eine Magd für das Ballett »Vakhakam« (Aufführung: Istanbul, 1921). Aquarell auf Pergamentpapier*

2 *Konstantin A. Korovin (1861–1930). Design for a costume for "Le Kontchak" from "Prince Igor" (music: Borodin; choreography: Fokin; performance: Petersburg, 1909). Aquarelle. 40 : 17 cms.*

3 *Talera. Design for a costume for an Oriental dancer. 1919. Aquarelle. 31.5 : 25 cms.*

4 *Léon S. Bakst (1866–1924). Design for a costume for the prince from "Sleeping Beauty" (music: P. I. Tschaikowsky; choreography: Marius Petipa, Nijinskij; performance: Alhambra Theatre, London, 1922). 1921. Aquarelle on hand-made paper. 39 : 22 cms.*

5 *Alexandre Benois (1870–1960). Design for a costume for a young peasant in "Nussknacker" (music: P. I. Tschaikowsky; performance: Scala Theatre, Milan, 1938). Aquarelle on hand-made paper.*

6 *Pavel Tchelitchev (1898–1957). Design for a costume for a servant for the "Vakhakam" ballett (performance: Istanbul, 1921). Aquarelle on vellum-paper*

»Les Ballets Russes«

7 *Natalia Gontscharowa (1881–1962). Kostümentwurf »Espagna« für »Rhapsodie Espagnole« (Musik: Maurice Ravel). 1916. Aquarell auf Büttenpapier. 37,5 : 27,5 cm*

Natalia Gontscharowa (1881–1962). Design for the costume "Espagna" for "Rhapsody Espagnole" (music: Maurice Ravel). 1916. Aquarelle on hand-made paper. 37.5 : 27.5 cms.

teristische Merkmal, die Einzelheit ... die die Atmosphäre dieser Persönlichkeit schafft, bevor diese gesungen, gesprochen oder eine Bewegung gemacht hat«.

So prägen konstruktivistische Strenge und ein reduzierter Formenkanon das antikische Pathos einer »Phönizierin« von Alexandra Exter (Abb. 1). Der Bauernknabe aus der »Nußknacker-Suite« (Abb. 5) scheint dagegen in kindlicher Anmut zum Tanz bewegt vom Charme der »danses characteristiques«. Er ist ein Verwandter des »Petruschka«, nach Benois' Anweisung in Samt und Seide. Und die »Magd« von Tchelitchev gehorcht in ihrer wild ausfahrenden Geste ebenso als Sklavin einer ihr fremden Dynamik wie ihre Schuhspitzen dem Schleudermotiv (Abb. 6).

In »Espagna« nach Ravels »Rhapsodie Espagnole« von N. Gontscharowa wird eine neue Dimension erkennbar (Abb. 7). Hier scheint sich anzukündigen, was in diesen Jahren zu einer neuen Erfahrung wurde: Die Korrespondenz von musikalischem Ton und Farbe und als Konsequenz die Amalgamierung musikalischer und malerischer Stilmittel. Kandinsky hat das theoretisch und künstlerisch artikuliert in »Der gelbe Klang«; in eine ähnliche Richtung deutet Malewitschs Versuch in »Sieg über die Sonne« oder Schlemmers Konzeption des »Triadischen Balletts«. Bei der Gontscharowa sind die Grenzen der Gegenständlichkeit noch nicht verlassen, aber sie sind anvisiert. Und die Vorstellung assoziiert das glühende Gelb-Rot der rauschhaften Klangfarbe, die verführerische Melodie der »Habanera« der Koketterie eines vierfachen Fächermotivs.

Die neue Farbqualität veränderte entscheidend das Verhältnis von Dekoration und Kostüm. Im extremen Fall dominierte die farblich aggressive Dekoration über die Kontur des Kostüms, und das Kostüm wurde ein beweglicher Teil der Dekoration. Die Bewegung selbst erfolgte mehr und mehr nach malerischen Gesichtspunkten. Der Dekorateur avancierte damit zum Librettisten und Choreographen. So haben Bakst und Benois in einer jugendstilartigen Choreographie Fokin unterwiesen, hat Larionov »Le Chout« choreographiert, Derain Libretti geliefert. Der Tänzer hingegen tendierte in letzter Konsequenz zur mobilen Plastik und das Theater zum koloristischen Illusionsakt. Diese Verschiebung und Entgrenzung bleibt nicht vereinzelt und auf das Theater beschränkt. Sie konstituiert ein Moment der Moderne.

Zur gleichen Zeit nämlich drängte die Malerei von sich aus in die vierte Dimension, zum Moment der Bewegung, zum quasi Filmischen. Die zweite Pariser Künstlergeneration hat das fürs Theater Diaghilews verwirklicht. Picasso, Cocteau und Satie in dem kubistischen Ballett »Parade«, Balla für Strawinskys »Feuerwerk«. Man hat es das Theater der Maler genannt und weniger »Gesamtkunstwerk« als »Entgrenzung der Künste« gemeint.

Einen wichtigen Schritt in diese Richtung halten die Figurinen der »Ballets Russes« fest. Und gerade darin weisen die Aquarelle, als bloße Arbeitsskizzen, über sich hinaus. Sie sind zudem ein Stück Theatergeschichte, Huldigung an Terpsichore und nicht zuletzt für die Heutigen Erinnerung an die Pariser »Saison Russe«.

MALEREI UND NATURWISSENSCHAFT

Malerei und Naturwissenschaft – zwei auf den ersten Blick unüberbrückbare Gegensätze! Was haben rationale, nüchterne wissenschaftliche Forschung auf der einen, Intuition und Genie auf der anderen Seite miteinander zu tun? Auf den ersten Blick herzlich wenig. Auf den zweiten jedoch wird man sich vergegenwärtigen, daß die scharfe Trennung zwischen Kunst und Wissenschaft ein Ergebnis des Spezialistentums unserer Tage ist. Noch ein Goethe empfand sich als Künstler und Naturwissenschaftler. Und man wird weiterhin erkennen, daß die Naturwissenschaft die Malerei nicht unerheblich beeinflußt hat, theoretisch wie praktisch: theoretisch etwa durch die Farbenlehre eines Michel Eugène Chevreul, praktisch durch die Entwicklung von Farben, die manches künstlerische Problem erst lösbar machten.

Seite 173 bis 190

Claudia Gottmann

MALEREI UND NATURWISSENSCHAFT

VERSUCH EINER SYNTHESE

»Hüten Sie sich
vor den kleinen, unreifen Chemikern,
die Pünktchen aneinanderreihen!«
Gauguin

1 **Chevreulscher Farbkreis** *Der Farbzirkel wird durch die drei Primärfarben Rot, Gelb und Blau in drei gleich große Segmente eingeteilt, die hinwiederum von den drei binären Farben Orange, Grün und Violett halbiert werden. Eine weitere Halbierung dieser sechs Segmente erfolgt durch die ternären Farben Rot-Orange, Orange-Gelb, Gelb-Grün, Grün-Blau, Blau-Violett und Violett-Rot. Die so entstandenen zwölf Hauptsegmente werden jeweils in fünf weitere Zwischenfarben unterteilt, so daß der Farbkreis insgesamt 72 Farben aufweist.*

Frankreich im Juli 1830:
Der Feudalismus Karls X. fällt, die neuen ökonomischen Strukturen des Gewerbes und Handels brechen sich ihre Bahn. Neidvoll blicken die Städter des übrigen Europa nach Paris: keine drückenden Abgaben mehr an einen nutzlos gewordenen Feudalherren, keine Zollschranken, keine Zensur der Presse und der Kunst. – Dort darf ein gewisser Delacroix »die Freiheit, das Volk anführend« malen — in Deutschland undenkbar! Delacroix' Monumentalwerk wird zum Ausdruck für die Befreiung des Menschen schlechthin, zum Symbol für eine bessere Zukunft. Daß die Dame barbusig über Leichen geht, stört bestenfalls den adeligen Betrachter. Doch der ist nicht gemeint.

Im Pariser »Salon« herrschen die Klassizisten, allen voran Ingres. Der ist empört: »Er konnte es Delacroix nicht verzeihen, daß dieser sich von den ›klassischen Proportionen des menschlichen Körpers‹ abwendet, die methodische Darstellung von Akten aufgibt, die Großartigkeit antiken Faltenwurfs verneint, akademischen Rezepten mißtraut und sich für Individualismus und Freiheit einsetzt. Mit Grauen sieht er, daß das Gefühl über die Vernunft siegt, daß Delacroix sich in politische Kämpfe stürzt, Barrikaden und den griechischen Freiheitskampf verherrlicht, während er selbst die ›Reinheit‹ der Kunst hochhält, Szenen aus der Vergangenheit malt, Monarchenbildnisse und peinlich genaue Porträts seiner Gönner.« (J. Rewald, Die Geschichte des Impressionismus)

Da ist er, der Maler einer neuen Zeit.
Nachdem Delacroix staunend vor den Naturstudien und Landschaftsgemälden eines Constable gestanden hat, greift er mit dem heroischen Schlachtruf »Verdammt alle Erdfarben!« zum Pinsel und übermalt sein letztes Bild mit leuchtenden Farben (Das Massaker von Scio, 1824).
Also nicht mehr die gedeckten Mischfarben, mit denen Motive von oft vornehmer Langeweile und Modelle in gekünstelter Pose gemalt werden sollten. – Delacroix sucht nicht nur nach neuen, engagierten Motiven, sondern auch nach einer neuen Maltechnik, nach neuen Farben.
Das führt ihn schließlich zum Studium der grundlegenden Farbgesetze. Wütend stellt er dabei fest: »Die Grundlagen der Farbentheorie werden in unseren Künstlerschulen weder analysiert noch gelehrt, da man es in Frankreich für überflüssig hält, die Gesetze der Farbe zu studieren, entsprechend der Ansicht ›Kunsthandwerker kann man ausbilden, aber Maler werden geboren‹. Geheimnisse der Farbentheorie? Warum jene Prinzipien als Geheimnisse bezeichnen, die alle Künstler kennen müssen und die man sie daher lehren sollte?«
Da die französischen Kunsthochschulen ihn im Stich lassen, ist er gezwungen, sich sein Wissen woanders zu besorgen.
Hilfe bietet ausgerechnet ein Chemiker, der zu dieser Zeit schon zu den berühmtesten Wissenschaftlern Frankreichs zählt: Michel Eugène Chevreul, Inhaber eines Lehrstuhls für Chemie am »Musée National d'Histoire Naturelle«, Mitglied der »Académie des Sciences« sowie zahlreicher anderer wissenschaftlicher Gesellschaften des In- und Auslandes und Direktor des Färberei-Departements der berühmten Gobelin-Werke. Er gilt bereits als der große Begründer der organischen Fettchemie, und sein mit Gay-Lussac zusammen genommenes Patent zur Kerzenfabrikation brachte ihm weiteren Ruhm und der französischen Kerzenmanufaktur einen ungeahnten Aufschwung.
Für Delacroix interessant ist jedoch ein anderes, 1839 zum ersten Male im Druck erschienenes Werk des Chemikers: »De la Loi du Contraste Simultané des Cou-

2 u. 3 *Die Fotos zeigen M. E. Chevreul im Alter von 101 Jahren. Sie entstanden 1886 im Studio des berühmten Pariser Fotografen G. F. Tournachon, bekannt unter dem Pseud onym »Nadar«. Nadar war einer der frühen Förderer der Impressionisten. Die Aufnahmen, von denen sich eine Reproduktion im Deutschen Museum in München befindet, stammen von dem Sohne Nadars und gehören zu den ersten Bildinterviews überhaupt.*

4 *Diese Daguerreotypie (ein Vorläufer unserer Fotografie) aus dem Jahre 1886 zeigt M.E. Chevreul im Alter von 101 Jahren in seinem Laboratorium in den Pariser Gobelinmanufakturen.*

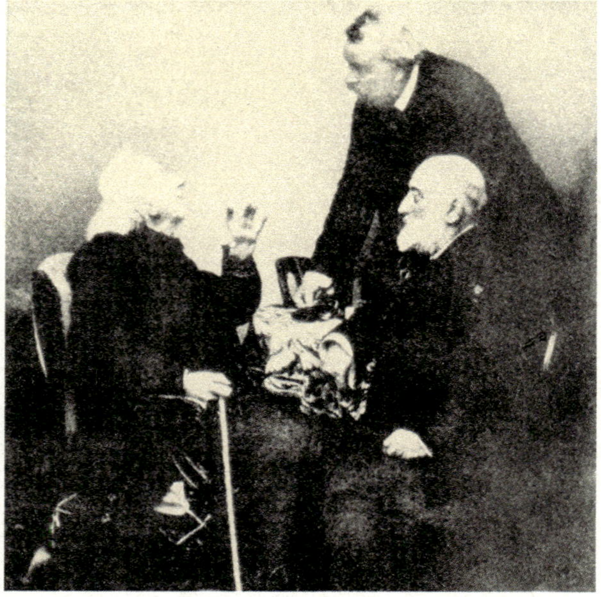

5 *Michel Eugène Chevreul. Bronzestatue im Jardin des Plantes, Paris.*

6 **Eugène Delacroix** *(1799–1863) »Die Freiheit, das Volk anführend«. 1830. Öl auf Leinwand. 260×325 cm. Paris, Louvre. (Foto von Musées Nationaux, Paris)*
In seiner Ablehnung des Klassizismus, in der Suche nach neuen Motiven, Maltechniken und Farben wurde Delacroix ein Vorkämpfer des Impressionismus. Er begeisterte sich für die Juli-Revolution 1830 und wählte als Symbol der Freiheit jene allegorische Frauengestalt, die die Trikolore schwingt.

leurs«, eine umfassende Darlegung der Gesetze des Farbkontrastes und der Farbharmonie.

Anlaß zu dieser fundamentalen farbtheoretischen Arbeit Chevreuls, die neben Newtons »Optics« und Goethes »Farbenlehre« das dritte Hauptwerk zur Farbenlehre darstellt, waren die Klagen der Teppichwirker und Kunden der Gobelinmanufakturen über fehlende Farbechtheit und vor allem mangelnde Intensität und Leuchtkraft der eingefärbten Wollstränge und Garne für die Dekorationsstoffe, Polsterbezüge und kunstvoll gewirkten Wandteppiche. Chevreuls eingehende Untersuchungen hatten ergeben, daß in einigen Fällen (so z. B. bei den blauen, hellvioletten und braunen Farbtönen) tatsächlich die mindere Qualität der eingesetzten Farbstoffe oder auch Mängel des Einfärbungsprozesses für das unbefriedigende Resultat verantwortlich waren. Jedoch zeigte sich andererseits, daß z. B. die schwarz eingefärbte Wolle der Gobelinfärberei jedem Vergleich mit eigens angeforderten Proben aus anderen renommierten Färbereien des In- und Auslandes durchaus standhalten konnte. Schließlich fiel dem Chemiker auf, daß die schwarzen Farbtöne, die vor allem zur Schattierung der Bildmotive reichlich verwandt wurden, dem damaligen Zeitgeschmack entsprechend, häufig auf blauem, braunem oder violettem Grund zu finden waren. Der scheinbare Mangel an Farbintensität und Leuchtkraft rührte einfach daher, daß bestimmte dunkle Farben zu oft unmittelbar nebeneinandergesetzt wurden – ein rein optisches Problem also, kein chemisches! Jahrelange, intensive Studien und systematische Experimentserien erbrachten als Resultat jene grundlegenden farbtheoretischen Gesetze des Kontrastes und der Harmonie, die Chevreul in seinem umfassenden Werk darlegte, das zugleich eine Art Farbatlas bot, der – gemessen am damaligen Stand der Farbreproduktionskunst – von überragender Qualität war. Entscheidend für die Chevreulsche Farbtheorie waren dabei die Unterscheidung und Definition dreier Phänomene:

1. Der »Simultane Kontrast« betrifft den optischen Einfluß, den zwei unmittelbar nebeneinander befindliche Farbflächen aufeinander ausüben, wenn sie zu gleicher Zeit betrachtet werden. D. h., eine Farbe verändert sich scheinbar, wenn der Beobachter gleichzeitig eine angrenzende, zweite Farbe betrachtet (»simultaner Farbkontrast«). Ebenso vertieft sich – scheinbar – der Ton einer dunklen Farbfläche um so mehr, je heller die unmittelbar angrenzende, zweite Farbfläche ist und vice versa (»Kontrast der Farbtönung«).

2. Der »Successive Kontrast« ist ein Effekt, der eintritt, wenn man zwei Farben in unmittelbarer zeitlicher Aufeinanderfolge einzeln fixiert. Denn bei intensiver Betrachtung einer Farbe, deren Komplementärfarbe im Auge nachwirkt, wird die zweite Farbe durch diesen nachwirkenden Eindruck der zuerst betrachteten Farbe optisch beeinflußt.

3. Der »Mischungskontrast«. Sind die aneinandergrenzenden Farbflächen genügend klein, so

7 **Wandteppich aus den Gobelin-Manufakturen »Sieg«.** *Webdauer vom 28.5.1884 bis 3.11.1887. Die Farbwirkung von Textilien wird auf verschiedene Art erzielt. Davon beschreibt Chevreul zwei: 1. Fasern oder Fäden verschiedener Farbe werden zu einem Strang verdrillt, so daß dieser einen einheitlichen Farbton besitzt. 2. Verschiedene einfarbige Fasern als Kettenfäden und Schußfäden miteinander verweben, so daß die komplexere optische Farbmischung in schraffierter Form erscheint.*

erfolgt bei entsprechendem Abstand des Beobachters von ihnen schließlich eine totale optische Mischung der Farben auf der Retina des Auges.

Zur Formulierung praktischer Richtlinien für die Gobelinmanufakturen bedurfte es ferner einer exakten Reproduzierbarkeit der Farben nach chromatischer Qualität und Intensität; also einer auf Standardwerten basierenden Vergleichsdefinition. Als Ausgangsbasis wählte Chevreul drei wohldefinierte Fraunhofersche Linien aus den Bereichen der Spektralfarben Rot, Gelb und Blau, die als äquidistante Grundfarben eines Farbkreises dienten. Jeden der so entstandenen drei Sektoren füllte er mit 23 aus den jeweiligen Grenzfarben interpolierten Mischfarben auf, so daß ein chromatischer Zirkel aus insgesamt 72 Farben entstand. Je acht weitere Farbkreise wurden durch sukzessives Abdunkeln der Farben mit definierten Mengen schwarzer Farbe beziehungsweise durch schrittweise Aufhellung mit weißer Farbe hergestellt. Zum besseren Vergleich der Farbtöne untereinander konstruierte Chevreul auch komplette Farbskalen mit der jeweils reinen Farbe im Mittelpunkt sowie reinem Schwarz und reinem Weiß als Extremen. So erhielt er schließlich aus dem chromatischen Zirkel reiner Farben 1442 verschiedene, genau definierte Farbtöne. Damit glaubte Chevreul das Problem der exakten Farbreproduktion ein für allemal gelöst zu haben und schlug vor, den von ihm angefertigten chromatischen Zirkel als allgemein gültigen Farbstandard neben das Urmeter zu legen.

Die ehemals sehr groben und ungenauen Farbstandardwerte in der Färberei ersetzte er durch seine neuen, genauen Angaben, und seine Gesetze der Farbkontraste wurden von den »Designern« und Teppichwirkern genau beachtet. Dies führte, zusammen mit Chevreuls chemischen Verbesserungen der Farbgewinnung und Färbereiverfahren, zu einem enormen Aufschwung der Gobelinmanufakturen. Dekorationsstoffe und Teppiche zeigten Farben von einer bis dahin ungekannten Leuchtkraft, die Bildmotive der kunstvollen »Gobelins« konnten nun mit einem neuen Nuancenreichtum aller Farbschattierungen ohne Einbuße der Farbintensität ausgeführt werden. Chevreuls Thesen zur Farbenlehre fanden daher rasch die Aufmerksamkeit eines breiten und heterogenen Publikums.

Kunsthandwerker, Teppichknüpfer, Weber, Färber und Studenten aller Fachrichtungen besuchten seine Kurse und Vorlesungen.

Es ist also durchaus nicht verwunderlich, daß auch Delacroix von Chevreuls Werk über die Farbkontraste erfährt. Er liest es, ist begeistert und bittet den Chemiker schriftlich um Besuchserlaubnis zu einem ausführlichen Gespräch. Chevreul sagt zu, doch kommt die Begegnung nicht zustande, da der Maler zur vereinbarten Zeit mit einer ihn häufig quälenden Halskrankheit darniederliegt.

Delacroix selbst ist jedoch nur Vorreiter einer neuen Epoche der französischen Malerei. Die Zeit eilt weiter, die Ereignisse überstürzen sich förmlich:

Im Februar 1848 kommt es zu einer dritten Revolution. Die 2. Republik wird ausgerufen, die Rollenverteilung ändert sich gründlich. Diesmal ist es das inzwischen im Wohlstand blühende Bürgertum, das sich gegen seine ehemaligen Verbündeten, eine inzwischen erschreckend angewachsene Masse verarmter Arbeiter, glaubt wehren zu müssen. Begriffe wie »bourgeoisie« und »prolétariat« werden geboren. Die Bourgeoisie schlägt den Aufstand des Proletariats blutig nieder und wird selbst drei Jahre später noch einmal von Louis Napoleon hereingelegt, der im Staatsstreich das Parlament auflöst und sich als Kaiser Napoleon III. mit erblichem Titel auf den Thron setzt. Die wahren Machtverhältnisse jedoch liegen anders. Eine neue Zeit regiert, die kleinen Manufakturen und Handwerksbetriebe verschwinden, die Größe der Fabrikhallen wächst, mit ihnen die der Städte und in diesen eine neue Generation, die die Welt mit anderen Augen zu sehen beginnt. Einige unter ihnen sind Maler. Sie treten das Erbe Delacroix' an, nicht das von Ingres.

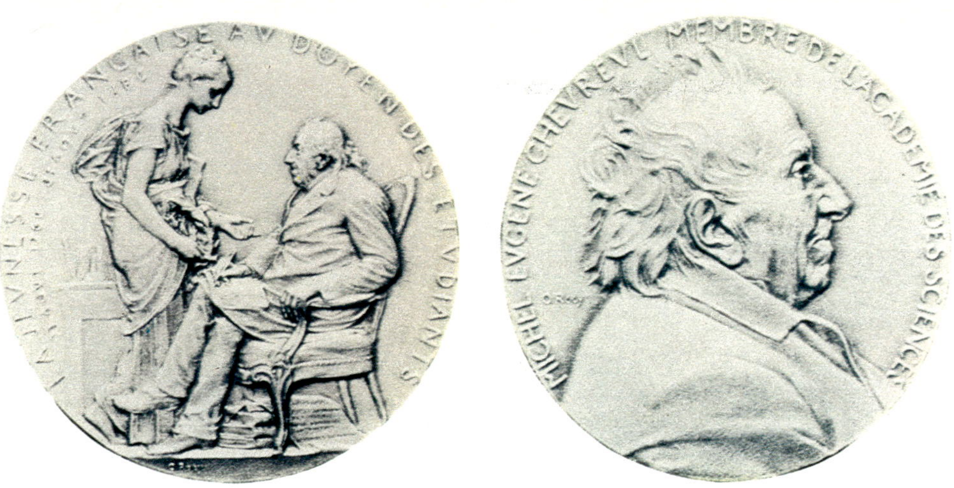

8 **Bronzemedaille** *aus dem Jahre 1885. München, Deutsches Museum. Im Auftrag der französischen Regierung anläßlich des 100. Geburtstages von M.E. Chevreul geprägt. Die junge Frau auf der Medaillen-Rückseite stellt »die Jugend Frankreichs« dar.*

9 **Wandteppich aus den Gobelin-Manufakturen »Marmorvase Nr. 1«.** *Webdauer vom 23. 8. 1886 bis 20. 4. 1888. Auf Grund der vielfältigen Möglichkeiten teils chemischer, teils optischer Farbmischung können mit der Teppichweberei die verschiedensten, differenziertesten Farbeffekte erzielt werden, weshalb Chevreul die in den Gobelin-Manufakturen praktizierte Webkunst mit der Helldunkelmalerei verglich.*

Für sie gilt es, sich endgültig frei zu machen von der zu plattem Formalismus verkommenen, klassizistischen Malerei. Frei von gekünstelten Posen, frei von dumpfen Mischfarben und abgeschmackten Motiven, frei von all den starren Regeln dieses »Ragout von Kunst«, wie Zola es nennt. Es gilt, das Licht einzufangen, die leuchtenden Farben der Natur: »Soumettons-nous à l'impression première!« (»Unterwerfen wir uns dem ersten Eindruck!«) ruft Corot aus. Der Impressionismus wird geboren.

»Impressionisten«, das ist die ironisch-abwertende Titulierung jener Maler, deren Werke nicht mehr farbig umrandete Formen und zeichnerische Linien aufweisen, die die Natur nicht kennt, sondern die in der Tradition eines Goya, Frans Hals und Velazquez zurückkehren zur Freilichtmalerei. – »Impression, soleil levant«, diese eigenwillige Bildunterschrift Claude Monets (1872) regte zu jenem »nom-de guerre« an für ihn und seine Mitstreiter Guillaumin, Manet, Berthe Morisot, Pissarro, Renoir, Sisley, Cézanne, Degas und manchen anderen Maler. Was malen sie? Das flimmernde Sonnenlicht, die atmosphärische Wirkung der Luft, die von Augenblick zu Augenblick sich wandelnde Natur, und: »Sie erobern der Malerei die Zauberwelt der Großstadt mit ihren Restaurants und Cafés, Theatern und Varietés, Bahnhöfen und Kanälen, Marktplätzen und Rennbahnen, Ballsälen und Maschinenhallen: ein hundertarmiges, buntglitzerndes Polypenwesen voll unausgesetzt gieriger Bewegung.« (Egon Friedell, Kulturgeschichte der Neuzeit)

Das Startzeichen gibt Courbet, der seine Bilder auf der Pariser Weltausstellung 1855 nicht neben denen Ingres', Delacroix' und Rousseaus, sondern in einem eigenen »Pavillon du Réalisme« zeigt. Damit provoziert er nicht nur einen Riesenskandal, sondern hinterläßt auch einen tiefen Eindruck auf Pissarro, Manet und Degas, deren großes Vorbild er wird.

Die französischen Impressionisten sind Kinder der zweiten Hälfte des 19. Jahrhunderts; einer Zeit, in der der Suezkanal gebaut wird (1859–69), in der Perkin den ersten künstlichen Teerfarbstoff (1856) und Bayer eine Synthese des Naturfarbstoffes Indigo (1878) entwickelt; in der Darwin »Über die Entstehung der Arten« (1859) und Haeckel eine »Natürliche Schöpfungsgeschichte« (1868) schreibt; in der Pasteur seine bakteriologischen Arbeiten betreibt (erste Veröffentlichungen ab 1857), Kekulé die richtige Formel des Benzolringes aufstellt (1865), Bunsen und Kirchhoff die Spektralanalyse ausarbeiten (1859), Bullock die Rotationsschnellpresse, Lenoir einen Gasmotor (beides 1860), Solvay ein großtechnisches Verfahren zur Sodaherstellung (1861) und Siemens den Dynamo (1867) entwikkelt. Die Menschen legen Kabel durch den Atlantik (1858) und sprengen mit Dynamit (Nobel 1863). Sie fahren mit der U-Bahn (London 1863) oder mit dem Fahrrad (erste Pariser Fabrik 1868; Kettenantrieb ab 1869). Sie schreiben nicht mehr mit der Hand, sondern mit der Schreibmaschine (Scholes 1867) und verschicken ihre Nachrichten per Rohrpost (Berlin 1865, Paris 1867). Sie überqueren den Brennerpaß mit der Bahn (1867) und speisen in Zügen (Pullmann 1872), die von elektrischen Lokomotiven gezogen werden (Siemens 1879). Sie bauen ihre Häuser aus Eisenbeton (Monier 1867), beleuchten sie elektrisch (Kohlenfadenlampe von Edison 1879; Auers Gas-Glühlicht 1885)

10 **Optische Wirkung des simultanen Farbkontrastes bei verwandten Farben**
Reine primäre Farben verändern sich scheinbar in Richtung auf die jeweils benachbarte, binäre Farbe hin, wenn sie an eine ternäre Farbe desselben Wellenlängenbereiches angrenzen. So wirkt dasselbe primäre Rot in unmittelbarer Nachbarschaft zu Orange-Rot blaustichig, in Kontakt mit Violett-Rot gelbstichig. Entsprechend wirkt reines Gelb angrenzend an Orange-Rot grünstichig, in Nachbarschaft zu Gelb-Grün orangestichig. Primäres Blau erscheint in Kontakt mit Blau-Grün violettstichig und in Kontakt mit Blau-Violett grünstichig. Entsprechende Effekte des simultanen Kontrastes sind auch bei den genannten ternären Farben zu beobachten.

11 **Optische Wirkung des simultanen Farbkontrastes bei Komplementärfarben**
Farben, die einander nicht komplementär sind, beeinflussen sich bei gleichzeitiger Betrachtung im Sinne der Gesetze des simultanen Farbkontrastes (vergleiche obige Abbildung). Gleichzeitige Betrachtung zweier Komplementärfarben (Rot/Grün; Gelb/Violett; Blau/Orange) hingegen verstärkt optisch Intensität und Leuchtkraft beider Farben, ohne Veränderung des Farbtones.

12 **Farbtafel zur Illustration des successiven Kontrastes**
Jeweils 5 der 6 Farbrechtecke abdecken. Sich einige Zeit auf die eine Farbe konzentrieren. Eine Farbsättigung des Auges ist die Folge. Nach Abwenden des Auges macht sich die scheinbare Wahrnehmung der jeweiligen Komplementärfarbe bemerkbar. Diese beeinflußt den optischen Farbton jeder unmittelbar anschließend betrachteten Farbe. Z.B.: Einige Zeit das gelbe Rechteck fixieren und unmittelbar darauf das rote, dann erscheint letzteres violett. Wird aber das violette oder blaue Rechteck fixiert, wirkt dasselbe Rot bei anschließender Betrachtung orangestichig.

und verständigen sich telefonisch (Graham Bell 1876; erstes Pariser Telefonnetz ab 1878). Sie gründen den »Crédit Lyonnais« (1863), die »Standard Oil Company« (Rockefeller 1870), den Weltpostverein (1874) und die Deutsche Reichsbank (1875).
Natürlich führen sie auch Kriege. In Amerika zum Beispiel tobt ein Bürgerkrieg (1861–65), der bereits alle Merkmale des »modernen«, alles zerstörenden, massenmordenden Krieges trägt, und die Schlacht von Solferino (Italienischer Freiheitskrieg, 1859) kann von dem französischen Fotografen Nadar (übrigens einem großen Freund und Gönner der Impressionisten) schon vom Ballon aus fotografisch für die Nachwelt festgehalten werden.
Das also ist die Zeit des Impressionismus, den Egon Friedell in seiner »Kulturgeschichte« etwas eigenwillig mit der Dynamomaschine vergleicht:
»In dieser werden durch Summierung kleinster Wirkungen die gewaltigsten Effekte erzielt. Ganz ähnlich macht es der Impressionismus: er ›intermittiert‹ fortwährend, nach Art eines elektrodynamischen Wechselstromes, aber gerade dadurch entsteht eine andauernde, sich immer mehr verstärkende Induktionswirkung.
Was aber das Glühlicht und die Bogenlampe anlangt, so möchte ich fast behaupten, daß sie nicht eine Ursache, sondern eine Folge des Impressionismus waren: nachdem die neue Malerei die Welt in einen sprühenden Glanzmantel von Glut und Licht gekleidet hatte, hielt es die Menschheit bei Gas und Petroleum einfach nicht mehr aus.«
Eine kühne Behauptung! Doch der Wunsch, das Schillern des flüchtigen, unwiederbringlichen »Augen-blicks« auf die Leinwand zu projizieren, entspricht dem Maler einer Zeit, die gekennzeichnet ist von tiefgreifenden, alle Lebensbereiche erfassenden Wandlungen, welche mit einer bis dahin nicht gekannten, rasenden Geschwindigkeit das Altbekannte und Vertraute hinwegfegen, um es durch immer Neues zu ersetzen.
Das Bild der Städte und Landschaften wandelt sich über Nacht und mit ihm der Mensch, seine Arbeit, seine Behausung, seine

Familie, sein Staatsgefüge, sein Denken, Empfinden – sein Weltbild. Wie hält man ihn fest auf der Leinwand, den Eindruck der Flüchtigkeit einer in ständigem Wechsel bunt flimmernden, in allen Farben aufleuchtenden Welt?

Die Impressionisten malen nicht mehr den Gegenstand im Licht, sondern den Gegenstand als Licht, als farbigen Reflex. Das Licht wird zum eigentlichen Thema der impressionistischen Malerei. Dies muß notwendig zu einer völlig veränderten Einstellung gegenüber der Farbe führen. Die bislang in der Malerei übliche Unterscheidung zwischen tonigen Farben, d.h. solchen, die auf einen bestimmten einheitlichen Klang des Bildes abgestimmt sind, und sogenannten Lokalfarben, d.h. solchen, die sich streng nach der tatsächlichen Farbe eines bestimmten Gegenstandes richten, wird durch eine neue Beziehung zwischen der Farbigkeit der geschauten Natur und derjenigen des Bildes ersetzt. Festgehalten werden sollen die Farben, in denen die Gegenstände unter den Bedingungen eines bestimmten Momentes erscheinen, wodurch vor allem die Farbveränderungen, die sich aus dem Widerschein einer benachbarten anderen Farbe ergeben, zu einem stets wiederkehrenden Zentralthema des Kolorits werden. Damit bedienen die Impressionisten sich bereits intuitiv jener Gesetze, die Chevreul in akademischer Trockenheit und Präzision niederschrieb. Die intensive und unmittelbare Beobachtung der natürlichen Farb- und Lichtreflexe führt von selbst immer mehr zur Beschränkung auf die Farben Gelb, Orange, Rot, Violett, Blau und Grün, die Farben des Spektrums. Schließlich unterscheidet man die Farben lediglich noch nach »teinte«, womit die absolute Farbqualität gemeint ist (rot, blau oder gelb), und nach »ton«, womit die Differenzierung innerhalb der einen oder anderen Farbqualität bezeichnet wird (beispielsweise lichteres oder tieferes, dichteres Rot).

Formen und Linien lösen sich auf bis in die einzeln erkennbaren, kräftigen Pinselstriche eines Claude Monet oder das filigrane Spiel von Licht und Schatten bei Pierre-Auguste Renoir, und die Leuchtkraft der hellen, in wachsendem Maße reinen Spektralfarben erhöht sich noch durch gezielte Nutzung der Farbkontrasteffekte zwischen den locker durchbrochenen Farbflächen.

13 **Blaue Girlanden auf verschiedenfarbigem Grund**
Ein praktisches Beispiel für die optische Wirkung des simultanen Kontrastes, von Chevreul gewählt in Hinblick auf die damaligen Methoden des Farbdruckes auf Papier. Die grauen Arabesken des Musters spiegeln die Komplementärfarbe zum Hintergrund deutlicher wider als die blauen Girlanden, die jedoch auch je nach Hintergrund ihren Farbton zu verändern scheinen.

Doch die französischen Impressionisten sind nicht die ersten, die sich in ihrer Reinheit leuchtender, kontrastierender Farben und zum Teil auch der Effekte optischer Mischung bedienen. Schon El Greco und Velazquez waren auf das Mittel der Farbaufspaltung verfallen, und Watteau hatte die Details seiner Landschaftsgemälde förmlich aus dem Hintergrund »herausgemeißelt« durch Auftragen kontrastierender Farben auf dicke Pigmentschichten. Vor allem aber war es der große Turner, der die Technik des Impressionismus vorweggenommen hatte. 1871 stehen Claude Monet und Camille Pissarro in London vor seinen Gemälden und bestaunen die blendende Helligkeit des Schnees und das Glitzern des Eises.

Diese verblüffenden Effekte waren ihnen mit ihren großen silberweißen Flächen bisher nicht gelungen. Turner hatte nicht mit Weiß allein gearbeitet, sondern mit einer Fülle verschiedenfarbiger Punkte und Striche, die – eng aneinandergesetzt – von Ferne den gewünschten Eindruck ergaben. Hier hatte ein Meister von den Prinzipien des Farbdivisionismus, der Farbkontrastwirkungen und der optischen Mischung Gebrauch gemacht.

Genau in diesem Verhältnis stehen auch die französischen Impressionisten später zu den ihnen bekannten Schriften Chevreuls: Sie machen G e b r a u c h von den wesentlichen Erkenntnissen und Grundregeln der Farbkontrast- und Farbharmoniegesetze, indem sie ihr Wissen darum fast selbstverständlich einfließen lassen in ihre Maltechnik, sofern sie diese Gesetze nicht vorher schon intuitiv beachteten. Jedes Wissen um Farbtheorien, ob aus chemischer, physikalischer oder künstlerischer Sicht, kann nur Mittel zum Zweck sein, eingehen in den allgemeinen Wissens- und Erfahrungsschatz,

14 **Claude Monet** *(1840–1926) »Der Bahnhof Saint-Lazare in Paris«, 1877. Öl auf Leinwand. 75,5×104 cm. Paris, Louvre. (Copyright SPADEM, Paris/Bild-Kunst, Bonn)*
Die Fülle technischer Apparate und Einrichtungen des 19. Jahrhunderts faszinierte durch ihre neuartigen Aspekte die Impressionisten auf ihrer Suche nach »optischen Ereignissen«. Für Monet war der Bahnhof jedoch nur ein Motiv und kein Thema an sich.

15 **Claude Monet** *(1840–1926) »Impression – Sonnenaufgang«, 1872. Öl auf Leinwand. 48×63 cm. Paris, Musée Marmottan. (Copyright SPADEM, Paris/Bild-Kunst, Bonn)*
Das 1872 in Le Havre entstandene Gemälde wurde 1874 auf der ersten, salonunabhängigen Ausstelllung der neuen Maler Frankreichs gezeigt. Sein Titel provozierte die als Spottnamen gedachte Bezeichnung »Impressionisten«.

der – aus vielerlei, einander wesensfremden Elementen zusammengesetzt – absinkt in jenen kaum noch bewußten Fundus, aus dem der impressionistische Maler die Eigenwilligkeit seiner Interpretation des Geschauten schöpft.
Das künstlerische Anliegen der Impressionisten ist von viel zu spontan-emotioneller Natur, als daß ihre Ausdrucksform sich den strikten Anweisungen und begrenzenden Regeln irgendeiner »wissenschaftlichen« Theorie anpassen könnte.
Jedoch noch ehe der Impressionismus zu voller Anerkennung gelangt, wächst schon die nächste Generation heran, die den Fortschritt des jungen »wissenschaftlich-technischen« Zeitalters nicht mehr allein in Form persönlicher »Impressionen« wahrnimmt, sondern – angesteckt von einer allgemeinen Euphorie – die Wissenschaft auf den Thron der Allmacht und des Allgebieters erhebt.
Immerhin gibt es nun auch schon elektrische Kraftwerke (Edison 1882), Fernstromleitungen (O. v. Miller 1882), Dampfturbinen (Laval 1883), Wolkenkratzer (Chicago 1883), Lochkarten-Zählmaschinen (Hollerith 1889) und Maschinengewehre (Maxim 1883).
Die Zeit fährt Auto (Ottos Viertaktmotor 1876; Daimlers schnellaufender Motor 1883; Benz-Kraftwagen 1885; Dunlops Luftreifen 1888), und ihre Stimme erschallt aus dem Grammophon (Edisons Walzen-Phonograph seit 1877; Berliners Plattengrammophon).
»Die Möglichkeiten der Wissenschaft sind offenbar unerschöpflich; sie ist, so scheint es, nicht mehr nur ein Mittel der Erkenntnis, sondern die Erkenntnis selbst. Diese Wissenschaft nun gibt auch der Kunst neue Ziele. Sie wird zum Ausdruck einer Besessenheit, in der Malerei gebe es genau wie in der Physik und Chemie einen endlosen Fortschritt.« (F. Mathey, Die Impressionisten)
Inzwischen hatte sich auch die für den wissenschaftlich interessierten und begeisterten Maler in Frage kommende Literatur beträchtlich erweitert. Man mußte nicht mehr allein auf die einschlägigen naturwissenschaftlichen Abhandlungen von Le Blond (1735), du Fay (1737), T. Mayer (1758), Lambert (1772), Chevreul und Maxwell (1850) zurückgreifen.
1867 erscheint Hermann von Helmholtz' »Handbuch der physiologischen Optik«, das reichhaltiges Material zum Beispiel über Komplementärfarben, additive Farbmischungen und Phänomene des nachwirkenden optischen Farbeindrucks enthält, und 1879 veröffentlicht der »physikalische Maler« Ogden Rood seine »Modern Chromatics«.
Es häufen sich Schriften, die sich speziell mit der Anwendung na-

turwissenschaftlicher Kenntnisse und Methoden in der Malerei befassen. Um nur einige zu nennen: Bereits 1867 griff Charles Blanc in seiner »Grammaire des arts du dessin« die Chevreulschen Lehren auf, erweiterte sie und zog daraus – unter Berufung auf Delacroix – praktische Konsequenzen für die Malerei. Charles Henry schreibt »The Scientific Esthetic« sowie »Education of the Spirit of Color« (1885), beides Werke, die von den jungen Malern gelesen und enthusiastisch aufgenommen werden.
Im Jahre 1880 veröffentlicht David Sutter in der Zeitschrift »L'Art« eine Artikelserie über »Die Phänomene des Sehens«, deren Aussagen geradezu programmatischen Charakter haben für die neue Malergeneration: »Trotz ihres absoluten Charakters stören Regeln die Spontaneität weder der Erfindung noch der Ausführung; die Wissenschaft befreit den Künstler von aller Ungewißheit, erlaubt es ihm, sich in aller Freiheit und in einem sehr weiten Kreis zu bewegen; deshalb ist es eine doppelte Beleidigung, für die Kunst wie für die Wissenschaft, zu glauben, daß die eine notwendigerweise die andere ausschließt.«
Das ist es, was diese Gruppe der sogenannten »Neo-Impressionisten« auf ihre Fahnen schreibt: künstlerisches Schaffen nach einer alles prädestinierenden, wissenschaftlichen Methode. Charles Angrand, Lucie Cousturier, Dubois-Pillet, Maximilian Luce, Hippolyte Petitjean, H.-E. Cross, Théo van Rysselberghe und allen voran Georges Seurat und Paul Signac studieren begeistert die Entdeckungen Chevreuls, die Experimente Maxwells und die Messungen O. N. Roods.
Georges Seurat (geboren 1859 in Paris) beginnt damit schon während der Schulzeit und benutzt die Ausbildung auf der »Ecole des Beaux-Arts« zur Vertiefung seiner naturwissenschaftlichen Studien. Mit 16 Jahren betrachtet er »die Reinheit des Spektrums als Schlüssel der Maltechnik«, und »seit ich den Pinsel in Händen hielt, suchte ich auf dieser Grundlage nach einer Formel für optisches Malen«. – Er liest die Werke der Brüder Goncourt, studiert die wissenschaftlichen Abhandlungen Chevreuls und experimentiert mit dessen Farbkreis.

16 **Camille Pissarro** *(1830–1903) »Die roten Dächer« (Teilansicht von Liret), 1877. 54,5×65,5 cm. Paris, Louvre. (Foto: Musées Nationaux, Paris)*
Pissarro malte zunächst in der typisch impressionistischen Manier unter Auflösung von Formen und Linien bis in die einzeln erkennbaren Pinselstriche, unter Nutzung der Leuchtkraft heller, meist reiner Farben und intuitiver Anwendung der von Chevreul beschriebenen Farbkontrasteffekte zwichen den locker durchbrochenen Farbflächen.

Es gilt, »die Kunst mit der Wissenschaft in Einklang zu bringen«. Die naturwissenschaftliche Sachlage, wie sie sich Seurat schließlich darstellt, ist folgende:
Die Farbe, die sich beim Auftreffen von Lichtstrahlen auf die Oberfläche eines Objektes ergibt, nimmt das Auge in Form der von diesem Objekt dann noch reflektierten Strahlen wahr. So erscheint ein Körper in gelber Farbe, wenn er aus dem einfallenden, weißen Licht alle blauen und violetten Strahlen absorbiert, die verbleibenden Strahlen jedoch reflektiert. Absorbiert ein anderer Körper alle roten, orangefarbenen und gelben Strahlen, so verbleibt als Farbeindruck Blau. Eine Mischung von Gelb und Blau schließlich ergibt jene Farbe, die übrigbleibt, wenn alle blauen, violetten, roten, orangefarbenen und gelben Farbtöne, die im Spektrum des weißen Lichtes enthalten sind, absorbiert werden: Grün.
Und ebenso, wie unser Auge unbewaffnet nicht in der Lage ist, das weiße, »diffuse« Licht in seine Spektralfarben zerlegt wahrzunehmen, so erscheinen – bei genügender Entfernung – die Farben Blau und Gelb in summa als Grün, wobei die Leuchtkraft der eigentlich reinen Farben erhalten bleibt. Diese Theorie von der »molekularen Dispersion« leitet den »wissenschaftlichen Maler«. Ein Grün, dem man Tupfer einer anderen Farbe beigibt, verändert sich und kann alle Nuancen annehmen, die die Mischung auf der Palette erlaubt, jedoch bleibt die Leuchtkraft durch das Nebeneinandersetzen der Farben auf der Leinwand erhalten.
Also reduziert Seurat die Farben seiner Palette auf die vier Grundfarben (genauer: drei Primärfarben) und ihre Zwischentöne (von Chevreul als »primäre«, »binäre« und »ternäre« Farben bezeichnet und im Gegensatz stehend zu den meist graustichigen »tertiären« Farben, die im einfachsten Falle aus sekundären Farben gewonnen werden, wie z. B. rotbraun, zitronengelb und olivegrün):
blau, blau-violett, violett, violett-rot, **rot,** rot-orange, orange, orange-gelb, **gelb,** gelb-grün, grün, grün-blau und wieder blau.
Mischungen auf der Palette sind lediglich mit weißer Farbe erlaubt. Zunächst jedoch (1881–83) zeichnet Seurat vorwiegend, um das Problem des Kontrastes in seiner einfachsten Form zu analysieren: der Ausgewogenheit dunkler und heller Flächen in einer Schwarz-Weiß-Technik, zum Teil in pointillistischer Manier. Dann erst experimentiert er systematisch mit reinen Farben.
Sein erstes großes Werk dieser Art, »Die Badenden«, beginnt er 1883. »Die spontane Wiedergabe von Eindrücken nach impressionistischer Art gibt er nun auf und überläßt bei den ›Badenden‹ nichts dem Zufall oder der Improvisation; in der genauen Befolgung optischer Gesetze findet er

eine sichere Methode, ein Mittel zu neuer Gestaltungsweise.« (J. Rewald, Die Geschichte des Impressionismus)
Dieses Bild sieht Paul Signac, und beeindruckt von »der Beachtung der Gesetze des Kontrastes, der methodischen Trennung der einzelnen Elemente – Licht, Schatten, Lokalfarbe und Aufeinanderwirken der Farben – ebenso wie ihrer Ausgewogenheit ...«, sucht er den Kontakt zu Georges Seurat. Zwischen den beiden Malern entwickelt sich bald eine enge Freundschaft. Eifrig befaßt Signac sich mit den verschiedenen Farbtheorien, die Seurat studierte, und beide diskutieren oft und ausführlich die sie interessierenden Fragen der Anwendung wissenschaftlicher Erkenntnisse und Methoden auf die Malerei.
Begeistert sucht Signac schließlich den Altmeister der Farbentheorie, M. E. Chevreul, selbst im »Musée« auf. Der 98jährige, schwerhörige Wissenschaftler begreift zunächst gar nichts. Dann erinnert er sich Delacroix' Interesse an seiner Farbenlehre vor 34 Jahren, und nachdem er angestrengt um Verständnis bemüht den Darstellungen Signacs gelauscht hat, meint er: »Ah, ah! Die Teilung des Lichtes! Oh ja, ich erinnere mich, daß ich darüber einmal eine kleine Abhandlung geschrieben habe. Oh, Sie sind Maler! Warum besuchen Sie nicht meinen Kollegen, Monsieur Ingres? Er kann Ihnen sicherlich jede gewünschte Information geben!« Ingres, jener Widersacher Delacroix' und Feind der Impressionisten, war bereits seit über 20 Jahren tot. – Resigniert verläßt Signac den verständnislosen Greis.
Am Himmelfahrtstag 1884 beginnt Seurat mit einer neuen großen Komposition, »Sonntagnachmittag auf der Insel La Grande Jatte« (Abb. 19, 20), wieder unter strikter Beachtung der optischen Farbgesetze, in einer fast starren Stilisierung.
Bald stößt Camille Pissarro über den Kontakt mit Paul Signac zu den beiden Malern und begeistert sich für ihre Theorien. Seurat hatte gerade mit der Technik begonnen, kleine, kommaähnliche Striche und Tupfen auf eine erste, großzügige Farbfläche aufzutragen. Diese winzigen Partikel sollten die gegenseitige Durchdringung von Licht und Schatten fördern, ihre subtilen Reflexionen

17 **Camille Pissarro** *(1830–1903)*
»Die Insel Lacroix bei Rouen im Nebel«.
1888. Öl auf Leinwand. 46,3 × 55,6 cm.
Philadelphia, Philadelphia Museum of Art, Courtesy of the John G. Johnson Collection.
Im Jahre 1886 begann Pissarro, angeregt durch Seurat und Signac, sich für die »wissenschaftliche Methode« des Pointillismus zu begeistern.

18 **Alfred Sisley** *(1839–1899) »Die Insel La Grande Jatte«. 1873. Öl auf Leinwand. 50×65 cm. Paris, Louvre. (Foto: Giraudon, Paris)*
Sisley konzentrierte sich vor allem auf die französische Landschaft. Er schrieb einmal: »Dem Werk Leben einzuhauchen, ist unerläßliche Bedingung für den Künstler, alles muß dazu beitragen, die Form, die Farbe, die Ausführung.« Vgl. die Darstellung desselben Ortes in der pointillistischen Maltechnik Georges Seurats.

und Wechselwirkungen. Endlich zufrieden mit diesem neuen Verfahren der totalen optischen Mischung, arbeitet er seine bereits vollendete »Grande Jatte« völlig um, indem er die ursprüngliche Malschicht mit einem minuziösen Gewebe aus kleinen Tupfen reiner Farben überzieht, deren Mischung auf der Netzhaut des Auges erst den eigentlichen Gesamtfarbeindruck ergibt.
Seit einiger Zeit unzufrieden mit seiner »rohen« Malweise, entschließt sich nun auch der ältere Pissarro, anstelle der »Unordnung« impressionistischer Pinselführung die Technik sorgfältig gesetzter Punkte zu übernehmen. Als Signac Anfang 1886 Pissarros erstes Bild in der neuartigen Malweise sieht, ist auch er für diese pointillistische Manier gewonnen. Damit erreicht der »Chromoluminarismus« seinen Höhepunkt: die totale Zerlegung aller Farbflächen in die Spektralfarben, aus denen sie sich aufbauen, und die strenge Befolgung der Chevreulschen Farbkontrastgesetze. Pissarro ist hingerissen: »Die moderne Synthese ist zu suchen mit Hilfe von Methoden, die auf der Wissenschaft basieren, auf der Farbtheorie, die Chevreul entdeckt hat, auf den Experimenten von Maxwell, den Messungen von O. N. Rood.« Seine alten Kameraden sind nur noch »romantische Impressionisten«, für die jüngeren wählt er selbst die Bezeichnung »wissenschaftliche Impressionisten«.
Tatsächlich gelingt es Pissarro, auch andere Maler – zumindest zeitweilig – mit seiner Begeisterung für die »wissenschaftliche Malerei« anzustecken, wenngleich die Mehrzahl der Impressionisten ablehnend bleibt. Vor allem der junge Vincent van Gogh, zunächst verwirrt von den impressionistischen Arbeiten mit ihrem reichen Kolorit und Licht, läßt sich von dem Älteren Theorie und Technik der Pointillisten erklären, ändert seine Palette und seine Malweise von Grund auf und eignet sich zeitweilig den »Divisionismus« der kleinen Farbpunkte an.
Die Grundregeln ihrer Malweise faßt Paul Signac zusammen in: »D'Eugène Delacroix au Néoimpressionisme« (1899):
»Die neoimpressionistischen Maler sind jene, die die sogenannte Technik der Teilung (division) eingeführt und seit 1886 entwikkelt haben, indem sie als Ausdrucksweise die optische Mischung der Farbtöne und Farben verwenden... Erstens die optische Mischung ganz reiner Pigmentfarben (aller Farben des Prismas und aller ihrer Töne); zweitens die Trennung der verschiedenen Elemente (Lokalfarbe, Lichtfarbe, ihre Gegenwirkungen); drittens das Gleichgewicht dieser Elemente und ihrer Proportion (nach den Gesetzen von Kontrast, von der Abstufung und der Strahlung); viertens die Wahl eines dem Umfang des Bildes entsprechenden Pinseltupfens... Außerdem

noch die Anwendung der geheimnisvolleren Gesetze, die den Linien und Richtungen feste Bahn geben sowie deren Harmonie und gute Ordnung sichern.
Auf diese Weise über die Linie und die Farbe unterrichtet, bestimmt der Maler mit sicherer Hand die lineare und farbliche Komposition seines Gemäldes, deren Dominanten in Richtung, Ton und Farbgebung dem Sujet, das er behandeln will, angemessen sind.«
Das Buch Signacs, eine Art »neoimpressionistischer Katechismus«, basiert auf den Aufzeichnungen, in denen Georges Seurat kurz vor seinem frühen Tod das Malsystem der Neo-Impressionisten in jenem nüchternen und präzisen Stil niederlegt, der seiner »wissenschaftlichen« Theorie entspricht:

»**Ästhetik.** Kunst ist Harmonie. Harmonie ist die Analogie gegensätzlicher und ähnlicher Elemente des Tones, der Farbe und der Linie, die entsprechend den wesentlichen Merkmalen und dem Einfluß des Lichtes heitere, ruhige oder traurige Zusammenstellungen ergeben. Gegensätze sind:
Für den Tonwert: ein leuchtender/heller gegenüber einem dunkleren.
Für die Farbe: die Komplementärfarben, d. h. ein gewisses Rot wird gegen seine Komplementärfarbe gestellt usf. (rot-grün; orange-blau; gelb-violett).
Für die Linie: diejenigen, die einen rechten Winkel bilden.
Heiterkeit des Tonwertes ergibt sich durch das Dominieren leuchtender Farben; Heiterkeit der Farbe durch das Dominieren warmer Farben; Heiterkeit der Linie durch Linien oberhalb des Horizontes. Ruhe des Tonwertes ergibt sich durch das Gleichgewicht von Hell und Dunkel; Ruhe der Farbe durch das Gleichgewicht von Warm und Kalt; und Ruhe der Linie durch Horizontale.
Traurige Tonwerte ergeben sich durch Überwiegen des Dunklen; Traurigkeit der Farbe resultiert aus dem Dominieren kalter Farben und Traurigkeit der Linie aus einer abwärts gerichteten Tendenz.

Technik. Nimmt man das Phänomen der Dauer des Lichteindrucks auf der Retina als gegeben an, dann folgt als Resultat eine Syn-

19, 20 **Georges Seurat** *(1859–1891) »Ein Sonntagnachmittag auf der Insel La Grande Jatte«. 1885. Öl auf Leinwand. 206 × 306 cm. Chicago, The Art Institute. Darüber: Detail aus diesem Bild.*
Im Jahre 1885 begann Seurat seine pointillistische Maltechnik zu entwickeln, nach der reine Farben in Form kleiner Tupfen, Punkte oder kommaähnlicher Striche auf eine erste großzügig hingeworfene Farbschicht aufgetragen werden. Die Farbmischung erfolgt optisch auf der Retina des Auges.

21 **Claude Monet** *(1840–1926) »La Grenouillère«. 1869. Öl auf Leinwand. 74,5 × 100 cm. New York, The Metropolitan Museum of Art, Bequest of Mrs. H. O. Havemeyer, 1929. The H. O. Havemeyer Collection. (Copyright SPADEM, Paris/ Bild-Kunst, Bonn)*

these daraus. Das Ausdrucksmittel ist die optische Mischung der Ton- und Farbwerte (der Lokalfarbe und der Farbe des auffallenden Lichts: Sonne, Öllampe, Gaslampe usw.), d. h. des Lichts und seiner Wirkungen (Schatten), folgend den Gesetzen des Gegensatzes der Abschattung von Strahlungen.«

»Neo-Impressionisten«, diesen Namen schuf Félix Fénéon, und die Gemeinten (Seurat, Signac und Pissarro) lassen ihn sich gefallen, um damit – wie Signac später erklärt – die Bemühungen der älteren Generation anzuerkennen und darauf hinzuweisen, daß sie, wenngleich unter Anwendung verschiedener Techniken, das gleiche Ziel anstreben, nämlich Licht und Farbe »einzufangen« und wiederzugeben.

Doch es gibt nichts Gemeinsames, lediglich eine äußere Beziehung. Diese Neo-Impressionisten und ihre Schüler schließen sich, wie Emile Bernard später berichtet, »wie in das engste Gefängnis ein, erlegen sich Arbeitspensen und Strafarbeiten auf, die ihr Schaffen zu einer Strafe und einem Handwerk werden lassen. Es gibt nur noch eines: seine Zeichnung wie einen Entwurf anzulegen und die einzelnen Abschnitte mit den Komplementärfarben, dazu mehr oder weniger Weiß, auszufüllen.« Mit Verbissenheit frönen sie ihrem Wunschtraum, durch Anwendung wissenschaftlicher Gesetze endlich zu einer unfehlbaren und universellen Schönheit zu gelangen.

Jedoch »alles war vorhersehbar – nur eine Tatsache nicht: daß das Genie des Malers stärker sein kann als der Zwang der Regeln, den er sich auferlegt, und daß er die Regeln sich unterwirft«. (Mathey)

Männer wie Pissarro, Seurat oder Signac können den gefährlichen Konsequenzen eines allzu engen Formalismus noch entgehen, da sie sich doch eine gewisse Freiheit in der Anwendung ihrer wissenschaftlichen Grundsätze erlauben und die »absolute Technik« ihrer persönlichen Inspiration anpassen.

Für alle anderen jedoch werden »diese gefährlichen Spielereien« zu »Exerzitien mit Kompaß, Winkellineal und Richtschnur«.

Die meisten der impressionistischen Altmeister erkannten dies von Anfang an und standen der neuen »Schule« in distanzierter bis wütender Ablehnung gegenüber.

»Hüten Sie sich vor den kleinen, unreifen Chemikern, die Pünktchen aneinanderreihen! Hüten Sie sich vor den Komplementärfarben, die sich gegenseitig stoßen, aber keine Harmonie bilden ...«, warnt Gauguin Sérusier.

Bald wendet Van Gogh sich wieder von dieser »wissenschaftlichen Methode« ab. »Was das Pointillieren betrifft«, schreibt er an seinen Bruder Théo, »so halte ich das für eine wirkliche Revolution zur

22 **Pierre-Auguste Renoir** *(1841–1919)* *»La Grenouillère«. 1868. Öl auf Leinwand. 65×93 cm. Winterthur, Sammlung Oskar Reinhart. (Copyright SPADEM, Paris/Bild-Kunst, Bonn)*
Die beiden Freunde Renoir und Monet lebten und arbeiteten oft zusammen. So hielten sie sich auch im Sommer 1868 gemeinsam an jenem »der Froschteich« genannten Ausflugslokal mit Bademöglichkeit in der Nähe von Paris auf. Beide mußten ihre Arbeit mehrfach unterbrechen, da ihnen das nötige Geld nicht nur für Farben, sondern bisweilen auch für das tägliche Brot fehlte. Gemeinsam ist ihren Bildern das vibrierende Gewebe kleiner Flecken und Striche, die – anstatt die Details zu betonen – dazu beitrugen, die durchsonnte Luft wiederzugeben und Bäume, Gras, Wasser und Menschen die spezifische Stimmung des Tages in ihrem ganzen Reichtum an Farbe und Leben aufzuprägen.

Wiedergabe von Aureolen oder ähnlicher Dinge; aber es ist jetzt schon vorauszusehen, daß diese Technik genauso wie jede andere nicht zu einem universellen Dogma werden wird.« Schließlich beginnt auch Pissarro zu zweifeln. Zunächst versucht er, die unerbittliche Farbteilung der hart nebeneinanderliegenden Grundfarben durch Übergänge (passages) zu mildern, womit er sich den Zorn des gestrengen Pointillisten Signac zuzieht. Pissarro lehnt sich gegen die unnachgiebige Theorie auf: »Ich denke hier viel über die Möglichkeit nach, ohne ›point‹ zu malen, und hoffe, es gelingt mir. Die Frage des reinen divisionierten Tones ohne Härte habe ich aber noch nicht zu lösen vermocht. Wie soll ich zu den Eigenschaften der Reinheit, der Einfachheit des ›point‹ und gleichzeitig zur Fülle, Geschmeidigkeit, Freiheit, Ursprünglichkeit, Frische der Empfindung unserer impressionistischen Kunst gelangen.«
Schließlich bricht er diesen Versuch ab, über den er später resigniert schreibt: »Nach vierjährigen Experimenten gab ich diese Theorie (die divisionistische Technik) nach langem, inneren Ringen wieder auf, um wiederzugewinnen, was ich verloren, und nicht zu verlieren, was ich gelernt hatte. Ich betrachte mich nicht mehr als einen der Neo-Impressionisten, die Bewegung und Leben für eine diametral entgegengesetzte Ästhetik aufgegeben haben, welche je nach Veranlagung manchem zusagen mag, jedoch nicht mir, der ich jede enge und sogenannte wissenschaftliche Theorie meide. Nach vielen Versuchen stelle ich fest, ... daß es mir auf diese Weise unmöglich ist, die flüchtigen, wunderbaren Eindrücke der Natur festzuhalten, unmöglich, meiner Zeichnung eine besondere Note zu geben; deshalb mußte ich Schluß machen. Es war Zeit.«
Pissarro übermalt einige seiner divisionistischen Bilder und zerstört andere.
Im März 1891 stirbt 31jährig Georges Seurat, der große Begründer und Anführer des »wissenschaftlichen Impressionismus«. Paul Signac übernimmt die Lei-

tung der Gruppe, und unermüdlich führt er den Kampf um die Durchsetzung der neuen Ideen weiter.
Doch während der Impressionismus seinen Triumphzug durch Europa und Amerika antritt, bleibt der Neo-Impressionismus stets nur ein akademischer Ableger, der allein deshalb nicht ganz der Vergessenheit anheimfällt, weil seine großen Begründer eben doch zu starke Persönlichkeiten und begnadete Maler waren, als daß sie ihrem eigenen Anspruch, den künstlerischen Akt der Wissenschaft unterzuordnen oder zumindest einzugliedern, strikt Folge geleistet hätten.

Der Versuch einer vollkommenen Synthese der beiden Pole »Naturwissenschaft« und »Kunst« mußte scheitern, denn:
»Es gibt etwas in der Malerei, das nicht erklärt werden kann, und das ist ihr Wesentliches. Man kommt mit Theorien vor die Natur, aber die Natur schmettert alles zur Erde... Die Wahrheit ist, daß es in der Malerei, wie in den anderen Künsten auch, nicht ein einziges Verfahren gibt, und sei es auch noch so geringfügig, das erlaubt, in eine Formel gefaßt zu werden.« So schreibt Pierre-Auguste Renoir, und Gauguin faßt die Konsequenzen daraus für den Maler zusammen:

»Man muß sich mit Leib und Seele in den Kampf stürzen, gegen alle Schulen ankämpfen, gegen alle ohne Unterschied, und zwar nicht, indem man sie herabsetzt, sondern indem man nicht nur den Offiziellen die Stirn bietet, sondern auch den Impressionisten und Neo-Impressionisten, dem alten und dem neuen Publikum... Man muß... alles tun, was verboten war, und mit mehr oder weniger Glück neu bauen, ohne Furcht vor Übertreibungen, ja sogar mit Übertreibungen. Immer neu lernen; und wenn man etwas beherrscht, weiterlernen. Alle Schüchternheit überwinden, so lächerlich man dabei auch erscheinen mag. Vor seiner Staffelei ist der Maler weder Sklave der Vergangenheit noch der Gegenwart, weder der Natur noch seines Nachbarn. – Er ist er selbst, abermals und stets nur er selbst.«

23 **Paul Signac** *(1863–1935) »Gaskessel von Clichy« 1886. Öl auf Leinwand. 64,5 × 81,5 cm. Melbourne, National Gallery of Victoria. (Copyright SPADEM, Paris/ Bild-Kunst, Bonn)*
Auch Signac stellte sich auf die neue »wissenschaftliche« Methode der Malerei um, die wesentlich auf den von M.E. Chevreul formulierten Gesetzen des Farbkontrastes und der Farbharmonie beruhte.

SHIRYÛ MORITA

In Ostasien hatte man von jeher ein anderes Verhältnis zur Schrift als in Europa. Dient hier die auf römische bzw. griechische Tradition zurückgehende lateinische oder kyrillische Buchstabenschrift lediglich als alltägliches Mittel zur Informationsvermittlung, so haftet der mehr als zweitausendjährigen ostasiatischen Schreibtradition etwas Künstlerisches an, das auch den mythisch-religiösen Bereich tangiert. Vermutlich liegt dies an der gegenüber dem einfachen Alphabet ungleich schwierigeren Schrift mit ihrer Vielzahl von Wort- und Silbenzeichen, die perfekt zu erlernen früher einer relativ kleinen Elite von Schreibmeistern vorbehalten war. Auch das Werkzeug des Schreibmeisters – Pinsel und Tusche – rückt diesen in die Nähe des bildenden Künstlers. So kann die Begriffsverbindung Künstler-Schreibmeister gerade in Japan auf eine lange Tradition zurückblikken.

Seite 191 bis 196

SHIRYÛ MORITA

ein japanischer Schreibmeister

Von Irmtraud Schaarschmidt-Richter

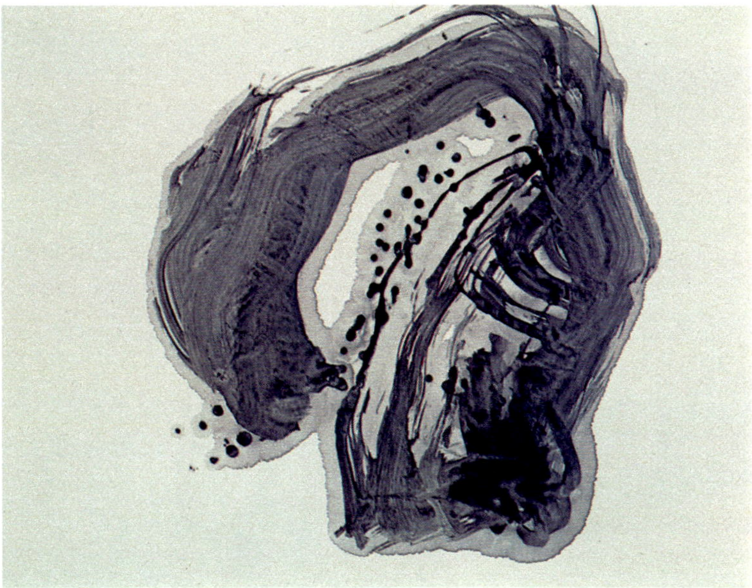

Die ostasiatische Schreibkunst blickt auf eine mehr als 2000-jährige Tradition zurück und hat im chinesischen Schriftzeichen ihren Ursprung. Später dann traten im 9. Jahrhundert für Japan die beiden Silbenschriftformen hinzu. Noch heute sind die Schrift- oder die Silbenzeichen die formalen Grundlagen eines jeden Schreibwerkes. Früh schon wurde in China und später dann auch in Japan die Ausdruckskraft seiner Linien bewundert, denn die Zeichen vermittelten mehr als nur einen Textinhalt. Auch ging ein solches Werk über eine exakte ornamentale Kalligraphie, wie wir sie besonders aus unserem abendländischen Mittelalter und der Renaissance kennen, weit hinaus. Seit dem 14. Jahrhundert etwa wird diese Kunst in Japan als sho-dô (Weg des Schreibens) bezeichnet, wobei dô (Weg) als der Weg zur letzten menschlichen Freiheit interpretiert werden kann: Mensch — Welt — Ding werden eins und frei in letzter Objekt-Überwindung. Kunst wird hier in tiefster Bedeutung aufgefaßt, die Zen-Philosophie spielt dabei eine wesentliche Rolle.

Material und Werkzeug haben sich seit alters kaum geändert: Die Schriftzeichen in ihren verschiedenen Entwicklungsstufen, Ausprägungen und Stilen stehen noch heute zur Verfügung und werden noch alle, zum Teil in höchst moderner Weise, angewandt. Papier, manchmal gefärbt oder dekoriert, sowie Tusche und Pinsel sind ebenfalls fast noch die gleichen, denn dem ostasiatischen, lichtaufsaugenden, strukturreichen Papier und dem elastischen, hochsensiblen Pinsel konnte nichts gleichwertig Neues entgegengesetzt werden, wie auch der Tusche, was allerdings nicht hinderte, daß auch auf Holz, Lack usw. und mit Farb- oder Goldpasten geschrieben wurde und wird. Schriftzeichen, Pinsel, Papier und Tusche sind auch die Hauptmaterialien des japanischen Schreibmeisters Shiryû Morita geblieben, seine zeitweise Bevorzugung von Lack- oder Goldgrund oder Goldpaste ändert daran nichts.

Er wurde 1912 geboren und gehört zu den bedeutendsten Schreibmeistern, ja wohl zu den wichtigsten Künstlern der japanischen Moderne. Bis zu seinem 24. Lebensjahr hat Morita die Schreibkunst als Amateur betrieben, so wie es viele auch heute noch in Japan tun. Doch dann erkannte er, daß in der Pinsellinie der Zeichen seine eigentliche Möglichkeit der Selbstverwirklichung lag. Er ging nach Tôkyô, wo er mit der Bewegung »Neues Dorf« von Mushanokôji in Berührung kam. Mushanokôjis Sentenz, »mach das meiste aus dir, indem du das meiste aus den anderen machst«, akzeptierte er für seinen Weg des Schreibens: »mach das meiste aus dem Schwarz (Tusche), indem du das meiste aus dem Weiß (Papier) machst«. Eine wichtige Erkenntnis, die die spätere Einsicht von der Notwendigkeit der Einheit von Mensch, Pinsel, Papier, Tusche und Zeichen schon in Ansätzen erkennen läßt.

Nach Kriegsende, als Japan sich neu dem Westen öffnete, wurde auch die japanische Kunst mit einer neuen Situation konfrontiert, wobei es nicht nur galt, die andere, die westliche Seite aufzunehmen, sondern die eigene Welt ihr entgegenzusetzen und Verbindungen herzustellen. In der 2. Nummer seiner 1948 gegründeten ersten Zeitschrift veröffentlichte Morita den Aufsatz »Wie ein Regenbogen«, in dem

1 *»Chû« (Ein Ding klar im Raum, zum Himmel aufsteigen). 1965. Vierteiliger Wandschirm. Aluminium-Goldpaste auf schwarzem gelacktem Papier. 166 : 312 cm*

2 *»Kumo mushin« (Wolke — Nichts im Gedanken, Wolke im unendlichen Raum). 1966. Vierteiliger Wandschirm. Tusche auf Papier. 155 : 270 cm*

3 *»En« (Kreis, Vollkommenheit der inneren Freiheit). 1967. Tusche auf Papier. 69 : 91 cm*

1 *"Chû" (An object clear in space ascending toward sky). 1965. Four-part screen. Aluminium gold-paste on black lacquered paper. 166 : 312 cms.*

2 *"Kumo mushin" (Cloud—nothing in thought, cloud in infinite space). 1966. Four-part screen. Ink on paper. 155 : 270 cms.*

3 *"En" (circle, perfection of inner freedom). 1967. Ink on paper. 69 : 91 cms.*

er für die Universalität der »sho«-Kunst und ihrer Vermittlerrolle plädiert. Die Befreiung von der Strenge imperialistischer Jahre drückte sich in der »sho«-Kunst darin aus, daß man die verbindliche Form der Schriftzeichen aufzugeben versuchte, Begegnungen mit der abstrakten Kunst des Westens kamen hinzu. 1951 gründete Morita eine neue Zeitschrift »Bokubi – Schönheit der Tusche«, eine inzwischen international berühmt gewordene Monatszeitschrift. Hier führte er eine Artikelserie von verschiedenen Autoren weiter, die er schon in der ersten Zeitschrift begonnen hatte. Sie setzte sich mit der abstrakten Form auseinander, was schließlich dazu führte, daß die Schriftzeichen wieder stärker in den Vordergrund rückten, eine Entwicklung, die sich auch an den Zeitschriften selbst ablesen läßt. Wurden anfangs noch zahlreiche westliche abstrakte Maler vorgestellt – Franz Kline zum Beispiel, der damit eigentlich erst seine Karriere begann –, so wur-

4 *»Ryû wa ryû wo shiru« (Der Drache kennt den Drachen). 1964. Vierteiliger Wandschirm. Aluminium-Goldpaste auf schwarzem gelacktem Papier. 166 : 312 cm*

"Ryû wa ryû wo shiru" (The dragon will recognize the dragon). 1964. Four-part screen. Aluminium goldpaste on black lacquered paper. 166 : 312 cms.

den dann immer mehr wissenschaftliche oder essayistische Arbeiten über ostasiatische Schreibmeister aller Jahrhunderte aufgenommen. Was aber nicht als Rückgriff in unserem Sinne zu verstehen ist, sondern als eine — und so will Morita seine ganze Arbeit mit »Bokubi« verstanden wissen — »Reinigung der ›sho‹-Kunst vom Schmutz der Konvention«, wie er auch die Aufnahme der westlichen Künstler nicht als Anknüpfung, sondern als Brükkenschlag meinte.

1950 siedelte Morita nach Kyôto über, wo er in dem Zen-Philosophen Shinichi Hisamatsu und dem Ästhetiker Tsutomu Ijima wichtige Lehrer fand. 1952 schließlich gründete er mit seinen Freunden die Boku-jin-kai — wörtlich: Tusche-Mensch-Gruppe —, die seitdem regelmäßig Ausstellungen veranstaltet, von denen einige auch in Amerika und Europa zu sehen waren, Morita selbst auch in Einzelausstellungen in Frankfurt und Hannover.

Was aber nun ist die Schreibkunst Moritas? Zu Zeiten, als Pollock noch aktuell und im Gespräch war, glaubte man im Vergleich mit dessen Arbeiten eine Interpretationshilfe zu finden und kam dann häufig zu dem Schluß, daß die »sho«-Kunst der Moderne ebenfalls als Automatismus zu betrachten sei und im

5 *»Kanzan« (chinesisch »Han-Shan«, ein chinesischer Dichter von großer Freiheit). 1969. Vierteiliger Wandschirm. Tusche auf Papier. 157,5 : 267 cm*
"Kanzan" (Chinese "Han-Shan", a Chinese poet of great freedom). 1969. Four-part screen. Ink on paper. 157.5 : 267 cms.

6 *»Megumi« (Barmherzigkeit). 1969. Tusche auf Papier. 68 : 105 cm*
"Megumi" (Charity). 1969. Ink on paper. 68 : 105 cms.

7 *»En« (Kreis, Vollkommenheit der inneren Freiheit). 1966. Tusche auf Papier. 82 : 100 cm. Kyôto, Sammlung Kokusai Kaikan (International Conference Hall)*
"En" (circle, perfection of inner freedom). 1966. Ink on paper. 82 : 100 cms. Kyôto, Kokusai Kaikan collection (International Conference Hall)

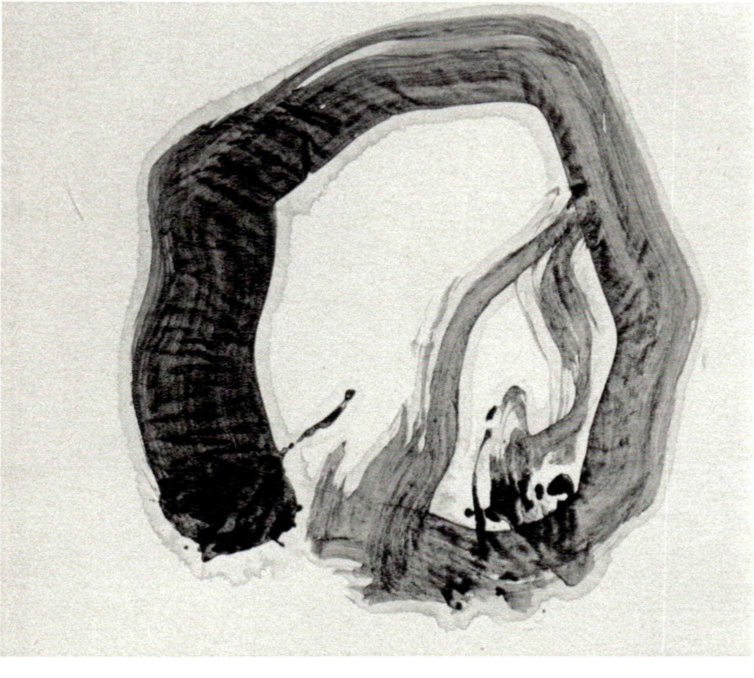

unbewußten Trancezustand entstehe. Dagegen aber wehrt sich Morita sehr entschieden, und ein genaues Studium der beiden Ausgangssituationen sowie der Ergebnisse muß ihm unbedingt recht geben.

Zwar mögen für einen Außenstehenden seine breiten, doch federnd gespannten, stark strukturierten Pinselbahnen wie automatisch geschriebene Tuscheformen erscheinen, zumal wenn der Betrachtende keine chinesischen Schriftzeichen kennt. Diese aber immer nach wenigen Grundmustern linear zusammengesetzten und in ein Rechteck einpaßbaren, durchaus lesbaren Zeichen liegen allen seinen Werken zugrunde. Die von ihm benutzten Kursivformen gehen von älteren, durch frühere Meister standardisierten Formen aus, wenn sie auch seine ganz eigene Ausprägung erhalten. Diese persönliche Ausprägung aber ist mehr als nur eine emotionale, individuell-automatische Linienfigur. Sho-dô ist Weg zur Freiheit, Freiheit vom individuellen Ich, von den Objekten und ihren Beschränkungen, hin zur Freiheit des Selbst, zum eigentlichen Leben, japanisch *inochi*, wie Morita, zur kurzen Formel gedrängt, es nennt. Dieser Weg aber kann nur in höchster Bewußtheit beschritten werden, in strenger Konzentration, in der der Schreibende mit Pinsel, Papier, Schriftzeichen und Tusche wie mit seinem eigenen Körper, kurz, mit allen Dingen der äußeren Welt eins wird, sie lebt und damit sein Selbst erreicht, unabhängig von allem, was ihn einschränken könnte, nicht indem er es negiert, sondern überwindet, als letzte Objekt-Überwindung, selbst seines individuellen Ichs. Bei diesem Vorgang spielt der die Tuschelinien ziehende Pinsel eine wesentliche Rolle. Schreiber und Pinsel arbeiten als *eines*, Körper und Pinsel sind nicht zu trennen, in rhythmischer Bewegung verschmelzen sie mit Tuschebahn und Papier zu einem Ganzen. Hier wird am deutlichsten, wie Gegensätze nicht dualistisch, sondern polar verstanden werden. Indem der Schreibende sie überwindet, wirken sie als *eine* Kraft. Ein alter Chinese hat über die Handhabung des Pinsels einmal gesagt: Jeder Schritt vorwärts ist ein Anhalten, jedes Anhalten ein Schritt vorwärts. Und indem das Vorwärtsgehen, der Zug der Pinsellinie, und das Anhalten, der Punkt, zu einem werden, entsteht jene gespannte Form, die so lebendig ist, daß selbst Außenstehende, die nichts von der ostasiatischen Kunstauffassung wissen und die Bedeutung der Zeichen nicht verstehen, etwas erfahren von dem, was Morita mit *inochi* meint.

Jene Freiheit aber, um die es Morita geht, fand er bereits in vielen Schreibmeistern vor ihm, vor allem Zen-Schreibmeistern, verwirklicht, so in Daitô Kokushi (Shûhô-myôchô, 1282–1337), in Jiun (1718–1804), in Ryôkan (1758–1831) und vor allem in Hakuin Ekaku (1685–1768), sie waren ihm große Lehrmeister. Aus einer stark vom Buddhistischen, auch Zen-Buddhistischen, bestimmten Haltung ist auch seine Wahl der Schriftzeichen, die er immer wieder schreibt, zu verstehen: En – Kreis der Vollkommenheit, Raku – Fallenlassen alles, was die Freiheit einschränkt, En-ten – sich frei bewegen, Ryû – Drache, als Zeichen der Größe und Freiheit, oder Ryû wa ryû wo shiru – der Drache kennt den Drachen usw. Ständig wiederholt er eine bestimmte Gruppe von Zeichen, die seiner Haltung entsprechen. Doch nur relativ wenige davon erscheinen vor der Öffentlichkeit als Werk, denn der Weg des Schreibens ist lang und bedarf der ständigen Übung und Überprüfung. Der Vorgang des Schreibens selbst aber läuft verhältnismäßig rasch ab. In wenigen Minuten, mit kontinuierlichen Bewegungen, die durch Zögern nicht gestört werden dürfen und deren Linien nicht korrigiert werden können, entsteht das Zeichen. Aber das Ergebnis selbst ist sekundär, sehr häufig wird es wieder vernichtet, weil der Schreibende nicht bis zur Freiheit vorstieß, denn diese Erfahrung der Freiheit im Moment des Schreibens ist wichtiger, hier wird das eigentliche Leben, nach Morita das *inochi*, erreicht, doch ist es nur im Moment höchster Konzentration und Bewußtwerdung möglich.

ASSISI

Überragt von einer mächtigen Burg und an den Berg Subasio geschmiegt, liegt Assisi im »grünen Umbrien«, dem Herzen Italiens. 1182 ist hier der heilige Franz geboren, der Gründer des Franziskanerordens, jener Klostergemeinschaft also, die als erste wieder zum christlichen Armutsideal zurückgekehrt ist. Und eine Stadt des heiligen Franz ist Assisi bis heute geblieben. Wo aber Frömmigkeit herrscht, da gedeiht in aller Regel die Kunst. So auch in Assisi. Knapp dreißig Jahre nach dem Tod des Heiligen wurden ihm und der heiligen Klara zwei gotische Klosterkirchen geweiht, und was das Kunstgewerbe angeht, so blühte und blüht dort eine besondere Art der Stikkerei, die den Namen des Ortes trägt: Assisi-Stickerei. Abgeleitet von alten Klostertraditionen wurde diese Kunst mit mäzenatischer Hilfe seit der Jahrhundertwende wieder gelehrt und gepflegt, um armen Mädchen des Ortes ein Auskommen zu ermöglichen. Eine Ausstellung moderner Plastik in diesem würdigen historischen Rahmen ist ein ungewöhnliches kulturelles Ereignis.

Seite 197 bis 206

Natur, Raum und Kunst in ASSISI

Eine Dokumentation von Klaus-Hartmut Olbricht

2

3

NATUR:

Gelobt seist Du, Herr,
mit allen Wesen, die Du geschaffen,
der edlen Herrin vor allem, Schwester Sonne,
die uns den Tag heraufführt und Licht
mit ihren Strahlen, die Schöne, spendet;
gar prächtig in mächtigem Glanze:
Dein Gleichnis ist sie, Erhabener.
Gelobt seist Du, Herr,
durch Bruder Mond und die Sterne.
Durch Dich sie funkeln am Himmelsbogen
und leuchten köstlich und schön.

Franz von Assisi: Strophe I und II aus »Der Sonnengesang«

Assisi

1 *Auf der vorhergehenden Seite: Henry Moore. »Liegende Figur Nr. 2«. Bronze. 1963 – 1965. Vor dem Nordportal der Basilica di S. Francesco (Eingang in die Unterkirche)*

2 *Links: Die gotische Hauptfassade der Basilica di S. Francesco im Licht der aufgehenden Sonne*

3 *Oben: Henry Moore. »Große Totem-Figur«. Bronze. 1968. Vor dem Minerva-Tempel an der Piazza del Comune*

1 *On the preceding page: Henry Moore. "Reclining Figure no. 2". Bronze. 1963 – 1965. In front of the northern portal of the Basilica di S. Francesco (entrance to lower church)*

2 *Left: The Gothic Main Front of the Basilica di S. Francesco in the light of the rising sun*

3 *Above: Henry Moore. "Big Totem Figure". Bronze. 1968. In front of the Minerva temple on the Piazza del Comune*

RAUM:

Der Raum reduziert sich für uns nicht auf geometrische Beziehungen, die wir festsetzen, als wenn wir selbst, auf die einfache Rolle neugieriger oder wissenschaftlicher Zuschauer beschränkt, uns außerhalb des Raumes befänden. Wir leben und handeln im Raum, und im Raum spielt sich ebensosehr unser persönliches Leben ab wie das kollektive Leben der Menschheit.

Minkowski, »Le temps vécu«

KUNST UND RAUM:

Das Ineinanderspiel von Kunst und Raum müßte aus der Erfahrung von Ort und Gegend bedacht werden. Die Kunst als Plastik: keine Besitzergreifung des Raumes. Die Plastik wäre keine Auseinandersetzung mit dem Raum.
Die Plastik wäre die Verkörperung von Orten, die, eine Gegend öffnend und sie verwahrend, ein Freies um sich versammelt halten, das ein Verweilen gewährt den jeweiligen Dingen und ein Wohnen dem Menschen inmitten der Dinge.
Die Plastik: die Verkörperung der Wahrheit des Seins in ihrem Orte stiftenden Werk.

Martin Heidegger,
»Die Kunst und der Raum«

Assisi, an die sanften Abhänge der Subasio-Berge gelehnt, umgeben von der malerischen Landschaft Umbriens, hat als Refugium eine geistige Schönheit, welche die materielle sichtbar an Erhabenheit und Größe übertrifft. Hier wurde der heilige Franz von Assisi geboren.
Fast unmerklich vermischen sich in diesem Ort die religiösen Gefühle mit den ethischen Wertvorstellungen und der ästhetischen Qualität der Bauwerke vor dem Hintergrund der ländlichen Umgebung. Das geistig Schöne ist auch in seinem sinnlich wahrnehmbaren Ausdruck schön. Ergriffenheit wird an diesem Platz Disposition zur Kunst.
Das Kunstwerk hat zu allen Zeiten zur Lebensbereicherung und -freude gedient. Das Kunstwerk ist aktiv, es verändert, es macht bewußt. Das Kunstwerk eröffnet neue und immer neue Formen der Sensibilität, und da die Sensibilität eine Weise des Erlebens ist, da wir nur sind, indem und insofern wir erleben, geht das intensive Werk bis an die Wurzeln menschlichen Seins.
Eine Ausstellung moderner Skulpturen im Rahmen der idealen mittelalterlichen Architektur von Assisi wurde für die Besucher zu einem denkwürdigen existentiellen Erlebnis, zu einer kompakten Erfahrung der Einheit von Natur, Raum und Kunst. (Die Präsentation der Werke der Bildhauer Greco, Manzù und Moore fand Ostern 1974 in Assisi statt; sie gehört zu einer Reihe von Ausstellungen, die einmal jährlich besondere Aspekte der Kunst in diesem Ort zeigen will.)

Assisi

4
5 *Verschiedene räumliche Dimensionen des Anblicks von Giacomo Manzùs »Karosse I«. Bronze. 1964. Auf der Piazza Superiore di S. Francesco*

Several aspects of different perspectives of Giacomo Manzù's "State-Coach I". Bronze. 1964. On the Piazza Superiore di S. Francesco

6 *Rechts: Giacomo Manzù. »Karosse I«. Bronze. 1964. Vor dem Doppelportal und Spitzbogen der Basilica di S. Francesco*

Right: Giacomo Manzù. "State-Coach I". Bronze. 1964. In front of the double portal and pointed arch of the Basilica di S. Francesco

7 *Auf der folgenden Doppelseite: Blick von der Basilica di S. Chiara auf den alten Stadtkern und die Kirche S. Maria Maggiore im Licht der untergehenden Sonne*

On the following two pages: View looking from the Basilica di S. Chiara on the old part of the city and the church of S. Maria Maggiore in the light of the setting sun

Assisi

8 *Henry Moore. »Liegende Figur Nr. 2«. Bronze. 1963 – 1965. Vor dem Eingang zu dem Sacro Convento*

Henry Moore. "Reclining Figure no. 2". Bronze. 1963 – 1965. In front of the entrance to the Sacro Convento

ARS ELECTRONICA

Wir leben im Zeitalter der Elektronik! Microchips und Computer drängen sich mehr und mehr in unseren Alltag, und diese Entwicklung macht auch vor der Kunst nicht halt. War es bis vor wenigen Jahren noch Ziel der Unterhaltungselektronik, ein Fernsehbild so naturgetreu wie möglich erscheinen, elektronisch aufgezeichnete Musik wie im Konzertsaal klingen zu lassen, so betätigt sich der Mann am Mischpult inzwischen selbst als kreativer Künstler: Das Resultat seiner Arbeit klingt auf einer guten Stereoanlage besser als im Konzert. Daß mit Hilfe der Elektronik auch optische Effekte möglich sind, die mit Recht künstlerischen Anspruch erheben, sollen die folgenden Seiten zeigen.

Seite 207 bis 216

In der Zeit vom 18. bis 21. September 1979, im Rahmen des Internationalen Bruckner-Festes, fand in Linz die Veranstaltung »ars electronica« statt. Aus aller Welt wurden Künstler und Techniker eingeladen, deren Tätigkeit der Verbindung zwischen Kunst und Elektronik gewidmet ist. Zum ersten Mal fand eine solche Veranstaltung öffentlich statt, und dementsprechend standen Vorführungen und Experimente im Vordergrund. Alle Life-Demonstrationen wurden vom österreichischen Fernsehen aufgezeichnet und für das Publikum wahlweise (innerhalb verschiedener Schwerpunktsendungen der Festwoche) wiedergegeben. Die Resonanz dieser zukunftsgerichteten Aktivität war bemerkenswert groß – ein Zeichen dafür, daß der grundliegende Gedanke verstanden wurde: Was heute noch unter dem Ausschluß der Öffentlichkeit in Studios und Laboratorien entwickelt wird, wird in einigen Jahren seinen Niederschlag in den Kommunikationsmedien finden. Der Leiter des während der »ars electronica« ablaufenden Symposiums, Herbert W. Franke, ist der Verfasser des folgenden Beitrags.

ars electronica

Kunst im elektronischen Zeitalter

Von Herbert W. Franke

Die ersten Berührungspunkte zwischen Kunst und Elektronik ergaben sich in den Aufgaben der Speicherung und Wiedergabe. Wenn die dafür entwickelten Medien, beispielsweise Schallplatte und Magnetband, in Aktion treten, ist der eigentliche künstlerische Akt bereits vorbei, nämlich die Entstehung des Kunstwerks. Das ist der Grund dafür, daß man von seiten der mit Kunst befaßten Wissenschaften lange Zeit nur am Rande Notiz davon nahm. Früher war die Kunstwissenschaft ganz auf die Entstehungsphase und damit auf die Person des Künstlers ausgerichtet. Später erst begann man zu beachten, daß Kunst ein kommunikativer Prozeß ist, dessen Wirkung fraglich bleibt, wenn das Kunstwerk nicht irgendwann und irgendwo ein Publikum erreicht. Damit trat die Rezeption der Kunst ins Blickfeld, und damit wurde auch der große Einfluß der Verbreitungs- und Wiedergabemedien deutlich. Sieht man Kunst als einen Prozeß an, der sich in der Gesellschaft vollzieht und in dem auch das Publikum seinen Stellenwert hat, dann wird erkennbar, daß die heutige Situation der Kunst ohne diese Medien nicht denkbar wäre.

Das gilt insbesondere für die Musik. Hier tritt der bemerkenswerte Fall ein, daß über Speichermedien abgespielte Werke unter Umständen bessere akustische Bedingungen bieten als die übliche Art der Wiedergabe in einem Konzertsaal. Daraus wieder ergibt sich die Konsequenz, daß man sich bereits bei der Aufführung der elektronischen Hilfsmittel bedient, also beispielsweise Instrumente und Stimmen über Mikrophone und Lautsprecher wirken läßt. Zunächst war es die Aufgabe dieser Medien, den möglichst »naturgetreuen« Eindruck wiederzugeben, später aber trat mehr und mehr das Ziel einer »Verbesserung« in den Vordergrund. Manche Life-Präsentationen der Rock-Szene wären etwa ohne elektronische Hilfsmittel nicht denkbar, und bekanntere Gruppen führen neben ihren Instrumenten ganze Wagenladungen von Tonabnehmern, Leitungen, Verstärkern und Lautsprechern mit sich. Den Höhepunkt erreicht diese Technik in den Studios, wo die Musik oft genug in Stimmen zerlegt, akustisch verbessert oder verfremdet und später zusammengefügt und überlagert wird. Das Stück, das schließlich von der Platte kommt, hat es in dieser Form vorher nie gegeben.

Zum Unterschied zu den Musikinstrumenten bis hin zu den Synthesizern stehen sowohl die fotografischen wie auch die fernsehtechnischen Mittel im Dienste der Wiedergabe und nicht der Erzeugung von Bildern. Demgegenüber existierte aber schon lange der Wunsch, auch für die Anfertigung visueller Darstellungen ein Instrument zu besitzen, das den Aufbau der Struktur von den Elementen aus erlaubt. Ein Beispiel für eine solche Idee ist die Lichtorgel, mit der freie visuelle Kompositionen in ähnlicher Weise wie Musikstücke hervorzubringen sein sollten; einige Prototypen solcher Instrumente gehen bis zur Jahrhundertwende zurück, doch haben sie letztlich die erwarteten Hoffnungen nicht erfüllt und konnten sich nicht durchsetzen. Dagegen sind in der Geschichte der Kunst – wenn auch selten in diesem Zusammenhang gesehen – einige Aktivitäten bekannt, die durchaus ein gewisses Maß visueller Gestaltung zulassen. Die älteste Form ist das schon im alten China praktizierte Feuerwerk, ein echtes Spektakel für große Volksmassen und somit auch durchaus modern in der Konzeption. Später gab es erwähnenswerte Versuche mit farbig beleuchteten Wasserfontänen, Laserprojektionen für Bühnenbilder und Lichtskulpturen mit wechselnd blinkenden Lampen.

Offenbar bedeuten aber alle diese Methoden noch nicht die endgültige Lösung des alten Problems, des Wunsches nach einem eigenständigen visuellen Gestaltungsinstrument. Dieser scheint sich eher auf andere Art verwirklichen zu lassen, und zwar durch eine Weiterentwicklung und Verfremdung längst eingeführter Wieder-

1/2/3 *Walter Giers*

1

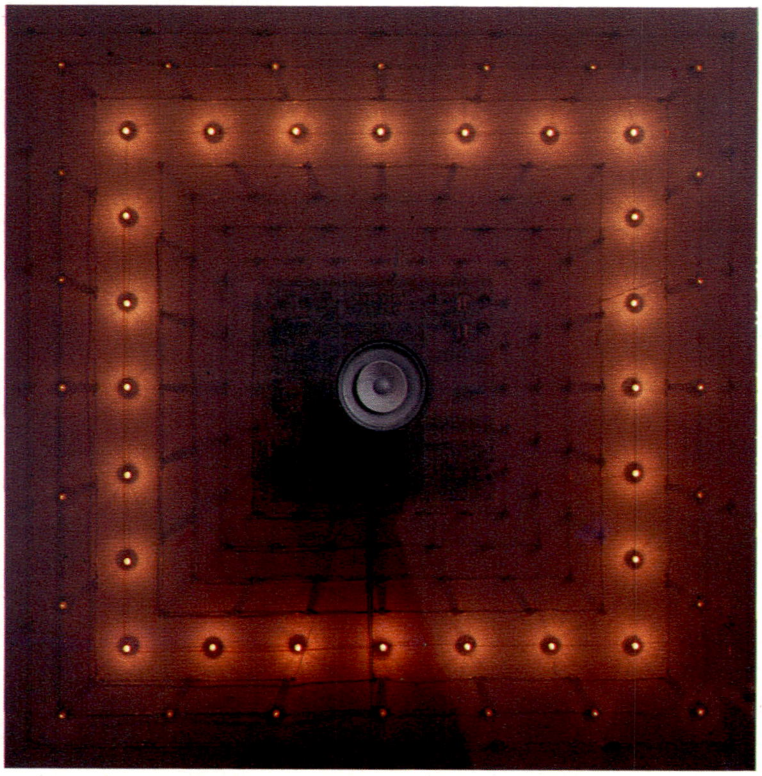

gabemethoden. Obwohl Medien wie Fotografie und Fernsehen zunächst mit der Zielsetzung entwickelt wurden, möglichst getreue Abbilder hervorzubringen, wurde es nachträglich klar, daß jedes Abbild mit Abweichungen vom Original verbunden ist. Sehr deutlich wird das beispielsweise bei der Schwarzweiß-Wiedergabe von bunten Szenen, aber auch die Projektion auf die Bildebene bedeutet einen starken verändernden Eingriff — von der Wiedergabe von »Wirklichkeit« kann keine Rede sein. Nun ist es aber bei allen diesen Medien relativ einfach, auch andere Kennzeichen von Bildern absichtlich zu verändern, um auf diese Weise besondere Effekte zu erhalten. Sowohl in der Fotografie wie auch in der Fernsehtechnik besteht die Möglichkeit, Szenen mit falschen Farben wiederzugeben oder auch ihre Umrisse herauszupräparieren. Auch die Schärfe der Wiedergabe läßt sich, wenn nötig, bis zur Unkenntlichkeit reduzieren. Bilder können verzerrt oder auch überlagert werden — ändernden Eingriffen dieser Art sind keine Grenzen gesetzt.

Die ersten Versuche, vom fotografischen Abbild wegzugehen, beruhten auf spontanen Einfällen — auf dem Wunsch, durch die Verletzung der Spielregeln neue Effekte zu erzielen. Auch die Anfänge der Videokunst sind eher dem freien Experimentieren verwandt als der systematischen Erarbeitung einer neuen Methodik. Der bedeutendste Repräsentant dieser Richtung ist June Paik, der mit seinen Arbeiten 1963 zum ersten Mal an die Öffentlichkeit trat. Seine Bilder erschienen auf den Leuchtschirmen von Fernsehgeräten, die er verändert hatte, beispielsweise durch den Einbau von Magneten, die Bildverzerrungen bewirkten. Inzwischen hat sich von der Zufallserscheinung ein bemerkenswerter Übergang zur gezielten Steuerung vollzo-

2

3

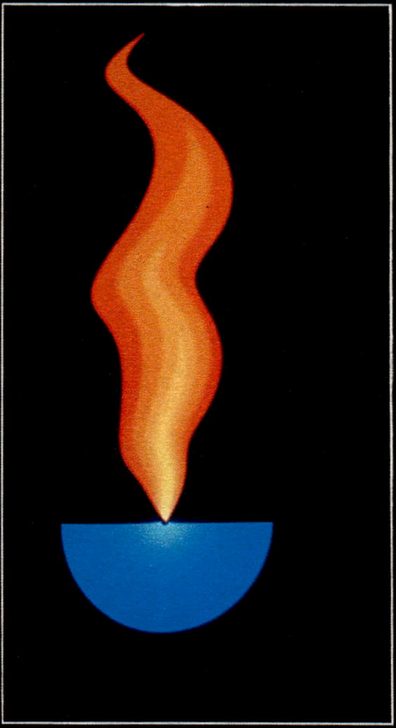

ars electronica

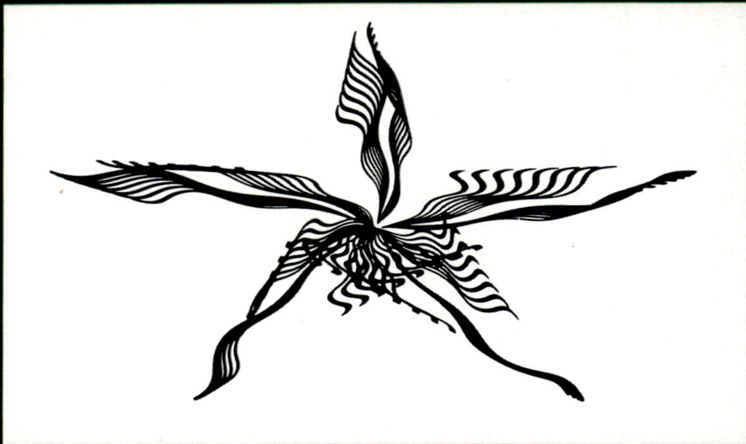

7/8/9 *Alexandre Vitkine*

gen. Einer der führenden Techniker und Gestalter auf diesem Gebiet ist der auch in Linz – bei der Veranstaltung »ars electronica« 1979 – in Erscheinung getretene Ludwig Rehberg. Mit seinem »Videosizer« ist sowohl eine improvisierende Begleitung von Musik wie auch eine eigenständige Gestaltung von Videoproduktionen möglich. Ein Beispiel dafür führte Manfred Kage in Linz vor: die Uraufführung des »Astropoeticon« – als Grundlage der Abläufe dienten Gemälde des Malers Andreas Nottebohm, der sich mit kosmischen Motiven beschäftigt, dazu kamen elektronisch wiedergegebene und verfremdete Texte, komponiert von Walter Haupt.

Von der Videoart läßt sich eine Brücke zum Computer schlagen; hier ist insbesondere der französische Konstrukteur und Autor Jean François Colonna zu nennen, der sich sowohl mit statischen Bildern wie auch mit gegenständlichen oder abstrakten Farb-Form-Spielen beschäftigt. Der Computer findet immer häufiger Anwendung in der graphischen und filmischen Gestaltung. Der konstruktive Künstler Klaus Basset hat sich mit einem Techniker, Willi Plöchl, zusammengetan, um von seinen »Schreibmaschinengraphiken« zu computergedruckten Bildern überzugehen. Er stellte kubische Strukturen unter dem Titel »Tarnräume« vor. Eine besonders für das allgemeine Pu-

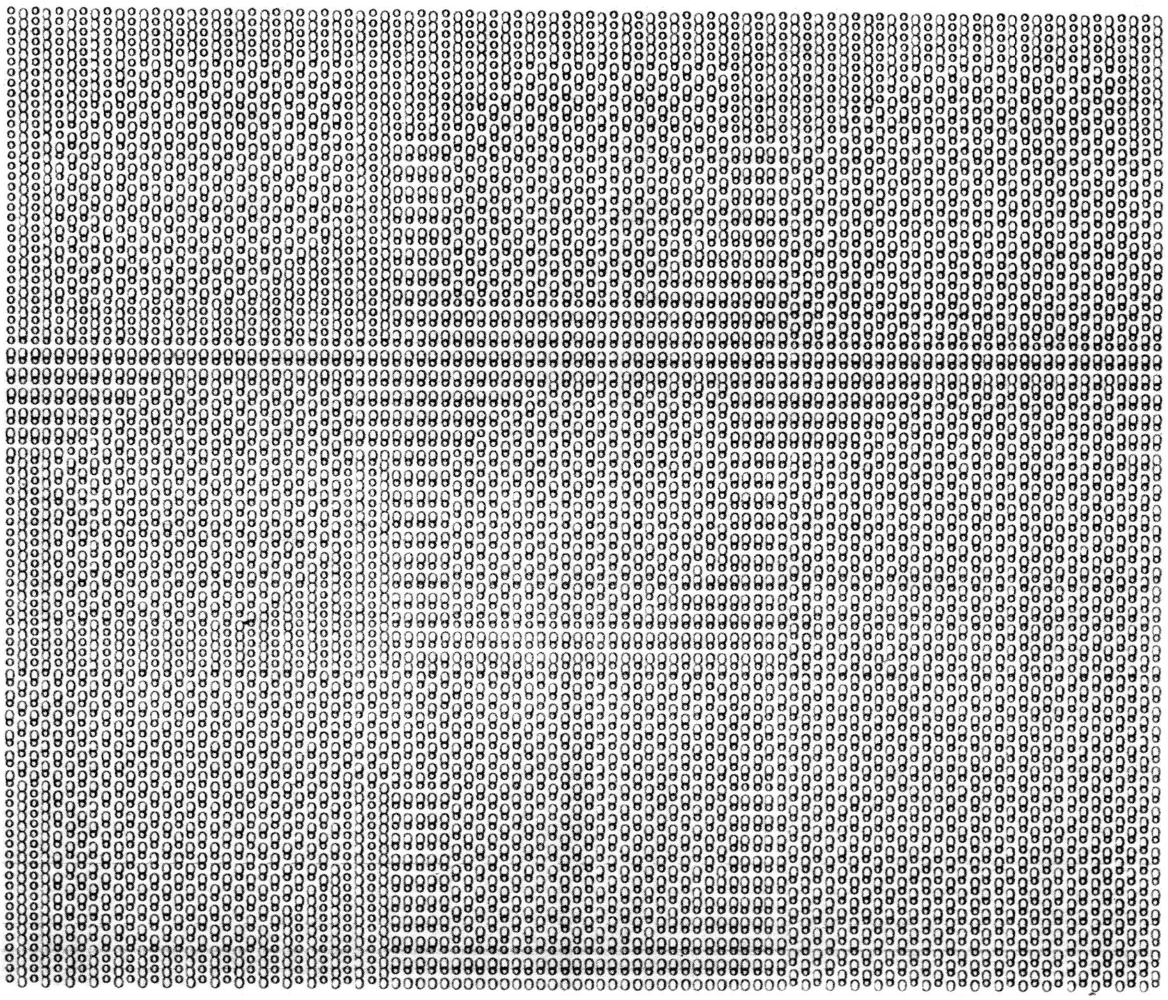

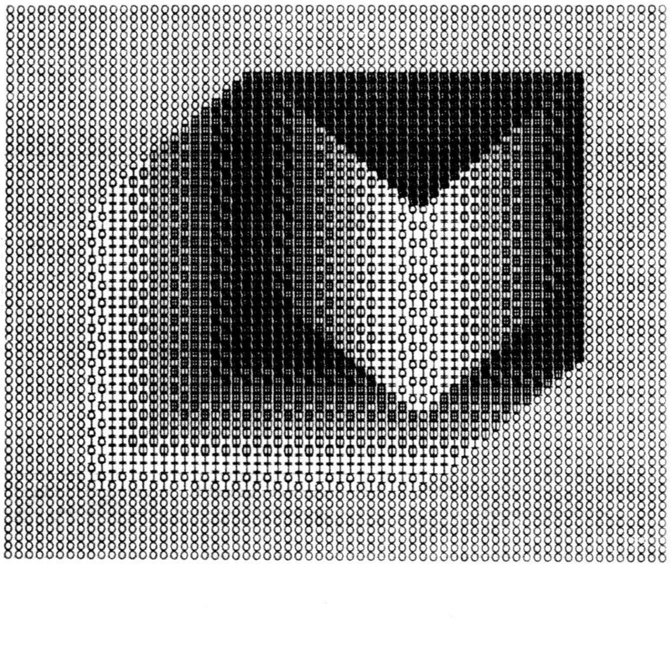

10/11 *Klaus Basset*

blikum attraktive Demonstration führte Christian Cavadia vom Centre Georges Pompidou, Paris, durch. Seine Programme sind so aufbereitet, daß jeder Besucher ohne Vorkenntnisse graphische Ergebnisse erhält. Einen faszinierenden Film phantastischer Architektur, mit einem eigens entwickelten »Kunstcomputer« hervorgebracht, zeigte Oskar Beckmann von der Wiener Gruppe ars intermedia. Zu den aufregendsten Entwicklungen der letzten Zeit gehören die Heimcomputer, die sich von Benutzern ohne Vorkenntnisse unter anderem auch als visuelle Instrumente einsetzen lassen. Helmut von Falser führte zwei neuentwickelte graphische Programme vor, die drei Arten des Gebrauchs erlauben: die »Schritt-für-Schritt«-Komposition von Einzelbildern, die graphische Improvisation mit bewegten Bildfolgen und den automatischen, zufallsgesteuerten Lauf, der immer neue Bilder hervorbringt.

Die moderne Elektronik bietet auch neue Möglichkeiten zur Verwirklichung einer weiteren alten Idee, und zwar der Umsetzung von Musik in Bilder. Manfred Kage hat mit seinem »Audioskop« graphisch reizvolle Resultate vorzuweisen; die auf der Projektionsfläche erscheinenden farbigen Wellenformen entsprechen im Ausdruck durchaus der zugrundeliegenden Musik. Ähnliche Ziele hat sich Alexandre Vitkine, Paris, gesetzt; er benutzt elektronische Eigenkonstruktionen, um über Lautsprecher aufgenommene Musik auf Bildschirmen in farbige Bewegungen umzusetzen.

Als anregend erweisen sich insbesondere auch jene Kunstwerke, die mit einem Wort der Technik als »interaktiv« bezeichnet werden. Dabei handelt es sich um Schaltsysteme, die einerseits selbst als Skulpturen gestaltet sind, andererseits aber auch auf Eingriffe des Publikums – auf Schattenwurf oder Händeklatschen – rea-

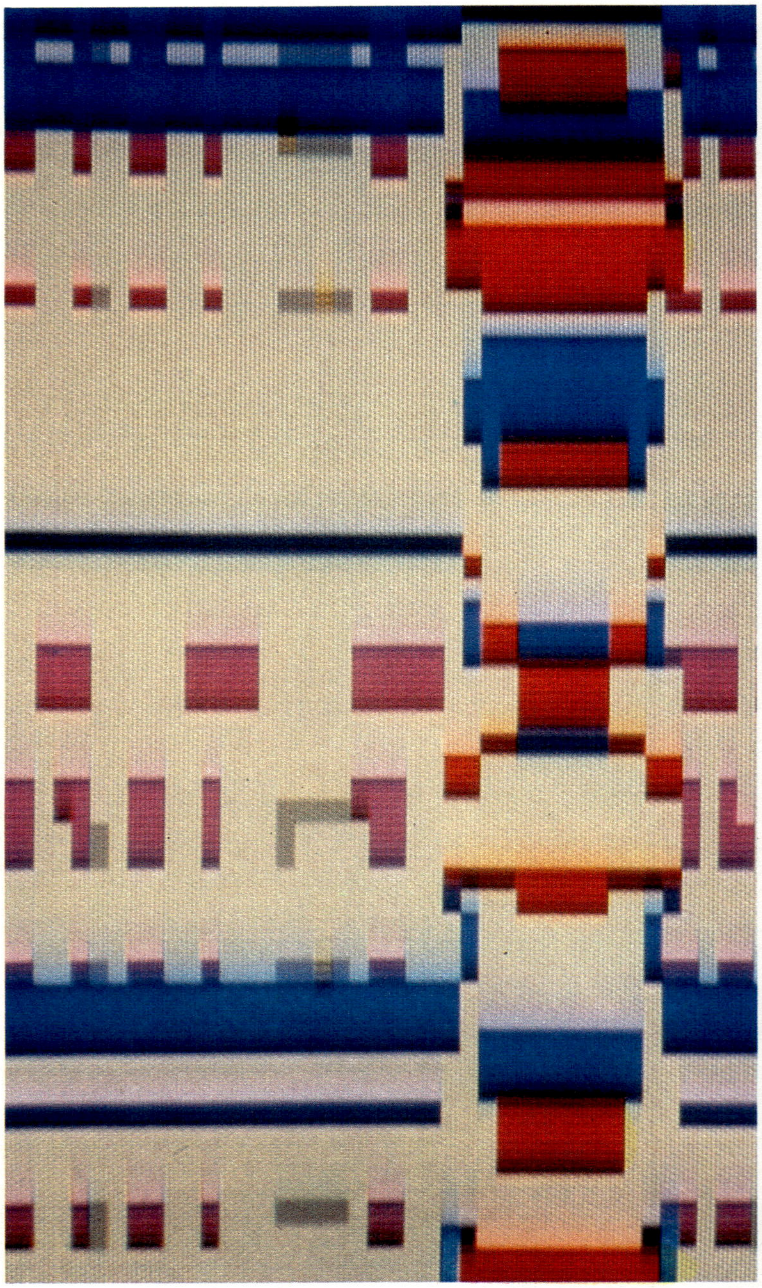

ars electronica

gieren, und zwar durch Licht oder Schall. Manfred Vogel, einer der bekanntesten Vertreter dieser Richtung, demonstrierte in seinem Referat ein neu entwickeltes »kybernetisches Objekt«. Den Abschluß bildete Walter Giers mit seiner »Konzertmaschine«. Dabei handelt es sich um ein Schaltsystem, das in Echtzeit, also während der Vorführung, vier Sätze elektronischer Musik komponiert; dabei werden auch Infra- und Ultraschalleffekte mit einbezogen, die nicht über das Ohr, sondern über das Vibrationsempfinden auf den Zuhörer einwirken.

Die Veranstaltung »ars electronica« in Linz sollte nicht zuletzt auch den internationalen Spezialisten Gelegenheit zur Aufnahme von Kontakten geben, zur Einleitung von Fachgesprächen, vielleicht auch zu einer besseren Kommunikation untereinander. Es lag aber auch im Sinne der Veranstalter, daß das Publikum und die Kritik schon in einem frühen Stadium der Entwicklung in die Diskussion einbezogen wird. In vergleichbaren Fällen wurde die Menschheit nämlich stets mit der bereits fertigen Erfindung konfrontiert – ohne die Möglichkeit des Eingriffs. Es zeigte sich, daß die Öffenlichkeit die musikalischen Neuerungen leichter akzeptiert als Versuche in gestalterisches visuelles Neuland. Vielleicht liegt das in der Tatsache, daß wir durch die Medien von Kindesbeinen an einem musikalischen Training

14/15/16/17 *Christian Cavadia*

18/19/20 *Otto Beckmann*

unterworfen werden, während das Analogon der Musik, das gegenstandslose Farb- und Formenspiel, eine absolute Neuerung darstellt — eben deshalb, weil es sich nur mit Hilfe der Elektronik verwirklichen läßt.
Eine gewisse Widersprüchlichkeit der Meinungen, nicht zuletzt auch das Engagement der Kritik, sind aber durchaus erfreuliche Konsequenzen bei einem Festival, das sich nicht auf altherkömmliche Kunstwerke stützt, sondern in Neuland vorstößt. Jedenfalls wird der beschrittene Weg weiter verfolgt — »ars electronica« wird künftig eine ständige Einrichtung der Linzer Szene sein, veranstaltet von der Linzer Veranstaltungsgesellschaft und dem Österreichischem Fernsehen.

APPARATIVE KUNST

Wer sagt, daß Werke der bildenden Kunst nur mit Pinsel und Palette, mit Hammer und Meißel entstehen dürfen? Die Entwicklung der modernen Technik bietet eine Fülle von Anwendungsmöglichkeiten von der einfachen Bohrmaschine, die durch Rotation einer Schleifscheibe Farbe verteilt, bis zur auf modernsten Graphikprogrammen erstellten Computergraphik. Es ist notwendig und legitim, all diese Errungenschaften der Gegenwart auf ihre Anwendungsmöglichkeit für die Kunst zu prüfen. Gefragt sind Experimentierfreudigkeit und Phantasie.

Seite 217 bis 246

In der Musik war das Instrument als Mittel der Tonerzeugung von alters her selbstverständlich, dagegen kamen die Methoden der Reproduktion erst im Zeitalter der Elektrotechnik auf. In der bildenden Kunst dagegen setzte man lange Zeit keine komplizierteren Werkzeuge ein; der Einbruch der Technik begann dann mit den Medien der Wiedergabe – Druck und Fotografie. Bilderzeugende Verfahren kamen erst in jüngster Zeit auf, und sie haben sich bis heute kaum durchgesetzt. Die wichtigsten davon sind die experimentelle Fotografie, wie sie etwa Laszlo Moholy-Nagy, Man Ray und Heinz Hajek-Halke in der Zeit nach dem Ersten Weltkrieg ausübten und die heute in der »generativen Fotografie« ihre Nachfolger findet. Dazu kommt in letzter Zeit auch die frei gestaltete Computergraphik, die – nach ihrem spektakulären Start – auch heute noch einen beachtlichen Aufschwung zu verzeichnen hat. Die Idee, die bildnerischen Gestaltungsmöglichkeiten mit Hilfe von technischen Werkzeugen zu erweitern, führt immer noch zu neuen Versuchen, die man als interessante Vorstöße in Neuland ansehen kann. Der Öffentlichkeit werden

Ungewöhnliche Wege der bildnerischen Gestaltung

APPARATIVE KUNST

Von Herbert W. Franke

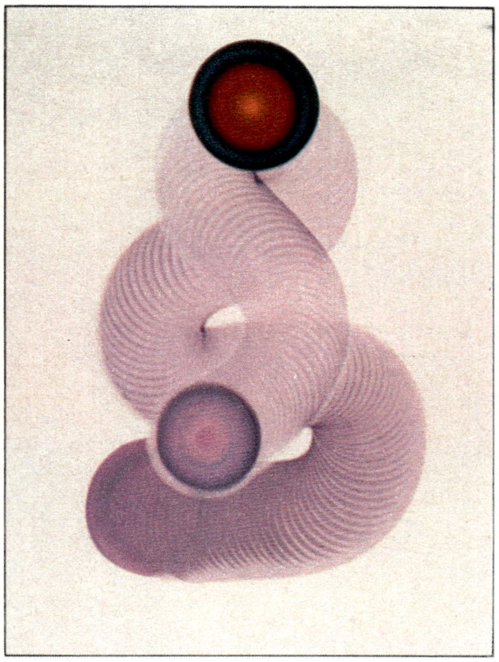

1/2/3 *Hajo Welke*

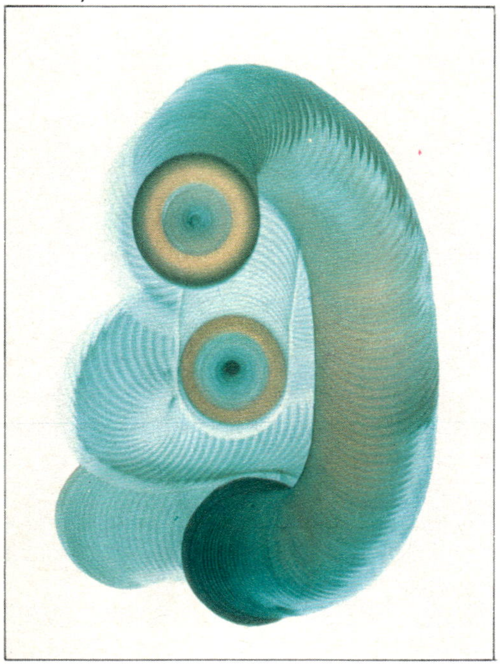

4 *Bernhard Weber*

sie kaum bekannt; das liegt einerseits daran, daß die Autoren oft aus kunstfernen Berufen stammen und somit Außenseiter sind. Oft merkt man es ihren Arbeiten an, daß sie mit den Grundlagen ästhetischer Gestaltung, wie man sie in Schulen beibringt, nicht vertraut sind — ausgebildete Künstler würden dasselbe Instrumentarium vielleicht ganz anders einsetzen. Und doch sind ihre Werke beachtenswert — weil sie bisher ungeachtet gebliebene Möglichkeiten andeuten. Im übrigen nimmt man diese oft genug als Kuriositäten, Ausdruck einer Verbindung zwischen Kunst und Technik, die man heute nicht überall bedingungslos gutheißt. Da man sie deshalb nur selten als Kunstwerke anerkennt, verschließen sich ihnen die üblichen Medien der Kommunikation wie Galerien, Museen und Kunstzeitschriften. Im folgenden Beitrag — der somit eine Abweichung von der üblichen Thematik bedeutet — sollen einige Beispiele apparativer Aktivitäten freier Gestaltung vorgestellt werden, wobei fotografische und computergraphische Methoden ausgeklammert bleiben.

Eines relativ einfachen Werkzeugs bedient sich Hajo Welke

bei der Produktion seiner »Rotations-Bilder« (Abb. 1–3). Er setzt eine mit Schaumgummi beklebte Holzscheibe auf eine Bohrmaschine. Auf die Schaumgummischicht werden Tempera-Farben aufgetupft, mit der rotierenden Scheibe der Malgrund bearbeitet. Hajo Welke schreibt: »Die Arbeiten sind eine Synthese von persönlich kreativer und automatischer Gestaltung. Das endgültige Aussehen der Bilder steht anfangs nicht fest, da zwischen den Entstehungsphasen auch Überlegungen (Farbwahl, Bildaufbau) notwendig sind.« Hajo Welke, der in Rheda lebt und als Graphik-Designer arbeitet, wurde 1948 in Herzebrock, Kreis Wiedenbrück, geboren. 1966–1968 machte er eine Schriftsetzerlehre durch und studierte 1968–1973 an der Fachhochschule für Gestaltung in Bielefeld.

Aus einem ganz anderen Beruf kommt Bernhard Weber; er ist Entwicklungsingenieur bei der Deutschen Bundesbahn. 1922 wurde er in Datteln, Westfalen, geboren. 1937–1940 machte er eine Schmiedelehre durch, war danach als Schiffbau- und Maschinenschlosser beschäftigt und studierte nach Militäreinsatz und Kriegsgefangenschaft 1954–1957 Maschinenbau. Im Rahmen seiner beruflichen Tätigkeit bei der Bundesbahn hatte er einmal eine technische Aufgabe zu lösen, bei der es um Drehbewegungen und ihre Darstellung ging. Dabei entdeckte er einen völlig neuen Aspekt: »Die berufliche Aufgabe habe ich gelöst, aber interessant erschien mir hier auch die Erkenntnis, daß der Kreis als solcher ein ideales geometrisches Gestaltungselement sein könnte.« Mit Hilfe eines Zirkelsystems experimentierte er von nun an mit Kreisüberlagerungen, wozu er sich eine eigene Farbsystematik zurechtgelegt hat. Das Ergebnis sind ornamentale Formen, deren Gestalt nicht durch die Kreise selbst, sondern durch die von diesen gebildeten einhüllenden Kurven gegeben sind (Abb. 4).

Wie Bernhard Weber beschäftigt sich auch Max Kröner mit Linienkonfigurationen, allerdings mit solchen weitaus komplizierterer Art. Max Kröner wurde 1921 in Landshut geboren und starb 1978. Er besuchte das Polytechnikum in München und arbeitete als Kraftfahrzeug-Sachverständiger. Er war graduierter Kraftfahrzeug-Ingenieur und Spezialist für Getriebe-Kinematik. Mit Hilfe von Getrieben lassen sich

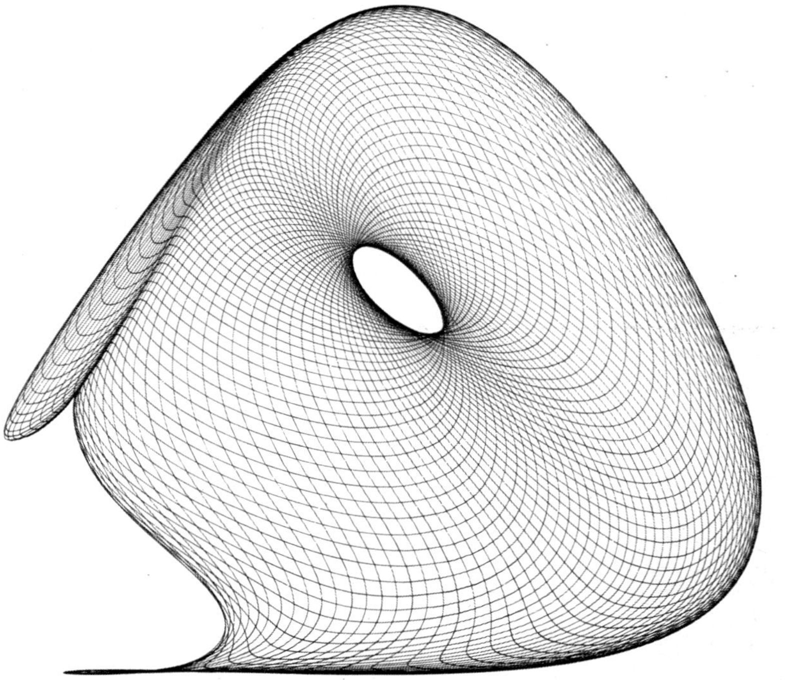

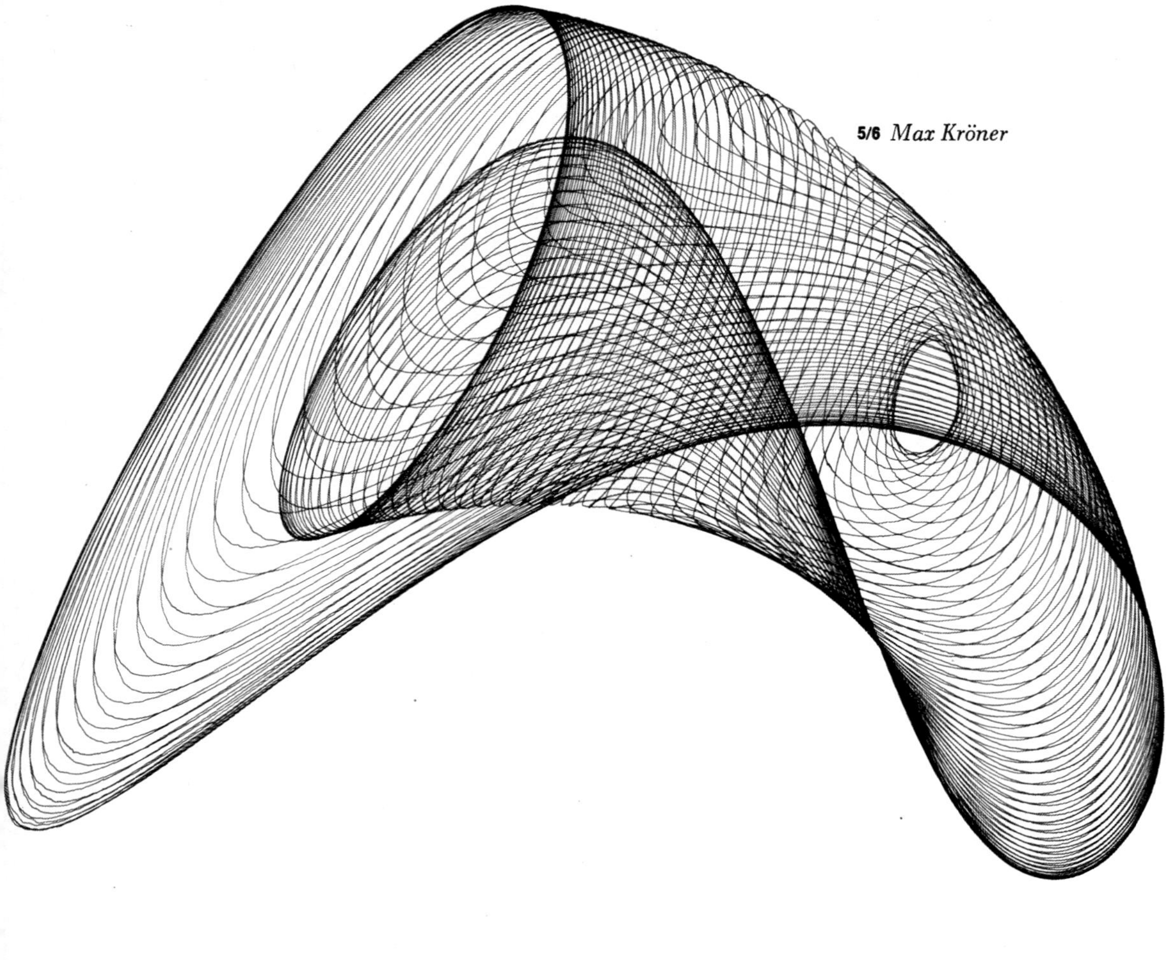

5/6 *Max Kröner*

höchst verschiedenartige Bewegungsabläufe realisieren, deren ästhetischer Reiz bemerkenswert ist. Die Geometrie ähnelt jener von Pendelsystemen, doch während diese einer einzigen mathematischen Gleichung gehorchen, weisen die Getriebekurven eine weitaus größere Vielfalt auf. Max Kröner, der seine Zeichengetriebe selbst entworfen und konstruiert hat, hat eine große Zahl davon auf ihren ästhetischen Reiz hin untersucht und dieses Verfahren sowohl vom Konstruktiven wie auch vom Gestalterischen her bis zur Perfektion entwickelt (Abb. 5 und 6).

Klaus Basset hat sich als konstruktivistischer Künstler längst durchgesetzt, soll aber in dieser Reihe nicht fehlen, da er sich u. a. eines recht unkonventionellen Mittels bedient, nämlich der Schreibmaschine. Er wurde 1926 in Berlin geboren und studierte dort von 1947 bis 1951 Graphik-Design. Seit 1957 ist er pädagogisch und freischaffend künstlerisch tätig. Seine ersten Arbeiten, die größere Beachtung erfuhren, beruhten auf dem mathematischen Prinzip der Permutation. Dabei geht es um die Reihung von einfachen geometrischen Elementen nach einem systematischen Variationsmodus. Auf diesen bezog sich Klaus Basset, als er schrieb: »Eine Serie manuell hergestellter, umfangreicher graphischer Strukturen, die mich zeitlich über ein erträgliches Maß hinaus beschäftigt hatten, ließ mich nach einem Hilfsgerät suchen. Und es war die Schreibmaschine, die meinen Absichten optimal entsprach.« Wichtig für ihn ist die Tatsache, daß jede Stelle exakt vorgegeben ist und durch verschiedene Zeichen aus einem fest bleibenden Vorrat gesetzt werden kann. Dabei geht es nicht um die semantische Bedeutung der Zeichen, sondern um ihre Grauwerte. Klaus Basset hat in der Niederschrift seiner Schreibmaschinengraphiken eine mit hohem Tempo verbundene Übung gewonnen, die es ihm erlaubt,

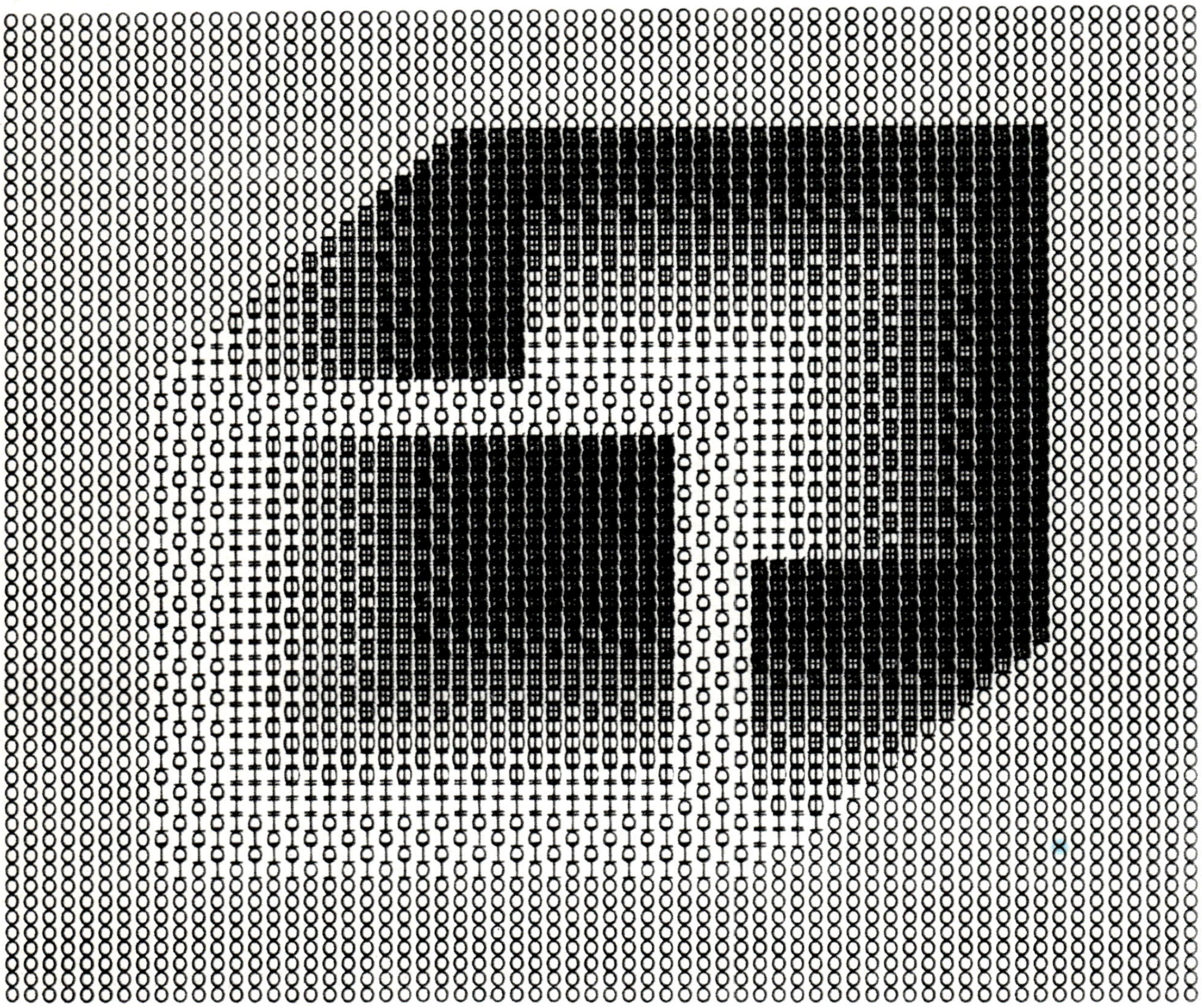

7/8 *Klaus Basset*

9 *Dieter und Ulrike Trüstedt*

seine Ideen weitaus rascher als bisher zu verwirklichen. Das drückt sich auch in den resultierenden Strukturen aus: Von den einfachen Permutationen ausgehend ist er zu weitaus komplizierteren Reihungen und Abwandlungen gekommen (Abb. 7 und 8). Neben der mechanischen Wiedergabe gibt es heute Verfahren, die auf Licht- oder Elektronenstrahlen beruhen. Dieter und Ulrike Trüstedt benutzen das feinste optische Wiedergabemittel, das es gibt, nämlich den Laserstrahl. Während andere Künstler den Laserstrahl zum Aufbau von Lichtskulpturen oder — etwa im Bühnenlaser — zur Bildung von wolkenartigen Interferenzgebilden benutzen, bieten die Laserprojektionen des Ehepaars Trüstedt echte Zeichnungen. Dieter Trüstedt wurde 1939 geboren, er studierte in München Physik und arbeitete dann als Physiker in Garching. Seit 1969 beschäftigte er sich mit freien Gestaltungen und ist auf diesem Gebiet seit einiger Zeit freischaffend tätig. Ulrike Trüstedt studierte an der Akademie für bildende Künste in München und beschäftigte sich vorwiegend mit elektronischer Musik. Aus der Zusammenarbeit beider ergaben sich u. a. die »Laserprojektionen«, bewegte Gebilde, die tief rot im Raum zu schweben scheinen und sich synchron mit musikalischen Darbietungen bewegen.
Dieter und Ulrike Trüstedt schrei-

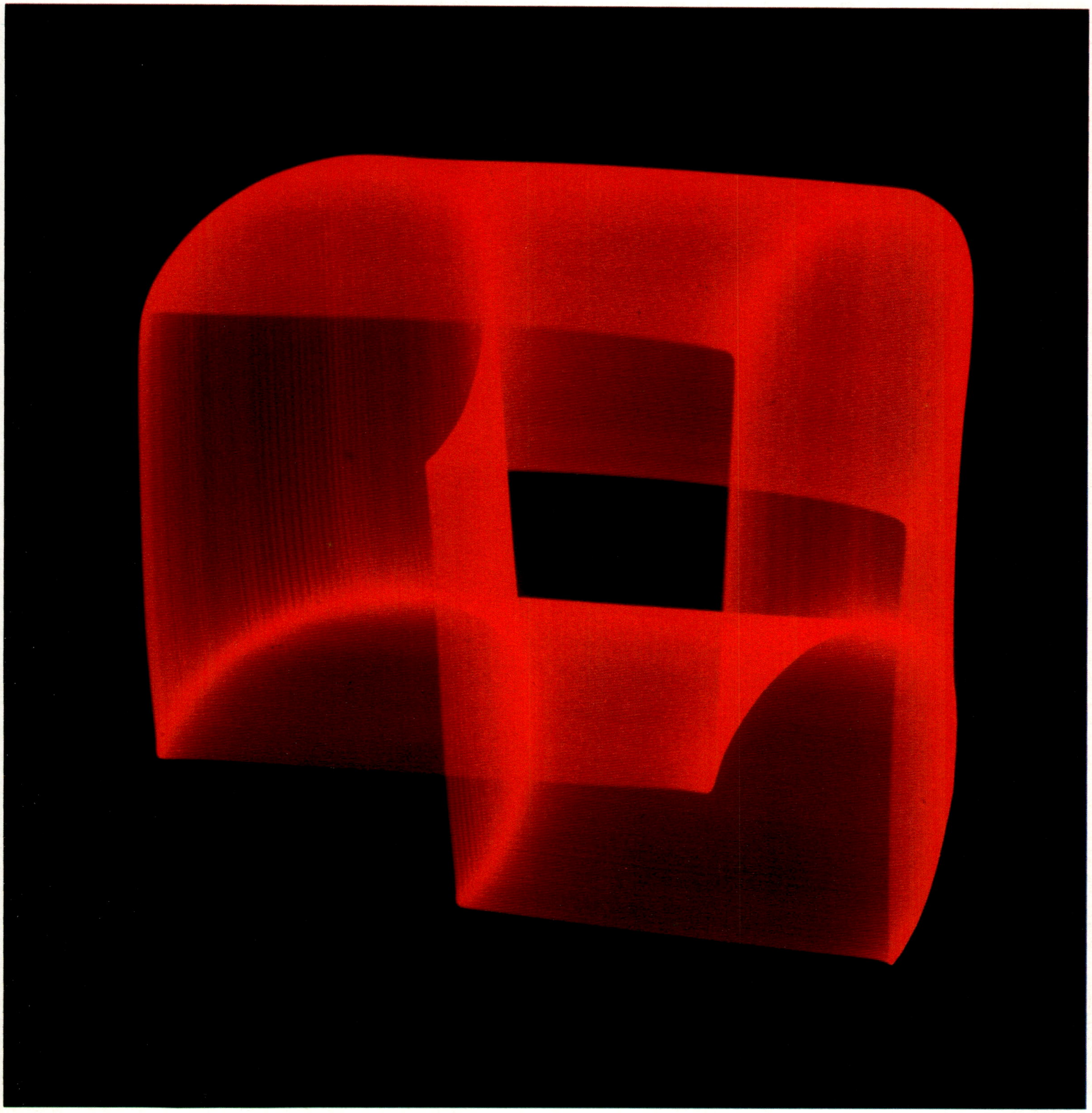

ben: »Differenziert manipulierbar in Formation und Bewegungsablauf korrespondiert das optische Geschehen mit dem akustischen. Beide begegnen und entfernen sich. Ein Wechselspiel zwischen akustischem und optischem Medium.« (Abb. 9).

Auch ein Fotograf wird in dieser Reihe vorgestellt, der Belgier Pierre Cordier, aber nicht mit Fotografien, sondern mit den von ihm entwickelten Chemigrammen. Pierre Cordier wurde 1933 in Brüssel geboren. An der Universität studierte er politische Wissenschaften und später, 1958, Fotografie bei Otto Steinert in Saarbrücken. Heute ist er als Fotolehrer tätig. Auf die Idee der Chemigramme kam er 1956. Pierre Cordier benutzt dazu lichtempfindliche Schichten, beispielsweise Spezialemulsionen, auf ungebräuchliches Trägermaterial aufgetragen, die von einem »Lokalisierungsmittel« überdeckt werden und die Struktur bestimmen. Schließlich können noch beliebige chemische Einflüsse angewandt werden, beispielsweise Tönungsbäder, Färbemittel und dergleichen. Die fotochemische Basis ähnelt jener der Fotografie, doch kommen auf diese Weise einmalige und nur in groben Zügen vorherbestimmbare Ergebnisse — und zwar als Unikate — zustande (Abb. 10 und 11).

Auf chemischer Grundlage arbeitet auch Manfred P. Kage. In Fachkreisen ist er als wissenschaftlicher Fotograf und Kinematograf bekannt, doch ist er

10/11 *Pierre Cordier*

auch mit künstlerischen Arbeiten an die Öffentlichkeit getreten, zum Teil auch im Rahmen der Gruppe »Zero«. Er wurde 1935 in Delitzsch bei Leipzig geboren, erhielt eine Ausbildung als chemischer Techniker und ist seit 1959 als wissenschaftlicher Fotograf und Kristallograf selbständig. Er gründete ein Institut für wissenschaftliche Fotografie und

12/13/14 *Manfred P. Kage*

Kinematografie, das seit 1972 seinen Sitz in Schloß Weißenstein hat. Manfred P. Kage benutzt verschiedene Gestaltungsmittel; hier soll von seinen »Kristallgraphiken« die Rede sein. Wie die »Chemigramme« beruhen sie auf chemisch-physikalischen Effekten, doch kommen sie auf andere Weise zustande, und zwar auf den Objektträgern von Mikroskopen. Das Arbeitsmaterial sind Kristalle, die aus Lösungen auf die Glasscheibchen aufgebracht werden; dabei hat es Manfred P. Kage in der Hand, in mehrfacher Hinsicht gestaltend einzugreifen, beispielsweise indem er die Geschwindigkeit der Kristallisation durch Einwirkung von Wärme bestimmt. Die dünnen, farblosen und durchsichtigen Kristallschichten gewinnen ihre Farbe erst im polarisierten Licht; durch ein von ihm erfundenes Zusatzgerät, den »Polychromator«, kann Manfred P. Kage auch von der üblichen Farbskala abweichende Töne erreichen (Abbildung 12–14).

Den Übergang zu den elektronischen Verfahren, die schließlich zur Computerkunst führen, vollzieht Ernst Havlik. Er wurde 1944 in Korneuburg, Niederösterreich, geboren. Von 1962 bis 1970 studierte er Physik und Mathematik an der Universität Wien. 1971–1972 arbeitete er in der optischen Industrie, ab 1973 ist er im Wiener Allgemeinen Krankenhaus als Strahlenphysiker beschäftigt. Seit 1977 steht ihm eine »Vielkristall-Szintillationskamera« zur Verfügung, ein medizinisches Großgerät für Diagnosezwecke. Dabei werden Verteilungen radioaktiver Isotope im

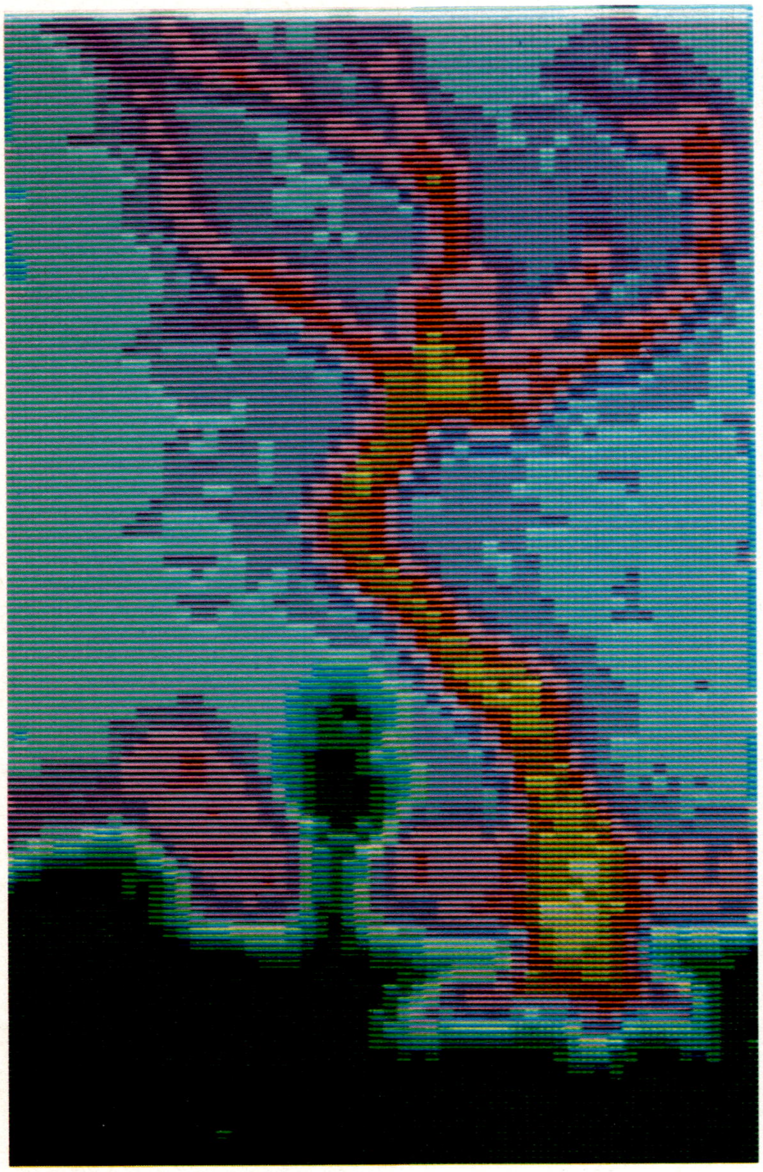

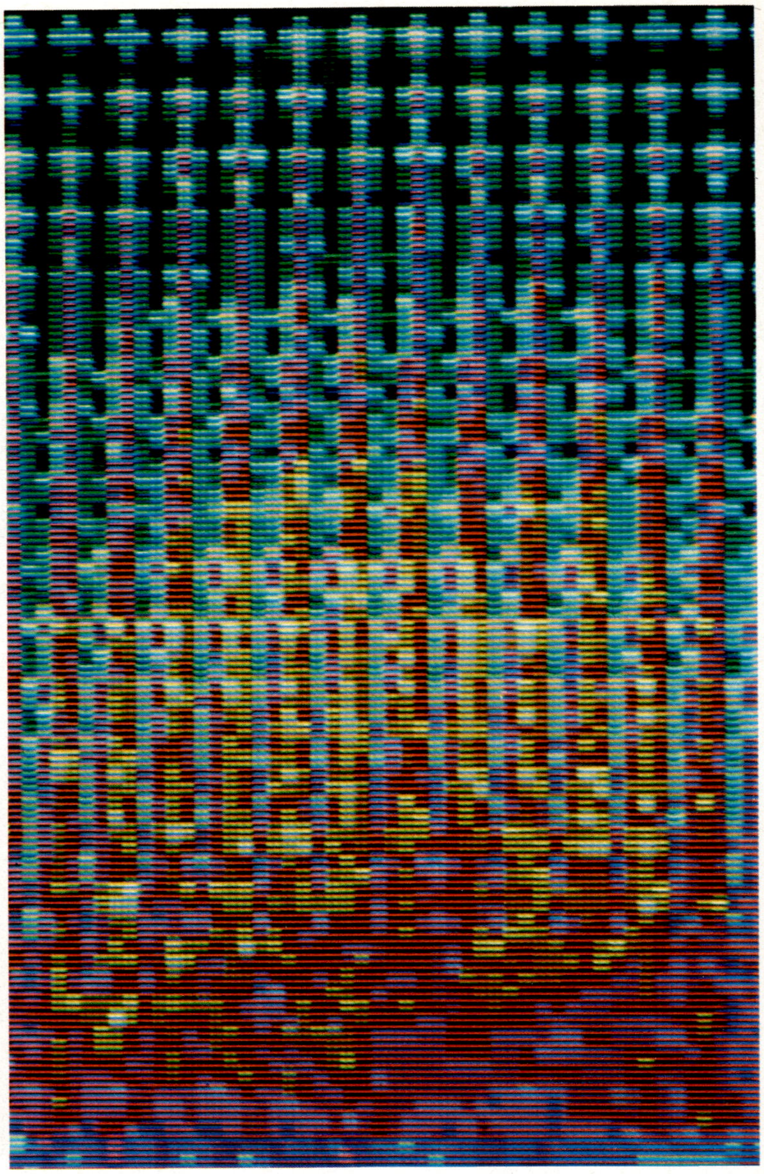

15/16 *Ernst Havlik*

Körper des Patienten untersucht und als Bilder ausgegeben. Ernst Havlik erkannte, daß man dieses Gerät auch zur Erzeugung frei gestalteter »Technographien« verwenden kann. So kann man beispielsweise von einer manuell erzeugten radioaktiven Verteilung ausgehen – eine Art »radioaktives Gemälde«. Dieses wird nun von der Szintillationskamera abgetastet; das Bild kann nun rechnerisch umgewandelt, eventuell auch noch bei der Ausgabe durch manuelle Eingriffe verändert werden. Eine solche Aufnahme kann bis zu zwei Stunden dauern; sie liefert Ergebnisse, die nicht wiederholbar sind (Abb. 15 und 16).

Damit ist die Reihe derjenigen, die eine »apparative Graphik« mit unkonventionellen Mitteln durchführen, gewiß noch nicht abgeschlossen, doch wurden die Beispiele so gewählt, daß sich eine gewisse Übersicht über die bestehenden Möglichkeiten ergibt. Auch hier wieder drängt sich ein Vergleich mit der Musik auf: Während dort Instrumente vorliegen, die Ergebnisse einer jahrzehnte-, oft sogar jahrhundertelangen Entwicklung sind, haben wir es hier mit Anlagen zu tun, die entweder aus anderen Bereichen entliehen oder mit relativ einfachen Mitteln selbst zusammengebaut wurden. So ist es selbstverständlich, daß die Perfektion des Instrumentariums der Musik kaum erreicht wird und es sich noch nirgends um ausgereifte Verfahren handelt. Gerade das aber macht diese Arbeiten so bemerkenswert – als Andeutungen einer Entwicklung, in der sich das Instrument in den bildnerischen Bereich ebenso fruchtbringend einführt wie das im Raum der Töne schon längst geschehen ist.

Autorenverzeichnis

Künstlerverzeichnis